老年教育论纲

中国老龄社会教育体系完善研究

谨以此书纪念陶西平先生

全国教育科学「十三五」规划2018年度国家重大项目
「适应老龄社会的教育体系完善研究」
项目编号：VKA180005

国家出版基金项目

吴遵民 等 著

江西教育出版社
·南昌·

图书在版编目（CIP）数据

老年教育论纲：中国老龄社会教育体系完善研究 / 吴遵民著. -- 南昌：江西教育出版社，2022.12
ISBN 978-7-5705-3318-3

Ⅰ. ①老… Ⅱ. ①吴… Ⅲ. ①老年教育－社会教育－教育体系－研究－中国 Ⅳ. ① G777

中国版本图书馆 CIP 数据核字（2022）第 173705 号

出品人：熊　炽
策划人：周　欢
责任编辑：洪晓梅　朱建斌　樊　令
美术编辑：张　延
封面设计：奇文云海设计顾问
版式设计：光亚平工作室

老年教育论纲：中国老龄社会教育体系完善研究
LAONIAN JIAOYU LUNGANG: ZHONGGUO LAOLING SHEHUI JIAOYU TIXI WANSHAN YANJIU

吴遵民　著

江西教育出版社出版
（南昌市学府大道 299 号　　邮编：330038）

各地新华书店经销
南昌市红黄蓝印刷有限公司印刷
开本：720 毫米 ×1000 毫米　　1/16
印张：22.5　　字数：300 千字
2022 年 12 月第 1 版　2022 年 12 月第 1 次印刷

ISBN 978-7-5705-3318-3
定价：96.00 元

赣教版图书如有印装质量问题，请向我社调换　电话：0791-86710427
投稿邮箱：JXJYCBS@163.com　　电话：0791-86705643
网址：http://www.jxeph.com

赣版权登字 -02-2022-473
版权所有　侵权必究

作者简介

吴遵民,1952年生,上海市人。日本神户大学学术博士(教育学)、华东师范大学教育学部教授(文科二级)、博士生导师;教育部人文社会科学重点研究基地华东师范大学基础教育改革与发展研究所研究员,华东师范大学终身教育研究中心主任、首席专家;同时兼任中国教育发展战略学会常务理事、学术委员会委员,中国教育发展战略学会终身学习专业委员会常务理事、学术委员会副主任,中国教育政策研究院兼职教授等职。主要研究领域为:教育政策与立法、教育基本理论、终身教育与学习社会理论、社区教育研究等。已出版专著及参与编写教材和研究报告30余部,发表论文200余篇。承担国家级重大、重点项目及省部级项目16项,并荣获教育部第三届、第四届、第五届、第六届全国教育科学研究优秀成果奖,上海第八届、第九届、第十届教育理论创新奖,上海第十四届图书奖一等奖,以及上海哲学社会科学奖等各类省部级以上奖项共18项。

课题组

课题组总负责人、首席专家兼总撰稿人 吴遵民

课题组成员 吴瑞君　平原春好（日）　牧野笃（日）
野々村淑子（日）　黄欣　姜宇辉
贝文力　王永锋　邓璐　邵晓枫
王丽佳　朱晓雯　赵华　王仁彧
兰志娟　黄家乐　周丹

序

人口老龄化如今早已成为一个世界性的话题，不仅影响着一个国家经济发展的未来趋势，同时也考验着一个国家的现代化程度及社会保障机制的健全与完善。老龄社会的到来虽说是人类社会发展到一定阶段的必然产物，但它同时也彰显了人类文明进步的深度与广度。一方面，它预示着人类社会正在华丽转身，即彰显了一个从年轻迈向高龄、从短寿指向长寿的变化着的时代；另一方面，它又凸显了21世纪的鲜明特征，即21世纪不仅预示着科学技术的创新，信息化时代的来临，同时它更突出地体现了人的健康水平与幸福指数的普遍提高，社会福利及医疗保障制度的更加完善，使得人的自然寿命得到了超乎寻常的延伸。

新中国成立70多年以来，我国社会持续保持着稳定发展的态势，在迎来建党百年之际，我国又全面建成了小康社会，尤其是脱贫攻坚战的成果举世瞩目。处在"十四五"规划的关键时期，我们又开启了全面建设社会主义现代化强国的征程，并向第二个百年目标奋勇前进。而上述所有目标的实现，都关系着民众的福祉，有赖于中国共产党为人民谋幸福的坚实步伐与坚强决心。而解决人口老龄化问题，无疑也是实现上述宏伟目标，即大幅度提升人民幸福指数的一个不可或缺的组成部分。在这样的大背景下，开展"适应老龄社会教育体系的完善研究"，无疑具有重要的理论价值与现实意义。

华东师范大学吴遵民教授是一位在终身教育理论研究与实践推进领域成果丰富并具影响力的学者。这次由他主持关于老年教育的国家社科重大研究项目，这一具有时代特征与社会紧迫需求的研究课题，历经三年的时间，终于完成了。就我个人所知，这在我国教育科研历程中，实在是非常及时、非常重要的探索创新之举，因为它对于落实党中央与国务院制定的《中国教育现代化2035》所提出的各项目标与任务均将起到重要的理论借鉴与实践参考的奠基作用。

　　仔细浏览本书内容，发现有三方面的突破。第一是研究视角的多元化与宽广性，这从该课题组组建的研究团队的构成即可看出。如课题组成员囊括了哲学、人口学、法学、社会学、行政学及教育学等多个领域的知名专家，使得本书能从不同的学科背景与视角来审视老龄化这一引发公众热烈讨论的问题。第二是它的反思性，在本书第一章即开宗明义地提出：老龄化问题为什么在古代不成为问题，而在现代却成为一个是否会消耗社会红利的负面因素的问题引发探讨。由此，课题组又引出了关于老年教育的本质讨论，并提出当今社会必须重新审视老年及老年教育的本质内涵，如此才能产生新的视野。第三是它的颠覆性，课题在对老年及老年教育的本质进行深入讨论的基础上，强调应该正视"老龄化"的积极影响，即从老年人的智慧与经验出发，让老人成为这个社会的宝贵财富。老年教育则更应该在"教"与"被教"之间通过教学相长的路径去更好地发挥老年人对社会及年轻人进行"教诲"及"传递"的积极作用。

　　上述与众不同的观点与颇有新意的论证，无疑为老年教育的研究领域引来了一股春风与清流。它让我们从一个崭新的视角重新审视老龄化问题，并重新反思老年教育的作用与功能。回到本书第一章关于老年教育本质的讨论，书中指出：当我们把老年人看作教育活动中具有生命活力的主体之时，才能引导老年人成为与该时代相符的完整与完全的人，而因此通过对老年人主体价值的开发去推进的老年教育，才能在政治经济及社会发展中产生积极且深远的影响。上述理论观点我本人十分赞同，确实，在当今社会，无论是学术界还是实践领域，我们都缺乏对老年教育的深层思考，例如：

随着科技进步特别是生命科学的突破，人类寿命的延长，甚至衰老过程的改变，老年健康状况及社会作用可能会有所改变，老年及老年教育的研究应该会有新的内涵。又如：如今研究老年教育更多是从人力资源开发或参与社会生活能力的提高这样的视角，其实从教育对人的发展和幸福的视角思考，老年教育应该满足人在从业时期无法获得的发展和享受需求。据媒体报道，台湾"中央研究院"原院长王大猷的夫人在80岁时获得了她年轻时立志要得到的物理学博士学位。还有不少人实现了年轻时的兴趣和爱好。还有一点，人对于生命的理解一直是伴随终身的难解的哲理，让生命教育变成老年教育中自我反思和坦然思考的内容，亦将会成为老年幸福生活教育的过程。总之，我们只有摆脱在老年和老年教育方面的陈旧观念和思维定式，研究发现老年人和老年教育的真正价值，以及老年教育在整个教育体系中应该具有的作用与地位，才有可能对老年教育学乃至终身教育理论做出新贡献。为此，我真诚地希望本书的出版能够为中国老年教育的理论与实践带来一些深层次的启示与思考，并真正从尊重老年人生命价值的角度去研究并发展老年教育。

谈松华

2021 年 6 月 6 日

前言

人口老龄化是当今世界各国在实现本国社会发展与经济增长过程中普遍面临的严峻问题。如何把人口老化的负面影响转化为人口优化的积极因素，同时把因人口老化形成的社会负担转化为老年人才的资源红利，这对各国来说既是机遇也是挑战。而进一步通过对老龄人口的培育与人才资源利用途径的创新以实现促进老年人自身发展与社会活力提升的双重功能，同时通过对现行教育体系的调整以使其适应老龄社会的发展需求，并进而形成贯穿人一生的、具有统合性质的、切实发挥社会教育合力的老龄社会教育体系，以克服恐老、厌老的情绪与意识，同时在全社会形成对老年人人生价值的正确理解，从而营造一个理解、尊重和发挥老年人的价值与尊严的社会氛围，最终实现老有所养、老有所乐、老有所学、老有所为的理想社会，这也已经成为世界各国在推进可持续发展过程中必须予以考量与解决的重要问题。

党的十九大报告曾明确指出，要"积极应对人口老龄化"的问题，其中"教育先行"则是积极应对的重要举措之一。在此背景下，2018年国家社科基金（教育学）课题指南发布，"适应老龄社会的教育体系完善研究"被列为五个重大研究项目之一，由我领衔的研究团队通过论证与申请有幸获得批准并立项。

课题立项以后，随即组织了来自国内外教育学、人口学、哲学、社会学和法学等相关领域的各路专家学者，共同组成了课题攻关研究小组。我们采用了文献研究、比较研究和实证研究的方法，确立了既突出国际视野又立足本国发展实际的基本原则，同时从宏观、中观、微观等三个不同视角去深入分析与仔细解读当前我国教育体系及其转型发展的现状，并从中发掘其与老龄社会发展需求之间存在的矛盾与差距。尔后再从教育学、哲学、社会学、人口学和法学等多学科的视角，去探讨适应老龄社会教育体系完善的理论构想与现实困境。

通过对国内外老龄社会教育体系发展现状的比较和分析，我们力图把中国实践与外国经验有机结合，同时把理论与实践、群体分析和个案观察有机链接，以对适应老龄社会教育体系的应然和实然的状况进行整体的、动态的和全面的深入剖析，而最终归纳出影响我国老龄社会教育体系完善的主要动因及面临的现实困境，并在此基础上尝试提出适应老龄社会教育体系构建的顶层设计、整体思路与具体框架，以实现明晰我国现行教育体系未来发展与变革的方向，阐明正在构建的终身教育体系与适应老龄社会教育体系之间关系的研究目标，由此对完善具有中国本土特色的、适应老龄社会发展的新教育体系提出总体建议和具体策略，最终目的则是为我国人口年龄结构和社会结构的转变提供来自教育实践的有力支持。

本书是在上述国家重大社科项目取得重大研究成果的基础上编写而成。具体而言，其在七个方面呈现了课题研究的最新成果。第一，从哲学思辨的高度深入讨论了老年教育的本质，其中重审了古典世界图景中关于老年的理解与形象，同时借助赖尔等人关于知识的概念工具，对于重新为老人赋予精神力量，及为广义的老人教育提供哲学辩护提出了具有颠覆性意义的重要观念。第二，从人口学的视角深刻分析了小康社会背景下中国老龄社会的现状、特征与问题，这为本研究从教育的视角实现人口积极老龄化的观点提供了现实的基础。第三，从考察与比较国外老龄化社会背景下教育体系构建的状况入手，列举了日本、丹麦、芬兰、美国、英国、俄罗斯等六个国家的实例，为我国适应老龄社会教育体系的建设提供了可资借鉴的经验。第四，从教育法学的视角对我国老年教育的立法与保障问题进行了研究，其中不仅对国家与地方层面已有的立法内容进行了解读与分析，而且就老年教育法的制定提出了重要建议。第五，基于终身教育的视野，通过问卷调查的实证方法，就老年人的教育需求、对现有教育体系的满意度及未来构建适应老龄社会教育体系的期待等三个维度展开了调查，调查结果为明晰老年教育体系建构的方向与解决老年教育的现实困境提供了一手资料。第六，就我国未来如何构建一个能够适应老龄社会教育体系的完善问题提出了顶层设计的思路与框架。第七，就老年教育发展的未来对策，包括人口政策的调适、老年教育的目标、老年教育体系的完善、老年教育办学的优化等提出了具体建议。

简而言之，本书从多学科的视角分析与思考了老年及老年教育的问题，同时就当代中国老龄化的现状提出了以下具有俯瞰性与前瞻意义的观点：

一、老龄化之所以会成为一个现代性的问题，不仅是时代发展使然，而且也是古典世界图景中价值与事实统一的原则遭遗弃所致。

二、处在现代机械论的世界图景中，人的价值转化为"力量"的大小，老人所拥有的智慧与经验的价值则被崇尚力量、资源与效率的工具理性社会所遮蔽。由此老人在现代生活中作为弱势群体的形象开始在新的社会秩序中被想象与固化。

三、现代理性社会认为老年唯有被教化、被重塑并重新赋予新的"力量"，或者化为尼采的概念，即需对老人进行价值重估，才能满足现代社会的期许。由此，老年教育作为"力量"赋予的手段与途径亦随之备受社会的关注与重视。

四、唯有重新审视老年教育的作用与功能，并充分发挥其在育人（培育年轻人）、善人（完善老年自身人生）及惠人（用老年人的智慧与经验惠及社会）等方面的重要功能与价值，才是当下重新反思老年教育的本质、扭转老年教育的定位、确立老年教育的发展路径所必须予以思考与反省的深刻且基础性的问题。

总而言之,在终身教育的视域下,重视老年人生命品质的提升,并坚持以生命成长及人格完善为社会发展的主线,老龄化才不再被视为社会的负担与危机,老年教育也不被利用来作为克服社会危机的手段或路径,由此敬老、乐老、优老等教育事业才会真正彰显出对老年人的内在价值与个体潜能的促进与重视。

吴遵民

2021 年 5 月于上海

目录

第一章 关于老年教育的本质思考 / 001

一、世界图景的古今之争 / 002

二、美德即知识与知识即力量 / 005

三、古代图景中的老年人形象 / 008

四、实践或道德能力之知 / 011

第二章 小康社会建设背景下中国老龄社会的现状、特征及问题 / 016

一、人口学视角下中国老龄社会的基本现状 / 016

二、新时代中国老龄社会的全球定位与国际比较 / 024

三、中国老龄社会面临的问题与挑战 / 029

第三章 外国服务老龄社会教育体系的构建及实施 / 034

一、日本老年教育体系构建的理论与实践 / 034

二、北欧适应老龄社会教育服务体系的政策推进与成效 / 052

三、美国构建适应老龄社会教育服务体系的策略与举措 / 064

四、英国适应老龄社会教育服务体系的发展与现状 / 075

五、俄罗斯适应老龄社会教育服务体系的发展方略 / 084

第四章 我国适应老龄社会教育发展的立法研究 / 103

一、国家层面涉及老年教育的相关法律及其内容分析 / 104

二、地方层面涉及老年教育的相关法律及其内容分析 / 106

三、对现有老年教育立法的思考与完善 / 113

第五章 我国适应老龄社会教育体系开展的实证研究 / 118

一、研究背景 / 118

二、研究设计 / 121

三、调查结果及分析 / 131

四、实证研究的若干结论与建议 / 188

第六章 我国适应老龄社会教育体系完善的顶层设计与框架 / 195

一、我国适应老龄社会教育体系建设的政策基础与导向 / 195

二、终身教育向终身学习服务体系的转换 / 199

三、我国老年教育体系建设的发展路径 / 211

四、打通教育边界，完善具有老年特色的教育体系 / 215

五、新型老年大学实践案例分析 / 218

第七章 我国适应老龄社会教育体系完善的对策与建议 / 223

一、应对老龄社会的人口政策调适建议 / 224

二、强化体系构建的问题意识 / 235

三、老龄社会教育体系的完善与内容优化 / 244

四、老年教育办学的优化与创新 / 252

结束语 / 261

参考文献 / 265

附录1 老年教育政策资料汇编 / 286

附录2 适应老龄社会教育体系完善研究调查问卷 / 337

后记 / 343

第一章
关于老年教育的本质思考

在探讨老年教育之际，我们首先需要对老年教育的内涵进行科学论证。换言之，研究老年教育首先就需要探讨老年教育的本质。老年教育的本质与其他教育一致，那就是关于生命的教育。其次，研究老年教育还需要研究老年学，因为老年教育的研究对象是老年人。但目前的老年学研究主要是以实证研究为主，从哲学思辨的层面进行思考的却为数甚少，尤其是从古今之争的视域中去思考老年问题的少之又少。众所周知，老年问题是现代社会的一种症候群，它是从价值与事实统一的古典世界图景到价值与事实二分的现代机械论的世界图景中呈现的。在机械论的图景中，人的价值在于力量的大小，这一力量尤其体现在知识层面。但老年人恰恰从身体到心灵两个方面都失去了力量，于是老龄化就成了问题。重审古典世界图景中的老年形象，借助赖尔等人关于知识的概念工具，并发挥实践或道德能力之知的概念，对于重新为老年人赋予力量、为广义的老年教育提供哲学辩护具有重要意义。

随着中国逐渐步入老龄化社会，学界对老年问题的研究逐渐增多。对老年问题的研究也渐次从医学、生理学等领域延伸到了社会学、心理学乃至教育学的范畴。[①] 但就研究现状而言，无论是西方还是中国，现在成文

---

① 熊春文、张彩华：《西方老龄社会学：渊源、演进与流派》，《云南师范大学学报（哲学社会科学版）》2016年第5期；张晓青：《新世纪以来中国人口老龄化研究的新动向》，《人口与发展》2009年第3期。

的老年学研究大都以实证研究为主,而对老年问题进行反思尤其是在哲学高度进行思辨的尚少。换言之,老年问题一直被看作一个现实的社会问题,而不是理论问题。对此,我们首先尝试对老年问题做出哲学分析,即从世界图景、认识论等角度去分析老年问题背后的哲学困境,为通过合适的教育方式去合理解决老年问题提供哲学思考。我们认为,老年问题是一个现代性的问题。现代社会有诸多好处,但现代性也带来了诸多问题。其中之一就是事实与价值的二分,失去了价值的事实世界随即变成了一个力的世界和虚无的世界。力的世界图景又带来了两方面的转变:一方面体现在本体论上,他们相信物质力量而悬置德性力量,于是青年的物质力量就超越甚至取代了老年人的德性力量;另一方面则在认识论上,不论是命题性知识还是一般的能力型知识,即可以用语言符号表达的明晰知识和用行动表达的能力,都超越甚至取代了老年人的经验知识。因为年轻人在身体(包括大脑)上的优势,使得他们更能掌握和适宜于命题性知识和一般的能力型知识。失去了上述知识和能力的老年人,就此成为一个问题。尤其在崇尚功利的现代,更远不如古代,现代最直接的方法就是抛弃,而在古代则意味着探寻问题的解决。

一、世界图景的古今之争

创建一门学说的目的是解释或解决一个或一些问题。简单地说,老年学就是为了应对老龄化的社会问题。虽然作为一种自然现象,老年人自古就有,对老年人的谈论中西方亦不乏其人,如古罗马哲人西塞罗就著有《论老年》,孟子说"老吾老以及人之老",佛陀更指出人间有四苦,即"生老病死"。但作为一个问题,老年学却是一门现代学问,这不仅是说,这门学科正式成立于20世纪初,而且还因为老年现象成为一个问题的本身就是现代性症候的一个标志。因为在古典时代,无论是古希腊还是中国,"老"

都不是一个问题。这可从两个方面来理解。

一是从现实的角度看，在医疗水平低下的古代，人类平均年龄普遍较低，换言之，人还没有活到老就死的情况实属正常。即使有少数人长寿，也不会成为一个社会性问题，而只能算是自然现象。只有到了20世纪以后，特别是二战之后，医疗卫生水平快速提高，人类平均寿命也迅速提升之后，老龄化才成为一个问题。

二是从理念或象征性的层面来看，老年问题都是一个现代性的问题。我们可以从不同层面来理解现代性，如政治、社会、文学等既相互区别又有联系。对此，我们可以从古今之争的角度切入现代性的问题。众所周知，现代是一个与古典相对的概念，这一概念提出的本身，就蕴含着古今之争的意蕴。当然我们可以从不同的层面去理解古今之争，我们在此主要关注古代与现代在世界图景上的差异。这一问题用中国哲学的概念表达即为天人之辩，即天道与人道的关系，天道即我们所说的世界运行之规则，人道即人类社会的行为规范。在古代的世界图景中，天人合一，即天道如是，人道亦当如是。这种天人相副的观念，不论中西皆如此。所以不论中西，观测天文学都非常发达，这不仅是出于实际生产活动的需要（因为天文事关历法），还因为天道运行事关人间正义，更概括地讲是天地之间、自然事物的运行法则与人类社会具有内在的同构性。换言之，人类社会不是单纯的机械运作，而是具有价值或规范的维度，所以自然也被看作是具有价值属性和思想维度的社会。①

但在现代世界的图景中，天人相分，天道运行与人间之事似乎失去了内在的联系，"我们周围的世界是一个物质世界，这些物质在时空之中按

---

① 从现实角度看，我们是以人类行为具有价值性反推世界运行具有价值之维的，但从本体论角度看，我们是假定天道具有价值之维来为人类行为价值奠基的。

照可以用数学表示的定律运动"。① 牛顿力学所描述的宇宙图景可以说是最典型的体现。"古代和中世纪的科学迈向经典科学的过渡就是以牛顿的《原理》问世而告终,世界图景的机械化原则已经完成。"② 所谓世界图景的机械化,意味着我们能够用数学的语言"通过按照固定不变的定律起作用的自然力成功地解释自然现象"。③ 而古代的宇宙图景则可以亚里士多德为典范。在从亚里士多德到牛顿的转变过程中,"探究事物真正本性的'实体性'思维,不得不替换成试图确定事物行为相互依赖性的'函数性'思维;对自然现象的语词处理亦被抛弃,取而代之的是对其经验关系的数学表述"④。对此我们还可以从两个方面来进一步说明世界图景的古今之变。其一是在古代的宇宙图景中,世界本身被看作是有性质的,而现代世界则恰恰相反。"人所生活的真实世界不再被看作是一个实体的世界,在这些实体中能够经验到多少基本性质,它们就拥有多少基本性质,相反,这个世界已经变成了一个原子世界(现在是电子世界),原子只具有数学特性,按照完全可以表示为数学形式的定律运动着。"⑤ 按照力学—数学规定原则运行的世界是去除了属性和去除了价值的世界。其二是在亚里士多德的世界图景中,不论是人的实践活动,还是天体运行,都有其自然倾向或目的,而所有具体目的又指向一个最终目的,就是至善。其具体目的也是作为原因驱使事物运行,因而它可以不用机械因果论的关系去解释事物的运动变化。但现代机械世界图景则不需要目的论解释,就其概念本身

---

① 埃德温·阿瑟·伯特:《近代物理科学的形而上学基础》,张卜天译,湖南科学技术出版社,2012,第261页。
② E.J. 戴克斯特霍伊斯:《世界图景的机械化》,湖南科学技术出版社,张卜天译,2010,第541页。
③ E.J. 戴克斯特霍伊斯:《世界图景的机械化》,湖南科学技术出版社,张卜天译,2010,第539页。
④ E.J. 戴克斯特霍伊斯:《世界图景的机械化》,湖南科学技术出版社,张卜天译,2010,第547-548页。
⑤ 爱德文·阿瑟·伯特:《近代物理科学的形而上学基础》,徐向东译,北京大学出版社,2003,第260页。

而言，它也和目的论解释相悖。①换言之，上述两者是一体两面的关系，原子世界即机械世界，是去价值化的、没有目的指向的世界。所以牛顿试图用自己的力学体系去证明上帝，但最后却不得不陷入失败的境地。"对于仍然希望保持自己信仰的科学家来说，除了把宗教和科学严格地区分开来，他们几乎没有任何其他的可能性。"②

虽然自然科学一路凯歌，但我们仍然有一种倾向去为我们的伦理生活辩护。休谟在《人性论》第三卷的开头部分就提出了是与应当的问题，即区分事实与价值的关系，这也可以视为对这个问题的回应。康德在《纯粹理性批判》中，通过为理性划定界限，给信仰留下地盘，而在某种意义上也采取了相似的策略，即通过将伦理领域或自由领域及自然领域各表一枝的方法，分别肯定它们的意义与地位。诚然，我们可以把这个问题更一般地表述为真与善的分离。

二、美德即知识与知识即力量

我们之所以如此着力地来说明世界图景中古代到现代的转变，主要是为了引出如下的结论。从以善统真的世界图景到单纯真理的世界图景的转变，只是为了说明，在一个科学主义占据主导地位的时代，善或伦理学不具有真正的有根基的价值，或者只是次好的价值。其亦正在失去终极辩护的意义，诚如尼采所称"上帝死了"，我们已经来到了虚无主义的时代。而在古典时代，我们认为真正的知识是关于德性的知识，它是对内在与心灵的原则的认识，这种认识是最高的技艺，苏格拉底将之表述为"美德即知识"。而在现代机械世界图景中，我们显然无法直接如此思索，对人的价值的辩护不能或首先不能从伦理层面思考，而必须从力学角度展开。尼

---

① E.J.戴克斯特霍伊斯:《世界图景的机械化》,湖南科学技术出版社,张卜天译,2010,第542页。
② E.J.戴克斯特霍伊斯:《世界图景的机械化》,湖南科学技术出版社,张卜天译,2010,第540页。

采的强力意志虽然不是牛顿力学意义上的"力学",但他对力量的重视,还是可以看到近代物理学的痕迹。对虚无主义问题最典型的解题思路,是按照一种还原论的思路,即将真理最终还原为以力学为典范的数学命题。但在这一思路中,世界被模拟为一台机器,而伦理就成了这台机器中应当被消除的幽灵。① 再就现实层面来看,"力"可以在我们的身体与心灵不同的维度上实现,或者说我们能够通过心灵与身体认识或实现"力",而力也就成了衡量人的价值的新尺度,于是人不再被看作是万物之灵,而是诸种原子组合方式中的一种。人的价值之大小,就在于力的实现的大小,人不再被视为是具有内在差异性的个体,而是庞大机器的同质的运作零件。在此意义上我们甚至可以说,人已经被资源化了,或者说被异化了。② 因为我们已经把伦理德性排除出了世界图景之中,剩下的只是一个纯粹的物质世界,所以,在当下我们首先关注的是物质性的力量。这在人的身上就是肉身的力量,然后才是心灵以认识世界的方式实现和转化物质力量,即知识。在这里我们大致完成了对知识的理解及其古今之变,即从苏格拉底时的"美德即知识"到培根的"知识即力量"的转变。以下我们将主要从认识论的视角去阐明老年问题的基础。

首先,引入赖尔对知识区分的理论将有助于我们深入探讨这个问题。赖尔区分了两种不同的知识,即命题性知识和能力之知。③ 命题性知识指能够以命题表述的知识类型,能力之知主要是"一种体现在'做'的活动即行动中的知识"。④ 前者的典范是自然科学,所有自然科学知识都可以用数学符号表达为明晰的命题。后者以竞技体育为例,运动员具有的知识

---

① 我们的用法略不同于赖尔原意。

② 或者换一种思路看,我们对人开始福柯所说的"生命政治"的管理了。

③ Gilbert Ryle, "Knowing How and Knowing That: The Presidential Address," *Proceedings of the Aristotelian Society*, no.46(1945): 1-16.

④ 郁振华:《人类知识的默会维度》,北京大学出版社,2012,第73页。

不表现在他知道关于某项运动的多少命题性知识,而在于他能够多好地完成某项运动。不论是哪一种类型的知识,似乎都是年轻人占据优势,因为其都在某种程度上要求智力、体力、计算能力、记忆力等的完美体现。而老年人随着身体机能的下降,已经无法完成一定强度的劳作,且无论是体力的或脑力的,即使能够勉力完成,其时间成本也十分高昂,因而可以被视为是低效的。① 更抽象地讲,我们在设想一般认知活动时,假定认知主体是一个一般智力、一般体力、一般记忆力的青年人,还得假设这个青年人的五官功能正常,色声香味触,无一不觉。由此,我们才把儿童理解为尚不成熟的青年人,而把老年人理解为已经衰老的青年人。简言之,年轻人在这里成了衡量儿童和老年人的标准,更强、更敏捷的年轻人才是高于标准的,而老年则意味着对标准的偏离和降低。

在知识问题上,一个可能的辩解方案是,对于人文学科的知识,似乎老年人更有优势。因为老年人花费了更多的时间,积累了更多的知识。但在自然科学的强势发展面前,人文学科似乎渐趋失去其作为知识的主导地位,因为科学在改造世界的外观上具有前所未有的有效性和普遍性,而人文学科几乎千年没有什么进展,它似乎既不是对自然真理的认知,也不具有具体的社会功效,因此,它作为现代意义上的知识主导地位是可疑的。这种"无用之学",要么将自己数学化,进而使自己成为一门科学,以求自保,或者仅沦为一种单纯的娱乐,而失去知识的领导地位。后者自不必说,但就前者而言,因研究对象本身的特质,使得它的数学化程度非常之低,且时常无效。如果以数学化程度来衡量一门学科的成熟程度,那么人文学科是很不成熟的,也就是说老年人至多只可能在劣等的知识上有相对优势。新康德主义者李凯尔特、诠释学家狄尔泰等人就认为,自然科学和

---

① 当然我们这里所说的能力之知主要指一般的能力之知,还有一种特殊的能力之知,即道德能力之知。这个问题留待后文处理,我们将会看到那里隐含着一个可能的解题思路。见郁振华:《论道德—形上学的能力之知——基于赖尔与王阳明的探讨》,《中国社会科学》2014 年第 12 期。

精神科学是两种不同的知识类型,要求不同的认识能力,一种是理性与推理,一种是体验与理解。这种方式与上文述及的休谟—康德方案相似,即通过消极地划定两者的界限并积极规定各自的独特性,以为精神科学或伦理学保留空间。但这种态度,在全球人文学科不断萎缩及不断科学化的背景下,却显得悲凉而无力。用马克斯·韦伯的术语来表达,即在祛魅时代,工具理性已经完全压倒了价值理性[①]。我们在很多文科国家课题中都能够看到数据库的建设,近年来,数字人文方向也蓬勃发展。视角上它都呈现了这方面的特征。消极的划界并未阻止科学部队进军和侵占精神科学或伦理学的高地。

在当代知识论的图景中,常常隐含着把正常的青年人视为认知典范,其他人(小孩和老年人)被视为残缺的认识者。这不论是在命题性知识上,还是在能力之知的比拼上,青年人都显得更加卓越。而将精神科学还原为自然科学的行为,就算能够成功,其也依然无法解决老年问题,因为这不过是确认了当代知识论图景中的认知主体预设。意图通过区分与应当来划分精神科学和自然科学,以便为老年人的独特性留下地盘,但在工具理性强势压倒价值理性的局面下,其亦黯然失色。在机械世界图景中,我们已经把人理解为资源,人的力量在理性时代主要通过知识来实现,年轻人只要更好地把力呈现出来。老年人则成为残缺的认知者,因为他是一个力量匮乏者,当他无法为社会发展提供一定能量,却又必须要消耗社会资源的时候,他就不再是一个现象,而是一个问题了。

三、古代图景中的老年人形象

在古代世界,无论中国还是西方,似乎都不曾把老年视为一个问题,

---

① 这两个术语可以看作是对康德的认知理性和实践理性的社会学表述。

即老年人在那时只是作为现象存在而不成为问题,其中之原因或许值得我们借鉴。古代世界图景的失落,有其必然性,使我们无法通过返回古代来解决当下的问题。但其可以为我们提供一个参考系,即为我们打开另类思维的可能性。诚然,古代资源绝不意味着问题的解决,因为古代不面临我们当下的问题和困境,但它意味着在面对问题时创造性地打开思路的可能性和契机。

孟子曾言:"老而无妻曰鳏,老而无夫曰寡,老而无子曰独,幼而无父曰孤。此四者,天下之穷民而无告者。"(《孟子·梁惠王下》)此处鳏寡就是我们所说的老年人,但这与我们现代所说的老龄化问题不同,这里是有特指的,即并不是所有老年人都是鳏寡,只有失其所养的老年人才是。那些有子女奉养孝顺的老年人并不是鳏寡。于是古代中国的血缘宗族就形成了一个伦理共同体,这种伦理共同体的内部相互扶持,荣辱与共,抵御风险。在其中可以做到"老有所终,壮有所用,幼有所长"(《礼记·礼运》)。也就是说,通过构建一个血缘基础上的伦理共同体,使得老年人得以安置,享受天伦之乐。而另一方面,老年人也是维系这个伦理共同体的道德权威和象征。

在亚里士多德的年代,老年人不是被看作衰老的年轻人,而是与年轻人在品质上有差异的人。"青年人需要朋友帮助少犯错误;老年人需要朋友关照生活和帮助他们力所不及的事情;中年人也需要朋友帮助他们行为高尚。"[1]柏拉图在《会饮篇》中表达了相似的观念。可见这是古希腊当时颇为流行的观念。廖申白曾进一步阐发说,"对于成年男子,这将促使他的智慧得到尽致的发挥;对于少年,接受一种启智是他的心智的最大的善"。[2]其中都是强调老年人在"成人"问题上,或德性问题上对年轻人的指导和示范作用。

---

[1] 亚里士多德:《尼各马可伦理学》,廖申白译注,商务印书馆,2017,第249页。
[2] 廖申白:《亚里士多德友爱论研究》,河南人民出版社,2000,第35页。

关于这一问题点西塞罗在《论老年》中也进行了系统讨论。他指出，一般认为，老年人的不幸有四条理由："第一，老年使人退出事业；第二，老年使人身体朽弱；第三，老年使人失去感官娱乐；第四，老年离死期不远。"①与我们主题相关的是前两条，②即老年人身体朽坏、退出了原来的事业，这使得他们成为社会中的多余人。但这种说法是含糊的。在西塞罗看来老年人只是转变了参与事物的方式。他问道，"退出什么事业？……难道没有适合于老年人的事业，没有不需要强壮的身体，而需要心灵和智慧的事业？"③青年人和老年人都是人类生命历程的不同阶段，自然生人长人，每一阶段皆有其特征和合理性：生命的途径是固定的，自然的道路是唯一的、单向的，生命的每一个阶段自有与其对应的特性：童年软弱，青年狂妄，中年严厉，老年成熟，所有这些都是自然属性，每一种特性分别属于与其相对应的生命时期。④

从能力角度讲，青年人的优势是"力气、速度和灵巧"，而老年人的优势是"思想、威望与判断力"。⑤要成就伟大事业，两者不可或缺，就像一支军队，需要冲锋陷阵的年轻人，也需要运筹帷幄的老年人。"凡是力求从自身寻求各种的美好东西的人，按自然规律必然产生的一切事物都不会使他们觉得可厌。"⑥老年人与年轻人代表着人类生命历程的两个不同阶段，各有其不可替代的差异性品质，这也是自然规律，因此我们不应

---

① 西塞罗：《论老年 论友谊》，王焕生译，上海人民出版社，2011，第33页。
② 我们的主旨与西塞罗的主旨不同。西塞罗讨论的是人作为一个主体如何幸福地度过老年，即"老年人的养生之道"，他的方案是"研究学问和培养美德"，他说的学问主要是我们现在所说的人文科学。而我们讨论的，是老年人在现在成为"社会负担"之后，如何解决老龄化问题。但我们仍然可以从他的思路中获得教益。
③ 西塞罗：《论老年 论友谊》，王焕生译，上海人民出版社，2011，第33-35页。
④ 西塞罗：《论老年 论友谊》，王焕生译，上海人民出版社，2011，第55页。
⑤ 西塞罗：《论老年 论友谊》，王焕生译，上海人民出版社，2011，第37页。
⑥ 西塞罗：《论老年 论友谊》，王焕生译，上海人民出版社，2011，第19页。

该把老年人仅仅看作是残缺的年轻人,正如我们不应该把年轻人看作没有成熟的老年人。良好运作的社会,应该使他们各得其位。锻炼老年人以使他们能够冲锋陷阵,而要求血气方刚的年轻人沉着稳重、运筹决胜,这都是错位。只有当我们把老年人视为没有力量或知识的青年人,我们才会把老龄化看作是一个问题,而不是现象。

四、实践或道德能力之知

上文我们讨论了古典时代的老年人形象,他们在知识上的优势及丰厚经验是毋庸置疑的。但老年人的经验如今在很多领域却逐渐面临失效,比如在农业生产上,当我们有足够科学知识的时候,一个聪颖的年轻人似乎可以做得比一个老农更好。① 在自然科学研究中,突破性的贡献也往往是由年轻人做出来的。一些成名的科学家晚年在科学探索上往往乏善可陈。但在其他一些领域,比如亚里士多德说的实践领域(主要包括伦理和政治领域),老年人往往更富有智慧或经验。这里指的不是具有某种关于伦理命题或政治命题的知识,而是处理伦理问题或政治问题的经验及能力。这种能力的获得不依赖于书本知识的学习,而依赖于王阳明所谓的"在事上磨"的经验过程。一个成熟的政治家必定是经过诸多历练而成的,这样一种知识就是我们上文所言的能力之知。所以我们对能力之知的把握,不应该局限于一般的对身体依赖性极强的能力上,比如说游泳、骑车、打篮球等,它还应包括传统意义上的实践能力。西塞罗也正是在这个层面上,认为老年人对青年人的教诲主要是德性上的。"正如有智慧的老年人乐于同秉性

---

① 但这也不一定。比如:虽然科学家们知道一般情况下该如何种好地,但实际上他也许缺乏对某一地的具体知识而做得很糟糕,即缺乏地方性知识。或者,只知道如何种好地,但缺乏实际种地的技能,即只有命题性知识,而不具有一般的能力之知。参见蒂姆·卢恩斯:《科学的意义》,徐韬译,上海文艺出版社,2018,第239-247页。

高尚的年轻人忘年相交,以便从年轻人的敬重和热爱中减轻老年的困惑一样;年轻人也乐于听取老年人的教诲,那些教诲可以使他们培养美德。"①

这种德性或实践能力,即道德的能力之知。这样一种实践或道德的能力之知,其核心内涵"不仅化为实际的道德行动,而且表现为一种既稳定一贯又活泼灵动的实践智慧"。②之所以把它诠释为一种能力,而不仅是作为主体的属性或功能,是因为在我们的语境中,就算美德具有自足价值,如果它不能成为一种可以解决某类问题的能力,进而转化为某种资源,那么它就不能成为我们去解决老龄化问题的可能方案。在传统的世界图景中,世界本身就具有性质或属性,实现或践行这种属性就具有目的论上的价值,老年问题可以通过老年人自身的道德躬行及实践而得以解决。但是在现代社会中,世界图景已经机械化,世界本身已经失去了具有价值的属性,我们必须通过将之诠释为能够在这个世界中发挥某种力量的知识或能力,才能将之视为某种问题的解答思路。③属性实现的价值是目的论价值,要求世界图景的支持,能力之知可以做一种行为主义或自然主义的解释,而不必担负多余的形而上学责任,这种能力完全可以在主流的自然主义图景中获得安置,而并没有任何神秘性。

我们固然无法离开现代社会的基本处境去讨论老年问题,一方面自然是世界图景的机械化,但另一方面,我们依旧处在某种传统制约之下的伦理或政治的社群之中,需要使得现代社会合理、高效和长久地运作,而不能通过与传统决裂的方式展开。20世纪以来的历史已经证明,任何试图与传统彻底决裂来发展的乌托邦,最后无不落入"恶托邦"的困境。在现

---

① 西塞罗:《论老年 论友谊》,王焕生译,上海人民出版社,2011,第45页。
② 郁振华:《论道德—形上学的能力之知——基于赖尔与王阳明的探讨》,《中国社会科学》2014年第12期。
③ 西塞罗对老年的谈论依赖于神性宇宙图景,他认为老年人的幸福是因为他们的劳作"既可以用来养育人生,又可以用来敬献神明",相信灵魂不朽(《论老年》第21—23节)。我们在讨论能力的时候,并不需要预设这样的世界图景。

代社会中，青年人在众多领域中占据主导性，尤其是作为现代性象征的科学研究领域，但是科学研究的展开无法离开一定的范式和科学共同体，科学共同体的协同运作，既要求高度的智力，也要求实践的能力之知。科学研究也不是在真空中进行的，而是与政治、伦理等领域纠结在一起。在这些领域中，老年人的实践智慧具有不可替代的作用。欧克肖特在《政治中的理性主义》一书中就批评近代理性主义政治学忽视实践智慧所带来的政治危害。理性主义政治的基本态度就是把现实中繁复交织的各种经验简化为一套原则，他们无力处理现实政治、生活中差异性的经验，倾向于使用一套简单抽象又自足的原则，并无一例外地施行于处置对象之上，并将传统习俗、制度一律批评为保守的、消极的，希望以一套在理性上完美自足的政治理念取代传统制度和习俗。在他们的世界图景中，事物都是由原子构成的，符合于一定的机械原则，只不过有些运作复杂而有些简单。以这样的方式展开的政治治理，看似简明、高效，但实际上带来的却不是善治，而是各种幼稚和残酷。①

学者郁振华在论述道德能力之知时曾指出：道德—形上学的能力之知，作为实践智慧—形上智慧，其目标是成己、成人、成物。其拥有者能够从容应对伦理、政治事务，处理天人关系，使万物、他人、自己各得其所，是其所是。……面对前所未有的挑战，作为实践智慧—形上智慧的道德—形上学的能力之知的培养，对于当代人来说，显得尤为迫切。②

道德实践能力之知的获得也不是一蹴而就的，而是必须在差异性的经验中反复实践并沉淀为能力。③ 在此意义上，我们就不能单纯把老年人视

---

① 迈克尔·欧克肖特：《政治中的理性主义》，张汝伦译，上海译文出版社，2004，第1-35页。
② 郁振华：《论道德—形上学的能力之知——基于赖尔与王阳明的探讨》，《中国社会科学》2014年第12期。
③ 关于道德是否可教、如何教的问题，参见黄勇、崔雅琴：《美德是否可教，如何教？》，《思想与文化》2018年第2期。对此我们基本同意黄勇的意见，即美德是可教的，教育方式主要是范例，即以身作则。这方面老年人提供了充沛的资源。

为残缺者，而应该视为具有丰富实践或道德能力之知的人。可以说，在命题性知识和一般性的能力之知上，青年人更具有优势，而在实践或道德能力之知上，老年人更具有优势。现代社会的发展，同时需要这两方面的能力。只发展一方面的能力，如现在这样，老年人就会因为缺乏相应的知识和能力，而被视为负担和需要被解决的问题。可喜的是，已经有越来越多的学者意识到，在老龄化问题上，应当从"消极老龄化"转变到"积极老龄化"，从原来的以娱乐、保健、福利为主的消极老年教育，转向发挥其积极、主动、创造性的老年教育。如一些学者就意识到应当"重新思考老年人作为社会资源和生产潜能的重要功能"，强调老年人的相对优势，"生活经验和见识的丰富、智慧的广博、工作技能的熟练"。[①]建立健全老年教育体系，发挥老年人的人力资源，在我们看来就可视为对这一文脉思路的延续以及在世界图景和知识论上的辩护。

还需要提醒的是，在既有的研究中我们似乎更强调老年人重新学习新知识以适应新时代的维度，即如何使老年人部分地具有青年人的能力。这背后的逻辑是"教育老年人"，但这一观点值得思考。本研究以为强调老年教育更需要发挥老年人人力资源中的经验和德性的内容。而后者又指向另一个方向，即不是教育老年人，而是让老年人来教育。为此，如果我们泛泛地来谈论老年教育就有可能会掩盖这一区分。而其背后则是我们是否认同人类生命历程中其实是有不同阶段和相应品质的问题，因为把老年人培养为具有某种新技能、新知识的背后则是把老年人视为老化的青年人，因此力图使之重新年轻化。但如果真是这样的话，就可能会混淆教育老年人和让老年人来教育这两者之间的本质区别。老年教育似乎可以在"让老

---

① 吴遵民、邓璐、黄家乐:《从"老化"到"优化"——新时代老年教育的新思考与新路径》,《现代远距离教育》2019年第4期。

年人来教育我们"这一点上做出更多制度性的安排。① 如此一来，我们实际上就撑开了老年教育的另一个空间。这也是我们借助实践或能力之知这一概念来诠释老年人知识优势所带来的必然的理论推论。

---

① 吴遵民等在《从"老化"到"优化"——新时代老年教育的新思考与新路径》一文中提到老教师返聘的案例，我们还可以想到其他一些技术人员返聘案例。但这对于让老年人来教育我们这一思路而言，还是过于狭隘。我们还可以想到：让老革命战士给中小学生上思想教育课等。

第二章
小康社会建设背景下中国老龄社会的现状、特征及问题

我国已经进入中国特色社会主义新时代。随着党的十九大报告提出的"区域协调发展战略""可持续发展战略""健康中国战略""乡村振兴战略"等行动纲领的贯彻实施，尤其是从"积极应对人口老龄化，构建养老、孝老、敬老政策体系和社会环境，推进医养结合，加快老龄事业和产业发展"的方针，可以看出未来我国人口老龄化发展将出现新的趋势与新的特征。简言之，人口老龄化将继续快速发展，而老年人日益增长的美好生活需要与老龄事业及老年保障体系建设发展的不平衡、不充分的矛盾将更加突显。本书的研究主旨之一就是期待通过对中国人口老龄化现状的整体把握，力图揭示形成这一状况的时代背景、基本特征及当前存在的主要问题。同时通过了解与把握中国老龄化的真实状况，进一步从教育体系的完善入手进行精准破解。无疑，此研究将具有重要的现实意义。

一、人口学视角下中国老龄社会的基本现状

联合国将65岁及以上人口占总人口比例超过7%或60岁及以上人口占比超过10%作为一国或地区进入老龄化社会的标准。按照这一标准，1999年，中国就已进入了老龄化社会，并成为世界上老年人口最多的国家之一。在联合国经济和社会事务部人口司发布的《世界人口展望（2010）》中，便已指出中国的人口老龄化在未来40年将进一步加速推进并最终保

持在高位稳态水平。受长期低生育率、不断增长的人口预期寿命以及人口年龄动态累积效应的影响，2012—2050 年中国的人口年龄结构将呈现出老年人口规模迅速扩大、老年人口比重持续提高以及老龄化速度远高于其他国家等显著特征。[①]

（一）我国老龄社会的现状特征

1. 我国老年人绝对数量大，发展态势迅猛

我国人口早已进入低增长阶段（约 0.5%），在未来十年左右的时间内，将转向人口负增长和人口总量逐步萎缩的阶段。国家统计局公布的相关数据表明，1999 年，我国 60 岁及以上人口占到总人口的 10.3%，这标志着我国开始进入老龄化社会。2008 年以后，我国人口老龄化明显加速。全国 60 岁及以上的老年人口，2011 年为 1.85 亿人，占总人口的比重为 13.7%；2013 年为 2.02 亿人，占总人口的 14.3%；2014 年为 2.12 亿人，占总人口的 14.9%；2015 年为 2.22 亿，占总人口的 16.1%；2016 年为 2.31 亿人，占总人口的 16.7%；2017 年达 2.41 亿人，占总人口的 17.3%；2018 年为 2.49 亿人，占总人口比重达到 17.9%，65 岁及以上老年人口规模为 1.67 亿人，占总人口比重达 11.94%；2019 年末中国大陆总人口为 14 亿人，比上年末增加 467 万人，其中，60 岁及以上人口 2.54 亿人，占总人口的 18.1%，65 岁及以上人口 1.76 亿人，占总人口的 12.6%。（见图 2.1）从目前的趋势来看，未来中国老龄化速度会以较高速率上升，"十四五"期间中国将进入中度老龄化社会，2030 年之后 65 岁及以上人口占总人口的比重或将超过 20%，届时中国将进入重度老龄化社会。

---

① 徐辉、韦吉飞：《人口红利、人口年龄结构与中国人口老龄化》，《生态经济》2014 年第 3 期。

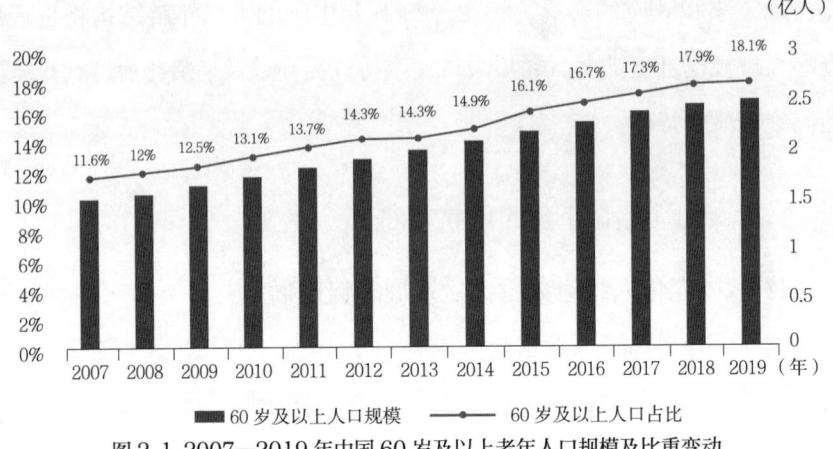

图 2.1 2007—2019 年中国 60 岁及以上老年人口规模及比重变动

2. 老龄化状况地区间发展不均衡，城乡倒置

区域性、动态性是我国人口老龄化最为显著的两大时空特征。区域性特征主要表现为不同空间尺度上老龄化进程和程度的差异性。动态性则强调在同一空间尺度下老龄化演变的特征与过程。

改革开放以来，我国城镇化速度明显加快，省际的人口迁移活力增强，东部沿海地区的人口占比持续上升，中部和西部地区的人口占比则有所下降。人口流动对农村和城市的人口老龄化分别起到了加剧和缓解的效应。从城乡差别来看，"农村先老、更老"。与"五普"时相比，"六普"人口老龄化程度迅速加重，60 岁及以上人口比重从 10.46% 上升到 13.32%，平均提高了 2.86 个百分点，到 2015 年这一比重更是达到 16.15%，总抚养比为 37%。同时，除北京、上海和天津以外，其他省区市 60 岁及以上人口增长幅度均远远超过 15—59 岁人口，且经济越不发达，这种差距越大，如甘肃、青海、宁夏、新疆，差距均在 2 倍以上，有些地区甚至达到 3 倍。

王志宝等认为，近 20 年来中国人口老龄化的区域差异主要表现在两个方面：一是经济区或省区市之间因社会经济发展条件而引起的人口老龄化的演变阶段、特征与趋势方面的区域差异；二是区域内部由于城乡人口迁移等带来的老龄人口城乡倒置等问题和大都市内部的老龄人口分布差异。[1]赵儒煜等就通过对各地区人口老龄化的空间分布特征进行概况和探索性空间数据分析，发现我国各省级行政区人口老龄化水平和发展速度均存在异质性空间分布特征，人口老龄化程度较高的地区主要集中在长三角地区的沪、苏、浙，而环渤海地区则集中在京、津、鲁，东北地区又以辽、吉、黑等地为主。人口老龄化水平在全局和局部区域均呈现明显的空间集聚分布特征。[2]李若建则通过分析广东省人口老化的基本过程，发现区域发展不平衡导致的青年人口流动和老年人口滞留在经济相对滞后的区域是影响人口老化区域差异的重要因素。[3]

人口老龄化时空特征的驱动因素亦是多方面的、综合性的，其不仅受到人口、经济、社会、文化等因素的影响，而且还受到社会政策因素的巨大影响。尤其是人口迁移，其中包括非老年人的迁移，均对人口老龄化的空间格局产生了重大影响。一方面，20世纪70年代，受"少生优生，晚婚晚育"等计划生育政策的影响，城镇生育率较农村生育率低；另一方面，农村大量年轻劳动力去往一线、二线城市发展，农村老年人口比重上升，尤其空巢老人和独居老人居多，农村老龄化现象越来越严重。这些因素均导致人口老龄化的地区间发展不平衡，甚至产生城乡倒置的状况。

3. 高龄化趋势加剧

人口高龄化率一般是指某一地区某一时点80岁及以上人口占60岁及以上人口的比重。截至2017年底，中国80岁及以上人口已达2600万人，占全国总人口的1.8%。高龄化是人口老龄化过程中的必然趋势，其既受

---

[1] 王志宝、孙铁山、李国平：《近20年来中国人口老龄化的区域差异及其演化》，《人口研究》2013年第1期。

[2] 赵儒煜、刘畅、张锋：《中国人口老龄化区域溢出与分布差异的空间计量经济学研究》，《人口研究》2012年第2期。

[3] 李若建：《迁移与滞留：广东省人口老化的区域特征研究》，《南方人口》2006年第4期。

到人口队列的影响，也受到人口预期寿命延长的影响。中国人民大学人口与发展研究中心教授杜鹏指出：高龄老人的病残率较其他老人更高，需要的关心照顾程度较其他老人也更多。无疑高龄老人是老年人中最为脆弱的群体，也是解决好养老问题的难重点。一项调查显示，我国每年新增长100万高龄老年人口，这种大幅度增长的态势甚至将持续到2025年。

4. 独居老人和空巢老人的增速提高

随着我国城市化进程的不断加快，家庭模式中传统三世同堂已越来越少，而越来越多的家庭趋于小型化，加之城市生活节奏的加快，年轻子女陪伴父母的时间变少，由此亦使得我国传统家庭养老的功能正在逐渐弱化。调查结果显示，截至2012年底，我国60岁以上老年人口为1.94亿人，2025年将突破3亿人。其中有将近一半为空巢老人。而农村老龄化水平则高于城镇1.24个百分点，农村留守老年人的数量也已近5000万人。[①]《"十三五"国家老龄事业发展和养老体系建设规划》的相关数据说明，独居老人和空巢老人将成为未来老年人群中的"主力军"。

（二）未来我国人口老龄化及城乡、区域发展趋势[②]

如上所述，区域和城乡之间的显著差异已经成为我国人口老龄化过程中的重要特征之一。根据党的十九大报告提出的从2020年到21世纪中叶将分两个阶段安排的时间节点，本研究对目前已有的研究成果在时间分期上的缺陷进行了补充与完善，以此进一步深度了解未来我国城乡和区域人口老龄化发展的基本特点。

---

① 李红梅、王明峰、丁汀、李向中：《别让老人空"巢"又空"心"》，《人民日报》2014年2月14日，第19版。

② 本节中全国部分的人口预测数据来自联合国《世界人口展望（2017）》（https://esa.un.org/unpd/wpp/Download/Standard/Population/），分城乡和分区域的人口预测数据来自浙江大学尹文耀教授的研究团队的预测结果。

1. 未来我国人口老龄化进一步加剧，"人口红利"窗口不断收缩

（1）人口老龄化和老年人口高龄化的快速发展

未来 30 年我国将经历更加迅猛的人口老龄化过程。据联合国（2017）预测，全球 60 岁及以上老年人口将从 2020 年的 2.5 亿人增加到 2035 年的 4.1 亿人，其占总人口的比重亦从 17.57% 增加到 28.54%；2050 年，将进一步增加到 4.8 亿人，并占总人口的 35.09%。在 2020—2035 年间，我国将进入深度老龄化阶段，而 2035—2050 年间，我国将进入超老龄化阶段。[1] 老年人口高龄化趋势的加剧主要表现为：80 岁及以上的高龄老人将由 2020 年的近 3000 万人增长到 2035 年的近 6000 万人，2050 年将超过 1.1 亿人；其占老年人口的比重亦增长到 2035 年的 14.25% 和 2050 年的 23.18%。简言之，第一个 15 年将增长 3 个百分点，第二个 15 年则将增长 10 个百分点。而至 21 世纪中叶，我国 65 岁及以上老年人口占总人口的比例将达 30%—40%，其增速将远高于今天已进入"超级老龄化"的日本（26% 左右）。

（2）"人口红利"窗口不断收缩并趋向关闭

未来 30 年，我国将面临劳动力数量不断减少和比重持续下降的趋势。15—59 岁人口将由 2020 年的 9.25 亿人下降到 2035 年的 8.18 亿人、2050 年的 6.95 亿人，其占总人口比重也将由 2020 年的 64.96% 下降到 2035 年的 57.07%、2050 年的 50.93%。15—64 岁人口的数量则将由 2020 年的 10 亿下降到 2035 年的 9.25 亿、2050 年的 8.18 亿，其占总人口比重在 2020—2025 年将稳定在 70% 左右，之后将持续下降，2035 年下降到 64.74%，2050 年下降到 59.72%。简言之，未来 30 年，我国的"人口红利"窗口总体将处于收缩过程，但在 2035 年之前仍将处于"人口红利"的稳定期。2020—2035 年间则是中国"人口红利"窗口闭合前的最后有利时期；

---

[1] 国际社会一般认为一个国家或地区 65 岁及以上老年人口占总人口的比重超过 14%，该国家或地区就进入深度老龄化阶段；超过 20%，该国家或地区就进入超老龄化阶段。

2035—2050年"人口红利"窗口虽已关闭，但是劳动力人口本身并没有持续老化，将从2040年左右趋向缓慢年轻化，这是2014年调整生育政策所产生的积极效果。

2. 城市人口老龄化的发展势头有所缓解，农村人口老龄化进程加速

"七普"数据分析显示，我国农村地区的老龄化水平普遍高于城市地区，而随着乡村振兴战略的实施，未来将出现一定程度的逆城镇化现象，但总体来看，仍将有大量劳动力从农村涌入城市，城市进入深度老龄化阶段和超老龄化阶段的时间分别比全国平均晚七年和四年。常住人口老龄化的城乡倒置，反过来导致农村在2020年前就已进入了深度老龄化阶段，而在2020—2035年间将完成向超老龄化阶段的转变。换言之，农村人口老龄化程度高于城市的发展趋势将持续至2040年左右。农村老年人口高龄化程度亦同样高于城市，其增长的速度比城市要更快。如2020—2035年间城市高龄老人占老年人口的比重将增长4个百分点，农村则将增长7.45个百分点；2035—2050年间城市将增长近10个百分点，而农村将增长13.65个百分点。城乡劳动人口比重也将不断下降，城市的"人口红利"窗口将在2035年前关闭，而农村地区的"人口红利"窗口在2018年已经关闭。由于农村更加迅猛的老龄化和"人口红利"的丧失，农村的少儿抚养比、老年抚养比和总抚养比都已远远超出城市。

3. 老龄化程度呈现出"东低西高中最老"的态势，老龄化进程呈现出"东慢中西快"的趋势

我国东部地区的社会经济发展水平比中西部高，因此就吸引了中西部的劳动力人口大量地迁入，由此导致我国常住人口的老龄化发展呈现非均衡发展的态势。具体在区域之间表现为"人口老龄发展具有由东向西的区域梯次特征，老年人口呈现出'东多西少'的格局，老龄化程度又呈现为'东低西高'的态势，老龄化进程呈现'东慢西快'的趋势"；在城市内部则呈现"中心城区老年人口比重高，老年人口密度大，养老机构床位紧张"

等现象。

从东、中、西部三大经济区的比较来看，未来30年，中西部地区的人口老龄化程度会比东部高，其进程将呈现"东慢中西快"的趋势。至2020年，东部65岁及以上老年人占全体人口的比重为13%，中部为13.8%，西部为13.4%。2035年，东部的比重将上升至21.3%，中、西部则分别为24.6%、22.6%。到2050年，东部的比重将达到27.5%，中、西部则分别为30.4%、28.3%。未来我国劳动年龄人口比重也将呈现"东高西低中最低"的态势。我国15—59岁和15—64岁的劳动年龄人口占总人口的比重均是东部高，其次是西部。

4.区域分化加剧人口迁移流动，长此以往将会放大迁出地人口快速老化而迁入地持续保持年轻化的区域差序格局

在未来的30年，由于低生育率和高迁出率，我国东北地区将面临最为严峻的人口老龄化问题。该地区进入深度老龄化和超老龄化的时间均将早于其他地区，而且该地区高龄老人占老年人口的比重亦较其他地区高出5—10个百分点。华南地区在2020—2035年间的老龄化程度则最低、速度缓慢，但该地区在2035—2050年间的人口老龄化速度将非常迅猛；2050年老年抚养比将接近华东和西南地区，总抚养比甚至超过华北、西北和西南地区，接近华东地区。华中地区的人口老龄化程度和速度仅次于东北地区，由于该地区的少儿抚养率比东北地区高，因此总抚养比率要高于东北地区。华东地区和西南地区的人口老龄化程度较为接近，比东北和华中地区要低，但是高于其他地区。华东地区的劳动力人口比重低于华南、华北和西北地区，高于东北、华中和西南地区。西南地区的劳动力年龄人口占总人口比重在2020—2035年间仅比华中地区高，但低于其他地区，到2035—2050年间将仅低于华北地区而高于其他地区。华北地区与西北地区的人口老龄化程度类似，在2020—2035年间仅高于华南地区，但比其他地区低，但到2035—2050年间，华北和西北地区的人口老龄化程

度将是各地区中最低的。

二、新时代中国老龄社会的全球定位与国际比较

综上所述,老龄化已经成为现代社会的一个世界性现象,但不同的国家和地区在老龄化进程和程度上却存在显著差异。因此基于人口学的视角以及新时代背景下中国老龄社会的基本特征与现状,同时结合中国独特的人口政策和迅速发展的经济改革制度去进行国际比较,将具有举一反三的借鉴作用。

(一)老年人口绝对数量大、老龄化进程加速

日本、韩国、新加坡和中国均是当今世界老龄化进程较快的国家,而欧洲及世界的平均发展水平则相对平缓。世界银行 2014 年对 65 岁及以上人口占比的排名显示,日本为全球老龄化程度最高的国家。1970 年日本 65 岁及以上人口即占总人口的 7%,由此成为亚洲第一个进入人口老龄化的国家;韩国和新加坡进入人口老龄化的时间大体一致,均在 1995—2000 年之间;而截至 2000 年,中国 65 岁及以上老年人口已经占国内总人口的 6.8%,与世界平均水准持平,但其后老年人口的比例急剧上升,老龄化的发展速度已经超越了世界平均水平。[1]

从以上统计可见,在全球 200 多个国家及经济体中,我国人口老龄化的速度快于国际平均水平。一个明显的数据就是,一国之 65 岁及以上人口的比例从 5% 涨到 10%,日本用了 35 年,意大利用了 100 年,而我国只用了短短 30 年。根据翟振武等学者的老年人口分析研究预测,日本的老年人口比例将在 2050 年达到 42.5%,高出中国 8.5%,而韩国则会增至

---

[1] 杨菊华:《生育政策与人口老龄化的国际比较》,《探索与争鸣》2009 年第 7 期。

41.5%，年均提升6.6%，中国同期年均提升约5.2%。因此，虽然未来中国的老年人口规模在较长的一段时间内都稳居世界第一，但是老龄化程度却并不是最高的。①

而2019年联合国《世界人口展望》最新报告显示，我国老龄化程度在未来世界格局中的位次将不断上升，2050年在全世界排名将达第33位，与发达国家水平相当。2020年我国老龄化程度（65岁及以上老年人口比重）为12.0%，在全世界排名第57位，比中等偏上收入国家约高1.2个百分点，但老龄化程度远低于前三位的日本（28.4%）、意大利（23.3%）和葡萄牙（22.8%），也低于排名第38位的韩国（15.8%）。2035年，我国老龄化程度约为20.7%，在全世界排名第44位，比同期发达国家平均水平约低4个百分点，比中等偏上收入国家约高3个百分点，与同期的美国（21.2%）、挪威（21.8%）等相当。届时，韩国老龄化程度快速上升至全世界第5名（29.0%）。2050年，我国老龄化程度达到26.1%，在全世界排名第33位，与发达国家平均水平（26.9%）相当，但仍显著低于韩国（38.1%）、日本（37.7%）、意大利（36.0%）和德国（30.0%）等。

（二）未富先老、边富边老，"老"与富的匹配度明显提高

20世纪80年代，邬沧萍教授在将我国人口老龄化和经济发展水平同发达国家进行对比的基础上提出了"未富先老"是我国人口老龄化典型特征的观点。随后，人口学界基本接受了这一观点。②但学界也不乏不同的看法，如李建民认为"未富先老"并不是中国老龄化的本质特征，而是"未

---

① 翟振武、陈佳鞠、李龙：《中国人口老龄化的大趋势、新特点及相应养老政策》，《山东大学学报（哲学社会科学版）》2016年第3期。

② 於学军：《中国人口转变与"战略机遇期"》，《中国人口科学》2003年第1期。田雪原：《"未富先老"：机遇与挑战》，《人民日报》2004年11月16日。李建新：《国际比较中的中国人口老龄化变动特征》，《学海》2005年第6期。杜鹏、杨慧：《"未富先老"是现阶段中国人口老龄化的特点》，《人口研究》2006年第6期。

富先老"制度安排的缺陷和缺位以及公共服务体系建设的长期滞后造成的中国老龄危机根源之所在。① 穆光宗则认为"未富先老"和"边富边老"是各有依归、认识互补,"未富先老"是发展与老龄化关系的先后次序,"边富边老"则是说明两者关系的数量演变。②

自改革开放以来,我国经济高速发展,国内生产总值与城乡居民收入持续快速增长,增速已明显超过世界平均水平。孙鹃娟等学者通过将中国在 2000 年和 2015 年间的人均 GNI、城市化水平、工业化水平、现代化水平变化,与同等老龄化程度下的美国、日本、韩国等三个国家的指标进行对比,发现中国与其他国家在"富"方面的差距在不断缩小,但在同等老龄化水平的条件下,中国的社会经济富裕发达程度与先行进入老龄社会的发达国家如美国、日本、韩国相比仍有差距。③

顾严利用莫龙提出的人口老龄化与经济发展协调指数探讨了中国老龄社会的"老"与"富"的关系,认为中国在 2002 年进入老龄化社会的同时,也成为"未富先老"的经济体。④ 但是在经济依然快速发展的条件下,"未富先老"这一状态保持了四年(2002—2005 年),而在 2006 年,中国则成为全球 70 余个"边富边老"经济体中的一员。这一老龄化与经济发展总体协调的状态贯穿"十三五"的整个期间,因此,这五年则是重要的窗口期。2020 年以后,中国有可能重返"未富先老"的境地,如能成功跨越中等收入陷阱,并实现人口正常更替,就会成为与英法德日类似的"富而过老"的国家,否则将滞留于"未富先老"的现状。

---

① 李建民:《"未富先老"不是中国老龄化的本质特征》,《当代中国人口(英文版)》2008 年第 1 期。
② 穆光宗:《"未富先老"与"边富边老":对立还是统一》,《当代中国人口(英文版)》2008 年第 1 期。
③ 孙鹃娟、高秀文:《国际比较中的中国人口老龄化:趋势、特点及建议》,《教学与研究》2018 年第 5 期。
④ 顾严:《中国还是"未富先老"吗?——基于"老"—"富"关系模式的判断》,《社会政策研究》2019 年第 1 期。

（三）高龄化趋势明显，高龄化速度攀升

2015年，我国80岁以上的高龄人口占总人口比例已经达到了1.7%，与全球平均水平持平，其虽低于日本（7.9%）和美国（2.8%），但是高于发展中国家的平均水平（1.1%），同时也高于亚洲的平均水平（1.4%）。[①] 在21世纪前半叶，我国人口预期的寿命增幅将远大于法国、德国、日本等发达国家，或与他们的差距不断缩小，这也无疑会进一步助推我国人口高龄化的急剧发展。[②]

而伴随着新中国成立以后生育高峰期的人口进入老年，60—79岁老年人口的比重将逐渐上升，其中60—64岁低龄老人的数量亦将持续波动，至2040年后会维持在1亿人左右；其中65—79岁老年人口在未来30年将持续增长，但增长率会逐渐下降，至2040年之后，其增长率将转为负数，数量亦开始减少；但80岁及以上高龄老人的数量及比重则会持续增加，且增长率持续较高。2025年，当生育高峰的人口步入80岁，高龄老人的比例又将迎来迅速的上升。[③] 孙鹃娟等学者指出，在2025—2050年间，我国高龄人口所占比例的增速将仅次于韩国，我国将迎来高龄化巨大浪潮的冲击。[④]

将中国老龄化定位于全球老龄化的格局中，我们发现，半个多世纪以来，伴随着经济的发展、生活质量的改善，中国老龄人口的比例也在逐步提升；中国老龄化的进程已经快于世界的平均步调，尤其是最近20年来老龄化的进程加速趋势更为明显。目前，中国按人均GDP衡量的经济发展水平与老龄化水平在世界体系中所处的位置虽然大致对等，但严格来说，

[①] 韦朕韬：《中国人口老龄化现状、趋势的国际比较研究》，《经营者》2015年第4期。
[②] 孙鹃娟、高秀文：《国际比较中的中国人口老龄化：趋势、特点及建议》，《教学与研究》2018年第5期。
[③] 陈卫：《国际视野下的中国人口老龄化》，《北京大学学报（哲学社会科学版）》2016年第6期。
[④] 孙鹃娟、高秀文：《国际比较中的中国人口老龄化：趋势、特点及建议》，《教学与研究》2018年第5期。

中国目前的老龄化进程相比于经济发展和生活质量的改善则有所超前；更重要的是，随着经济发展，单位生活质量的改善则可能需要中国比老龄化进程更快的国家面对更多的老龄人口的增长比例。①

为应对老龄化社会带来的严峻挑战，国际社会已经采取积极应对的战略，尤其是加强了衰老机制和健康老龄化干预措施的研究。如国际主要基金资助组织不断投入研究经费，美国国立卫生研究院（National Institutes of Health，NIH）亦特别下设国立老龄研究院（National Institute on Aging，NIA），并在 2014 和 2015 财政年分别批准 NIA 经费 11.93 亿和 11.99 亿美元，2016 年则计划为 12.67 亿美元，以用于对衰老和健康老龄化领域的基础研究和科研成果的转化；欧盟则于 2014 年正式启动继七个科研计划（1984—2013）之后的"地平线 2020（Horizon 2020，2014—2020）"，其中与人口健康相关方面的预算为 74.72 亿欧元，其主要支持人口、健康与养老的研究与保障措施。2014 年 9 月，全球最大的互联网公司 Google 宣布成立抗衰老研究公司 Calico，计划注资 15 亿美元，以进行人类衰老及相关疾病方面的研究。这些研究计划大多采取关口前移策略，即重点探究健康长寿的秘密，研究环境、遗传及其交互作用对老龄健康的影响，监测和预防与衰老有关的相关疾病。NIA/NIH 亦于 2004 年将其正在资助的新英格兰百岁老人研究、乔治亚州百岁老人研究、全国老人长期照料研究，以及欧洲相关项目等十五个有关健康长寿与遗传的调查研究项目组建成一个"长寿研究联盟（Longevity Consortium）"，以加强自然与社会学科之间的交叉合作与联合攻关，同时充分利用现有资源，整合扩大样本量，以提高统计分析的力度（http://www.longevityconsortium.org/）。欧盟几年前也投入巨资启动欧洲 11 国联合攻关，对以 90 岁及以上长寿老人和中年对照组为研究对象的"基因与健康老龄（Genetics and Healthy Aging，GEHA）"项目进行跨

---

① 郭金华：《中国老龄化的全球定位和中国老龄化研究的问题与出路》，《学术研究》2016 年第 2 期。

学科研究。该项目负责人于 2004 年 4 月 7 日在接受英国 BBC 采访时称，欧盟的这一项目就是要破解健康长寿的密码，并开发出新药和保健品，以帮助老年人活得更健康。日本亦于 1995 年成立"日本国立长寿科学研究所"，以长期稳定地支持老年健康长寿生物学及社会科学的相关研究。

三、中国老龄社会面临的问题与挑战

如上所述，当前中国社会存在的一种基本矛盾是日益长寿的普通民众对于老年美好生活的期待与当前老龄化社会形成过程中所产生的不平衡与不充分之间的问题。因此，如何从政治、经济、教育、社会保障体系、社会养老资源等需求的角度去进行综合分析与深入思考，尤其是总结出我国老龄社会在全面实现小康社会的目标过程中所面临的困境与问题，对课题最终提出针对性的破解策略具有重要意义。

（一）"富"与"老"的挑战

联合国前秘书长安南曾指出：人口老龄化是无声的革命！它的影响将远远超出人口统计学的变化，同时会对人类社会的经济、政治与文化产生深远意义。如上所述，人口老龄化也是中国社会面临的重大社会问题。随着出生率的急剧下降，劳动人口的绝对数将迅速减少，劳动力成本上升，储蓄率与投资率下降，老年人口相对于劳动人口的赡养比率亦会不断上升，如东北地区与中西部地区的一些省份基本养老保险基金的财务收支状况恶化和公共财政补贴的压力增大等就是近年来凸显的问题。

毋庸置疑，老龄社会也是伴随着中国特色社会主义和社会主义现代化事业的发展而形成的本土国情。其特征之一，是我国老龄社会的快速形成与工业化、城镇化、市场化、信息化等的快速发展呈正相关的关系，又由于人口基数过大导致经济社会发展水平相对不高、相应制度建设以及人们的思想和精神准备相对不足等一系列矛盾凸现，而这些问题也都深刻地影响了中国特色社会主义事业发展的进程以及社会主义现代化强国宏伟目标的早日实现。

在先期进入老龄社会的发达国家中，人均国民生产总值一般均达到了 20000 美元以上，可谓是"先富后老"。然而，在中国进入老龄化社会时，人均国民生产总值才 3000 美元左右，呈现的却是明显的"未富先老"。尽管这些年的经济飞速发展，"老"与"富"的匹配度也在提升，但我国人口基数巨大、老龄化趋势加速、人口红利逐渐消失，这些问题都大大增加了解决人口老龄化问题的难度。尤其是城乡、区域老龄事业的发展和养老体系建设的不均衡等突出问题，使得养老服务有效供给不足，质量效益不高，人才队伍短缺；老年用品市场的供需矛盾突出；这些也与我国老龄工作体制机制的不健全、社会参与的不充分，以及基层基础比较薄弱有关。[①] 日本自 1990 年以来经济增长长期低迷，公共财政债台高筑，在很大程度上就是与人口的"超级老龄化"有关，对此我国应该引起充分关注。

人口老龄化带来的第一个突出问题是老年病的高发，医疗保障负担的加重。因此健康老龄化就是未来人类社会的共同需求。持积极老龄化观点的把"健康·参与·保障"确定为应对人口老龄化挑战的战略，同时强调应努力创造条件让老年人不仅重返社会活动或劳动，更包括社会、经济、文化、精神和公益事务在内的各个实践领域。[②] 但据统计，我国 60 岁以上老年人中大约有三分之二的时间处于带病生存状态，其中部分失能或完全失能的老年人更高达 3750 万人。毋庸置疑，我国老年人群正面临着与衰老及相关疾病有关的巨大威胁，老年慢性病防治也将出现"井喷"的状态。

---

① 中华人民共和国中央人民政府：《国务院关于印发"十三五"国家老龄事业发展和养老体系建设规划的通知》，2017 年 2 月 28 日，http://www.gov.cn/zhengce/content/2017-03/06/content 5173930.htm。

② 邬沧萍、姜向群主编《老年学概论》，中国人民大学出版社，2006，第 145 页。

另据《中国老龄事业发展报告（2013）》指出，"中国老龄问题严峻，世界少有"。理由是社会经济的发展将使越来越多的老人寿命延长，但是如果老人健康得不到显著改善，就必将导致个人生活质量的下降和家庭、社会负担的上升。据测算，如果老人健康（以生活自理能力测量）每年比上一年相对改善1%，那么我国2030年和2050年家庭照料（不包括医疗费用）总成本就将分别节省3667亿元和22194亿元。如再加上医疗费用以及因健康改善所节省的开支则将更加惊人。因此，提高对衰老与疾病的预防、诊治和康复水平，实现健康老龄化是一个迫切需要解决的重大社会问题。

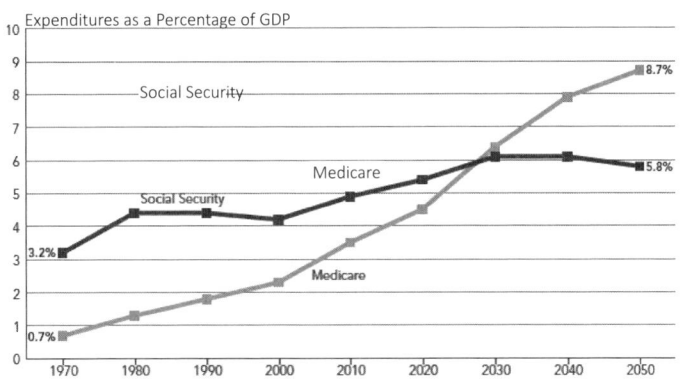

图2.2 人口老龄化对社会保障和医疗保险费用的预期影响
（占GDP的份额），美国，1970—2050

图注：资料来源 Funds, Smt. "A summary of the 2009 annual social security and medicare trust fund reports." *Social Security Solvency: Issues and Projections,* (Jan. 2010):155-128.

人口老龄化带来的第二个突出问题，是老龄化导致了老年人口比重的提高，同时引发劳动适龄人口比重的下降和儿童人口比重的减少，会对城市发展构成人口结构的挑战，并降低城市的竞争力，从长远来看不利于全球城市的发展和国家未来的发展。一方面，老龄化的过程增加了全球城市公共财政的压力，老龄化过程和青年人口比重的下降均降低了城市的创新力，且不利于全球城市的发展。另一方面，全球城市发展又带来了贫富分化的扩大，使得老年人的利益最容易受到损害。加上城市化过程中生活成本的提高和房价的上涨，亦会降低包括老年人口在内的所有人口的生活福利，其对老年人口的影响可能更加显著。为此，如何妥善协调全球城市发展过程中的老龄化，以及如何在老龄化过程中建设完善城市的功能，构成了全球城市发展中的一个结构性困境。

（二）社会抚养结构的变化与影响

社会老龄化的问题，若从人口学的角度进行分析，其结论是人口红利（总抚养比小于 50%）将消失；再若从社会学的角度分析，则未来劳动人口和老年人口的比例将从 20 世纪 90 年代的 7:1 发展到 21 世纪中叶不足 1.5:1 的局面。

由于存在着经济发展、生育控制、文化观念等的差异，特别是人口流动等因素的影响，中国区域和城乡之间的人口老龄化水平也各不相同，其中区域和城乡之间的显著差异已成为我国人口老龄化过程中的重要特征之一。区域和城乡人口老龄化是一个影响深远而广泛存在的长期且渐进的过程，会给区域和城乡带来不同的挑战，如在加剧我国农村地区人口老龄化压力的同时亦会加重区域性经济发展的不平衡，并扩大区域性经济社会的发展差距。

再从世界范围来看，关于老龄社会的研究也已经历了从关注老年人的健康幸福生活为主旨的创建福利型社会的阶段，进而深化为把老年人看作一种可再利用、再开发的人力资源的发展阶段。研究表明，我国人力资源的开发能力较为薄弱，2012 年我国人力资源的开发能力指数为 0.554，排名全球第 48 位。另从公共教育经费占 GDP 的比例来看，我国从 2000 年的 2.87% 提高到了 2015 年的 4.26%，但与发达国家平均 5% 以上的投入水平相比仍有差距。因此,需要将老年人口本身作为城市发展的重要人力资源来予以推动,并实现"生产性"老龄化的目标。换言之,即将老龄化过程的社会抚养和社会负担的模式,转变为老龄化本身继续推动社会进步并成为动力源泉的模式。

(三)人口老龄化对终身教育体系构建带来的挑战

终身教育理念是当前世界最受关注与重视的教育理念之一,其核心在于倡导学习和教育应贯穿于人的一生,教育应为个体从出生到老年提供终身帮助与服务。目前,全球已经进入老龄社会,但应对老龄社会实施怎样的战略和决策目标,意见并不统一。

少子化、老龄化及人口减少无疑会全面影响既有的国民教育体系。目前,人口老龄化对我国教育体系的影响尚未显现,但在可预见的未来其必将对我国基础教育、高等教育、成人教育和职业培训等产生深刻影响。近年来,我国的教育改革与发展均提出了要"建立与完善终身教育体系"的战略目标,其本质就是要对我国传统国民教育体系进行拓展与完善,而老龄社会的出现势必会深刻影响国家终身教育体系的构建与深化。再从国际社会正在大力推进的终身教育来看,教育应贯穿于人一生的理念亦早已达成共识,因此如何完善适应老龄社会的教育体系,就必然需要通过对现行教育体系的拓展与扩充才能实现。即通过校外的社区教育、老年教育等各种教育资源的整合来开展,其中学校教育资源的开放与有效利用,也是一个重要而不可或缺的途径。

第三章
外国服务老龄社会教育体系的构建及实施

一、日本老年教育体系构建的理论与实践

（一）日本老年教育体系构建的理论：从"悲观论"到"希望论"的转变

1. 超高龄社会的问题

在日本，关于超高龄社会的悲观情绪已经延续了30多年。出生率的急剧下降和人口寿命的不断延长，造成了超高龄社会的诞生。除此以外，当时婴儿潮时期出生的一代人也已经到了退休年龄，他们中的一部分正在成为高龄世代（65岁以上的人）中的老年人（即75岁以上，属于后高龄期）。面对上述情况，可以毫不夸张地认为，悲观论的情绪已经超越了高龄社会危机论的观念。但近些年，终于出现了试图驱散这种悲观情绪的迹象。

目前，日本正遇到了被称为2025年的社会政治问题，即：

婴儿潮一代将很快成为75岁以上的后高龄期的老年者；

总人口三分之一的人将达到65岁以上；

总人口五分之一的人将达到75岁以上；

总人口10%的人，即1200万人会患有老年痴呆症。

为此用于社会保障的支出将从120兆日元激增为150兆日元（其将作为日本政府会计预算的特别账户，而2018年日本政府的一般会计预算仅约100兆日元）。

20世纪60—80年代，日本劳动力人口的急剧增加促进了制造业的蓬勃发展，进而推动了经济规模的不断扩张。当时的日本建立了扶持老龄人口的社会保障制度及体系。

从世界历史发展的视角看，我们已经经历了人口结构从"19世纪模式（多生多死，人口寿命短）"到"21世纪模式（少生多死，人口寿命长）"的重大转变，但目前我们却还一直在使用20世纪60—80年代人口结构通往高龄化变化的早期（多生少死，人口增加和高龄化同步进行）所建立的社会保障制度。因此，在现今总人口锐减的社会背景下，上述体系会出现功能不全的问题也在情理之中。

不可否认，超高龄社会的悲观论是因为社会功能的失灵而进一步引发了社会动荡所产生的结果，但从某种意义上看，也是市场萎缩所带来社会危机感的一种突出表现。

那么，如何应对这种危机？老年问题实际上已经成为一个政策问题，而寻找解决这一问题的方案则成为一项重要政策议题。此外，在市场整体萎缩的情形下，作为社会上唯一一个不断扩张的市场，即老龄人口的继续增长在社会经济层面引起了人们的关注。

简言之，老龄社会可以被视为一个由单纯高龄者所组成的社会，其聚焦高龄者问题的解决，由此不仅可以减轻社会负担，同时也具有经济价值。但是，迄今为止包括一些特定政策或各种举措都很难说已经取得了预期的成功。我们将就日本的一些政策观点略作分析与评述。

2. 以社会可持续性发展为目标

以社会可持续性发展为目标是一种常见的观点，但这种观点似乎缺少了一些东西。当我们在对高龄社会的观点本身提出问题时就发现，高龄社会事实上是人的寿命延长、高龄人口比重随出生率下降而增加，进而导致人口急速减少的社会。在这种社会中，老中青三代人都在一起，他们必须为自己的未来生活而共同努力。为此我们有必要改变对高龄社会的看法，即我们不仅要去关注如何处理高龄者的问题，同时还要去思考如何将这个社会的宝贵经验正确地传递给下一代，乃至通过高龄者的共同参与而创建未来社会的问题。

简言之，之所以要努力地去解决超高龄社会的问题，是因为通过对这一问题的解决，我们可以有意识地通过对先人经验与传统的继承而潜移默化地影响下一代，潜移默化地将先人继承下来的社会正确地传递给未知的下一代。出乎意料的是，上述事实并没有引起人们足够的注意。解决超高龄社会的问题是要将高龄社会重组为一个未来可持续发展的社会，就是上述观点的典型反映。

从上述观点中可以发现，我们正在从以往的工业社会向下一个新的社会形态转型。在以往的工业社会里，经济活动是在扩大规模的前提下进行的，个体化的人被视为"无名团队"。换言之，人是被当作劳动力和购买力来使唤的，因此具有工具性的特征。

但是在一个新的社会里，人应被看作独立的个体而存在，在自己生活的同时也与他人发生关联。人们将生活在一个基于独特性和关联性的多元但不断趋向缩小的社会中，然而在这样的社会中，人是被视为独特的社会人而存在的。换言之，在那个社会里，人将被视为"目的"而不是工具。[①] 在那样的社会中，人的需求也不再是个人所拥有的欲望，而是通过人与人之间的关系去创造具有社会性的诉求。

3. 迈向百年人生的社会

迈向百年人生的社会是另一种常见的关于高龄社会的观点。当悲观论僵局被抛弃时，人们都在积极构想一种新型的社会，即个体身处其中，人人都能够创造自己的价值，人人都能活到百岁，以及建设一个人人都能与他人和谐共处的社会。从以上观点来看，这种社会的发展可以被认为是一

---

① 神野直彦：『「人間国家」への改革　参加保障型の福祉社会をつくる』，NHK出版，2015年。

种自然的过程,其中一项尝试产生于2017年由日本政府内阁所召开的"百年人生时代构想"会议。

该会议着重讨论了如何迎接并庆祝百年人生的时代方式,研究了人们在各个人生阶段如何学习和发挥自身的作用,同时讨论了大学改革的举措。简言之,该会议在研究如何将人们通常的人生观从狭隘的"人生道路论"转变为丰富的"多段人生论"的同时,还讨论了如何让所有的个体都能成为这个社会的主角以及"学习"在其中能扮演什么角色的问题。

上述论点还伴随着前所未有的超高龄社会中社会观念的巨大变化,即我们不仅要解决高龄者的问题,而且为了将这个前一代所创造下来的良好社会的本身传递给下一代,我们需要研究包括高龄者在内的成年人如何陪伴下一代的儿童,并促使他们勇于创造更好的社会,同时还要向他们展示某种改造社会的榜样作用,以及进一步强化他们在这个社会中的主角身份。从这个角度来看,高龄者的角色身份将从被社会关注并照顾的对象转变成为对社会负起责任,并对培育下一代起重要作用的主要因素。[1]

简而言之,我们需要进行价值观的转变,即将超高龄社会重新转换为人人都能积极参与的,并能成为活跃主体的社会,其象征性的表述就是"百年人生时代"。这种社会也不再适合被称为高龄社会,相反,它应该被称为"健康长寿的社会"。

4. 以往工业社会的特征

当前,我们在迎接百年人生社会时的一种表现方式就是要创造能让大家尽情欢乐的"场所"。在那里,人们在保持自己独特性的同时,又与他人的关系密不可分;人们通过创造并运作其社会来稳固自身生活的基础,由此实现自己的愿望,并继续延伸下去。换言之,他们对生活的态度是被这种实现生活目标的乐趣和愉悦所驱动的。我们在此将上述"场所"称为

---

[1] 神奈川県:人生100年社会ネットワーク会議「持続可能な人生100年社会を目指して 2017年版 」,2018年3月。

"小型社会"。在那里，人们的存在是以建立面对面关系中的互相承认为基础的。

我们正面临着一种状况，即通过制造业促使经济的发展和再生产的社会已经开始崩溃。在以往的工业社会里，人们都是在人口增加的前提条件下过着类似的生活。在那种社会里，人们生活和存在的扩展、进步就是社会价值，其同时也体现为经济利益。

可以说，在以往的社会里，个人、家庭、单位和政府均组成了一种串联的关系。当时的人们经常被告知：如果你未来想过幸福的生活，你就必须努力学习，上好的学校，进好的大学，在一家大公司找一份工作；只要努力工作，那么工资就会增加，税收也会增加，政府将会保障你的余生衣食无忧。

在这种社会里，单位和家庭都是社会保障的关键。单位，特别是大公司，通过终身雇佣制和资历晋升制度提高了成员的福利水准。在家里，家庭主妇则承担了做家务、照看孩子和老年人、提高家庭生活质量的责任。

联结单位和家庭的社会制度就是学校教育体系。因为对学业成就的信仰支配了人们的观念，而激烈的升学竞争也由此展开。

5. 不宽容的社会

随着时代进入消费社会，家庭也开始了质的变化，家庭成员变成每个个体孤独地存在，他们孤独地用餐，孤独地生活，家庭已经不再成为社会的基础单位或人们所归属的场所，人们的生活本身失去了安定感。

在这种情况下就出现了一种新的社会观，即个人负责的观念。换言之，无论失败或成功，都被视为个人的责任，互相帮助以及对他人的不成熟予以宽容或忍让的时代已经成为过去。

在过去以制造业为中心的工业社会里，儿童是不成熟的，他们需要通过成长和发展而成为社会的继承者。因此，儿童被认为是具有独特的价值而存在。在那时，儿童的总体发展受到了全社会的关注，即使在他们的成长过程中遭遇动荡，但在成人社会看来，那是一种灰色地带，应该由社会来负起责任。

但在新的消费社会中，儿童本身也被要求具有自我价值，且必须是"完成品"。在消费社会里，人们寻求他人完美，并同时要求他人视自己也是完美的。

于是一种要求人始终完美的严酷关系就被建立起来。在这种关系中，包括儿童在内的社会人群由于需要完美的自立和独立就变得孤立和孤独，他们同时被要求负起自我责任，而在增强自我保护的意识中也形成了对他人的苛责感。于是社会就变成了一个由个人通过互相嫉妒和斗争而形成的场所，人们原来共生共存的生活场所也由此变成了一个互为竞争的场所。

6. 人工智能和贫困的社会问题化

近年来，一个被称为"社会5.0（Society 5.0）"的问题又开始浮出水面，这是随着人工智能和IoT（物联网）等技术创新的进步，促使就业方式发生了改变。据说到2030年时大学毕业生中近65%的人将要从事现在尚未出现的工作。一个新的自动化时代将会来临，而现在已经存在的50%左右的工作均将实现自动化，于是企业不再雇佣劳动力。[1] 与此同时，由人工智能代替的领域将使得80%的白领工人有失去工作的可能，其造成的社会失业率也会产生新高。[2]

在当下，日本社会的阶层已经开始两极分化，包括儿童贫困在内的家庭贫困正在成为社会问题。需要指出的是，现在日本国内，每6个人之中就有1个儿童生活在相对贫困家庭中，如果是单亲，尤其是单亲母亲家庭的话，那比例更高达近60%。就是在OECD国家中也是排名最差的。[3]

---

[1] Frey, C. B. and Osborne, M. A., 2013, THE FUTURE OF EMPLOYMENT: HOW SUSCEPTIBLE ARE JOBS TO COMPUTERISATION? (September 17, 2013).

[2] 新井紀子：『AI vs. 教科書が読めない子どもたち』，東洋経済新報社，2018年。

[3] 内閣府（日本政府内閣庁）：『平成27年版　子ども　若者白書（全体版）』，2016年。

此外，众所周知，贫困是因为受教育机会的不均等而世代相传。在这种社会里，受教育机会的不均等会导致获取信息或社会资源机会的差距。在此，学习就变成了市场化的而且个性化的东西，加上其会导致知识面和能力的不均，以此造成社会阶层的深度分化。简言之，上述社会差距是因为学习的不均等而造成的，由此，社会亦开始分裂。

7. 依存和责任的回避

消费社会所缺失的是人们在互相信赖关系中所创建的社区自主精神以及居民的自治实践。在这种社会里，消费者才是万能的神。但是，他们如果不依靠政府或私企提供服务，就什么也做不成。届时他们只能陷入更加孤立无援的境地。

换言之，只能依靠他人提供服务而自身无能为力的消费者们就变得只能靠谴责他人的存在而聊以自慰，这就进一步加深了个体孤独的程度。届时社会秩序将被摧毁，地方政府的资源变得枯竭，由于无法保证普通民众尤其是社会弱势群体的基本生活需求，人们的生活质量就会变差，社会则处于分裂的边缘。

但我们原先的生活并不那么脆弱。现在却仅靠政府单方提供服务，于是人们就失去了自己在社会中与他人共存的意义，也失去了与他人共同生活的感受，甚至失去了与他人共同构建社会的决心。众多的人因为不满意而成为投诉者，他们在谴责别人的同时，亦将自己排斥在社会交往之外。这种状况无疑与依靠他人生活却又回避自身责任并转嫁他人的情形一样，也是我们无法推进健康长寿社会发展的最大原因之所在。

8. 下滑的社会

自立与孤立是不同的概念，人们不可能认为一个试图通过与他人竞争而获利的人是自立的，因为这种人不可避免地加深了孤立感，并远离了生活在美好社会中的乐趣。相反，如果你总是通过与他人的交往而产生兴趣、想象力，并且形成共识，同时对他人的需求积极回应，充实自己的快乐，那么这就意味着你不可能是孤军奋战,而代表着你是在这个社会中存在的,即你是自立的。

想他人之所想,并帮助他人的过程是令人愉快的,但这需要发挥人的想象力,即把他人的快乐视为自己的快乐,并不断推进使之成为现实,如此,社会就会形成宽容和谐的氛围。而在你感受被他人接纳的同时,你亦会认同他人的存在,那样的社会无疑会充满魅力。

反之,那些失去对他人的想象力并坚持特定观点的人则倾向于攻击他人,并认为孤立就是自立。这样的人只能说出抱怨社会的话,只会要求他人关照自己,而不愿意帮助他人。在这样的社会里,人们只能彼此憎恶乃至自虐。这就像生活在猜忌中的人一样,永远无法与他人共处。

在这样的社会中,人们会沉浸在一种相互捉弄的情绪里,并由此产生所谓往下滑落的状况。简言之,日本社会日益失去其生命力和活力的主要原因不是人们不去尝试互相承认,也不是停止了创新的思维,而是社会出现了信任危机,新的有趣的社会尚未出现。在这种社会里,人们害怕来自他人的批评,试图避免失败并且安于现状。其结果则是创新的停滞,并且社会出现滑落。

9. 提升对他人的想象力和创造力

为了实现彼此认同而不是孤立的,为了彼此改善和提高而不是彼此割裂的,为了控制冲突并将其改造为更高层次的,我们必须思考和实践并实现我们能够构建的上述社会基础。为此,我们就需要在一个彼此可见的范围内,去建立以互相信赖为起点的人际关系。

对此,我们需要的是不与他人竞争,而是与他人合作并创造新的价值。我们需要建设新的社会,这个社会不是为了让强大的个人去剔除他人并夺取领导地位,而是为了让弱小的人们更加互相帮助,使每一个人都能找到适合自己的位置并产生社会价值。在这样的社会里,我们捍卫每一个人的思想将变得很重要①，而这一场所就是人们生活的"地方"，就是被称为社区的"小型社会"。

10. "小型社会"的思考

今天，面对高速老龄化的社会困境，我们面临着必须进行重大社会改革的局面，同时围绕这一问题探索如何重建希望和实现希望的路径。我们需要将所有的人定位为自己生活的主体，同时鼓励他们成为社会的实践者，并通过扩大自己的力量来发挥对社会的积极作用，以勇于去尝试建设百岁人生的社会，来克服弥漫整个时代的超高龄社会悲观论的情绪。其具体实践就是创建无数的"小型社会"。在这种"小型社会"中，人人都是自己生活的主角。

在上述尝试中，我们需要被迫改变对老年人的观念。因此，我们还需要设置具体的实践领域和研究课题，探讨老年人与儿孙辈之间的互动方式。在这一实践过程中，除了培育社会的下一代以外，高龄者被强烈要求承担社会载体即主人翁的角色，他们应该成为培养孙辈的主体。而这就是包括高龄者在内的上一代人的重要作用与使命。

11. 工业社会人际关系的特征

实际上，社会原先就是由祖父母传承给孙辈。后来，随着制造业的发展，以发展和规模为社会价值的现代工业社会得以成立，人们开始从农村山区转移到了产业集中的大都市，由此形成了以父母和孩子两代构成的核心家庭。在现代社会中，"家庭"成了一个封闭的空间。其并不融入当地社区的人际关系之中。因此，"家庭"也成为母亲和孩子紧密结合的"教育"空间而发挥功能。此外，在这个工业社会里，基本上是根据社会分工原则，将对儿童的教育和对高龄者的照顾变成由社会专业人员承担的工作。因此，孩子们被送到学校里"关"起来，高龄者也被送去护理和养老机构

---

① 鷲田清一：『しんがりの思想　反リーダーシップ論』，角川新書，2015年。

"关"起来，老年人和孩子共同生活的空间就消失了。在这个社会里的中年人，是所谓的劳动者和社会的主要参与者，但是他们本身只是经济社会发展的工具和手段，例如劳动力和购买力。在工业化的社会里，人们无法在家庭和社区的各种人际关系中扮演不同的角色，他们不是掌握了社会各种技能的多面人，而是被视为无名的劳动力和购买力的整体，即成为单功能的人。因此，在这个社会里，人们如果失去了劳动力就会被认为失去了社会价值，也就成为一个无名的存在而被淘汰。同时，孩子们被视为需要保护和教育的对象，因为他们是具有开发未来潜能和价值的存在。

但日本社会现在已经结束了工业化社会的时代，正朝向消费社会发展，于是学校也不再是培养单纯劳动力的场所。学校也被要求与社区学校一样，与当地社区连接并合作，并给予儿童保障及与他人建立各种联系和合作关系，以使他们能够成为与他人一起实现理想的社会主人翁。

简言之，日本社会已经转型为新的社会，即从成员互相亲密相连并形成封闭的空间及互相排斥的核心家庭，转型为以祖父母和孙辈这一隔世代所构成的开放而亲密的空间。在此空间，所有人开始积累各种社会经验并发挥自己的力量，以使自己成为承担社会责任的主角。

12. 个人与他人的互相认同

在新的消费社会，人们开始改变自己存在的方式。即在以往的社会里，人们通过与他人的比较得到了不同的评价，并由此来获得社会地位。但在新的社会里，他们在与他人的"互相关系"中创造了自我可持续式的存在方式。在这个社会里，新的存在方式就是以与他人的互相认同为基础，同时通过与他人的互相信赖关系，创造了社会的需要。在这个社会里，"学习"完全不同于在社会上处于空间分离的"教育"，通过人与人之间的联系，并在与他人的"互相信赖"关系中继续开创人的存在意义，并建立对所有人的开放社会。①

上述社会转变不仅与基层政府的政策有关，也与近几年来日本强调以建设"小型社会"来改造全国社会结构并适应老年社会来临的国家政策与趋势有关。

13. "学习"就是"运动"

日本政府在关于"百年人生时代构想"会议的报告书中强调指出，在人们生活向着多元方向变化的时代里，终身学习和回归教育显得非常重要。

因为人们生活正朝着多元化方向转变，这个舞台是他们日常生活的"场所"，是在面对面的关系中互相认同的近邻社区，换言之，它也是一个"小型社会"。在此，我们需要关注的是，人们是通过怎样的"学习"，又如何构建"小型社会"的独立性和自治性。

对于未来社会，至关重要的是要组建多元化、多样性的无数个"小型社会"。"小型社会"又有如下特点：

它们都在基层居民的自治组织或同等水准的社区中开展。这些地区应该进一步成为基层政府的基础。其反映了国家政策的重点已经从国家层面越过县市层面而直接渗透到居民生活的社区。同时也表明，经过几年来的地方分权和权力下放政策的进展，经济结构的转变，以及人们自身的起伏变化，人们开始关注他们自己作为居民所度过日常生活的地方。换言之，在人们的生活中，人们是通过特定的人际关系，特别是互相认同的关系来确认自己存在的重要性。

由于市场的全球化，人们的存在被排斥在国家归属之外，于是人们就越要求新的具体生活方式，并恢复自身的存在感。与此同时，在以往的社会里，国家提出并迫使人们由群众变成公民的国家文化和民族道德，已经

---

① 牧野笃：「現下の社会保障としての世代間交流 「社会」をつくる「学び」の視点から」，草野篤子他編『世界標準としての世代間交流のこれから』（世代間交流の理論と実践2），三学出版，2017年。

变成无法保证国民存在的空泛口号，于是互相认同的关系开始崩溃。

面对这样的社会现实，人们开始尝试创建新的社区——"小型社会"。

在"小型社会"里，居民将不断地把自己打造成为当地社区的参与者，并不断改变着自己，同时试图与他人建立"互相关系"，并在"关系"中创造社会价值，重新塑造自我。

从某种意义上看，在社区中不断建构"互相认同"的关系，就是一种不断产生自我的"学习运动"。在这个过程中，人们通过"学习"建立起了与他人互相认同和互动的关系，并继续促进自我生成并保持自我更新的存在。

简言之，上述"运动"本身就是"学习"。这种"学习"就是个人的社会存在方式，人们是通过不断变化来建立起自己与他人之间的新的关系的，并在这种关系中产生新的存在。因此，"学习"不仅是某一个人的自身存在方式，而且还是"社会"的存在方式。在这种"社会"里，"我"总是与他人一起成为"我们"。这也不是由网络扩张而创造社会的方式，而是由无数被称之为"小型社会"的据点汇集而构成的社会方式。

14. "学习"驱动人前进

一言以蔽之，"学习"已经成为人们存在乃至"生活"的方式，而"学习"也成为未来"社会"形成的样态。在这种"社会"的形成与转型的过程中，"小型社会"的出现使得人们在与他人的互相认同中创造了新的存在方式。在这一过程中，人们也可能会感到困惑，而克服困惑则可以达到新的境界，这无疑是一种令人惊奇的体验。

其实每一个人都具有这种驱动力，但是，只有在与他人的"互动关系"中才能触发它。换言之，这是一种在社会中试图善用自己的生活能力，并通过面对面的关系而产生的人际互动。

因此，这就是我们寻求的"社会"。在这个"社会"中，每一个人都是"小型社会"的正式成员，他们不断地创造自己，并为自己的变化感到惊奇，他们意识到与他人生活在同样的世界里，并使自己成为有趣且不可或缺的存在。

在这个社会里，每一个人都是"学习"的参与者和创建"社会"的合作者。其存在的本身就是"学习"和"社会"。而基于这种感觉创建彼此信赖关系的"社会"的实践已经在日本各地展开，可以说，这也是日本社会应对超高龄社会的一种新的姿态与方式。

（二）日本老年社会教育体系构建的实践：东京练马区的经验

在老龄化不断推进的社会中，思考构建和改善各种新的系统来应对老龄化不仅必要而且重要。

从人们学习的层面来看，从现有的学前教育到初等、中等、高等教育再迈向成人教育，尤其是成人学习系统的完善，如退休后老年人的学习系统（自我学习、再教育）的开拓与充实等，都将成为新的研究课题。

其中尤其是老年人的学习与其自身生存价值的培养和强化，健康的维持和增进，以及对地区社会的贡献等都有着密切的关系。因此，在思考老年人的学习系统之际，就必须同时考虑上述相关因素，并以此开展研究。

需要指出的是，在老龄化社会中，老年人的问题通常是从福利和医疗的视角来展开讨论的。在这种情况下，老年人就成为接受福利和医疗的对象，即成为社会弱势群体。但上述老年教育的系统则正好与之相反，其关注并促进健康老年人自立主体的形成。

以下，将就日本东京练马区的具体实例进行若干介绍。

1. 东京练马区的概况

东京是日本的首都，在政治、行政、经济、社会和文化等各个方面都具有代表性。在东京 23 个特别区（自治行政区）中，练马区植被覆盖率（树木、农田所占比率）最高，年轻人流入率也最高，因此这是一个绿色且富有活力的特别区，也是一个高人气的自治区。由于希望在此地生活的老年人很多，所以该地区亦为应对老龄化社会做出了很多思考。

以下是练马区的基本数据。

（1）由来

作为东京第 23 个特别区，练马区设立于 1947 年 8 月 1 日，是从板桥区独立出来的。

关于练马（ねりま）地名的由来，一种说法是中世纪的丰岛家有一位身为武术大师的家臣在谈及驯马时使用了"ねる"的词语，而由此得名。

（2）位置

位于东京 23 区的西北部。

（3）地形

地势平稳，西部海拔 54.02 米，东部海拔 21.01 米。区内平均海拔 30—50 米的无起伏状地形。

（4）面积

总面积为 48 平方公里，形状为南北长 4—7 公里的基本矩形。

在东京，其面积仅次于大田区、世田谷区、足立区和江户川区，排名第五。

（5）人口

总人口数为 74.328 万（2021 年 9 月数据）。

这一数字仅次于 23 个区中的世田谷区的 94.4394 万，排名第二。

（6）城市宣言

练马区拥有四个城市宣言：

①《无核城市宣言》（1983 年 10 月 3 日）；

②《交通安全城市宣言》（1998 年 12 月 15 日）；

③《健康城市宣言》（2001 年 10 月 8 日）；

④《环境城市宣言》（2006 年 8 月 1 日）。

(7) 练马区的改革构想

①《绿色练马区综合计划（草案）》（2018年12月）

②《绿色之风城市规划》

③《绿色之风城市实施方案》

其政策构想之一，让城市成为孩子们拥有灿烂笑容的城市；政策构想之二，让城市成为老年人能习惯地区生活的城市；政策构想之三，让城市成为能提供安心福利与医疗的城市；政策构想之四，让城市成为安全、舒适、充满绿色的城市；政策构想之五，让城市成为能为居民提供生动且丰富的生活的城市；政策构想之六，让城市成为区民能与区域同步发展的城市。

2. 老年人学习支援系统

练马区针对老龄化社会的老年人学习支援体系除了依据学校教育法开设的普通大学之外，还建有三种"老年大学"。这些机构虽然都不是普通教育机构，但却是对老年人的学习、健康、生存和工作机会提供了有力支援的机构。

（1）终身学习的机构——"寿大学"

①寿大学的现场活动

寿大学是练马区开展老年人终身学习的机构。为了使老年人更深入地学习，寿大学开展了演讲会和俱乐部等活动。演讲会包括体验历史小说，交流日常生活中有用的减压技巧，讨论长寿社会与抗衰老等。俱乐部活动包括：学做对身体有益的家常菜，享受折纸的乐趣，教授简单的肖像画，开展以江户时代东京为背景的舞台演出，为了心灵健康的吟诗及快乐读书活动等。

②寿大学的通信讲座

A. 开展面向60岁以上老年人的通信讲座（线上），内容是关于俳句和书法的研究。

B. 开展其他面向普通居民的各种线上公开讲座有文化讲座、美术讲座和讲习会等。

（2）老年人俱乐部——"老年人大学"

老年人俱乐部也是练马区开展老年教育的一大特色，是60岁以上老年人自发组织的学习活动，练马区自治会则提供开展活动的教室。

由于活动开展得有声有色，2014年9月30日，日本天皇与皇后还视察了练马区练马文化中心开办的"老年人大学教室"，他们亲切会见了老年人并观看了歌舞表演。

（3）社会福利机构——"微笑大学"

练马区还设立了"微笑大学"，这是一种社会福利机构，其宗旨是"为了您的笑容"，学习内容涉及美容学、微笑学与脑科学等。

（4）老年人自主学习的支援举措

在练马区，如果老年人有以下学习或研修的需求，地区将提供以积极帮助。

①练马区美术馆

凡65—75岁参观者减免部分参观费，75岁以上免费。

②石神井公园故乡文化馆

凡65—75岁参观者减免部分参观费，75岁以上免费。

③体育设施——区立体育馆与游泳池

65—75岁使用者减免部分使用费，75岁以上免费。60—75岁可以购买便宜的联票。

④区外研修设施——费尔德轻井泽、费尔德下田、费尔德武石、费尔德岩井

基本使用费65—75岁打折，75岁以上免费。

⑤体育教室——以老年人为对象的健身体操教室、初学者游泳教室等

开班时间：春、夏、秋、冬。

开班场所与时间通过《练马区报》与"町会传阅板"进行宣传通知。

65岁以上的老年人免费。

3. 老年人生存价值与健康支援系统

为了培养老年人的生存价值，在练马区有推动与增进其健康发展的组织与团体。其中不仅有练马区自治体创设的团体，也有由老年人自发成立的团体。这些团体的存在起了很重要的作用。

（1）培养老年人生存价值的组织与团体

①老年人社团

在练马地区有各种老年人自发成立的文化组织。

练马区自治体对所有老年人社团举办的活动给予支持。

②老年人俱乐部

如上文所述，老年人俱乐部为本地区60岁以上老年人自发形成的组织，在日本也称为社团联合体。

③日间护理

对于需要进行护理的老年人，由护理保险机构派出护理者每周进行1—2次个人护理。

练马区开办的日间护理项目，内容包括提供会餐、趣味活动、健康体操等。对象为外出机会很少的65岁以上老年人。费用为每次600日元。

④东京都寿星优待证

为了扩大老年人的活动范围，为其提供学习机会，练马区为70岁以上的老年人提供都内交通免费乘车证。

（2）推进练马区健康长寿事业

以防止或减轻65岁以上老年人过早失去自立能力为目的所推进的事业。宗旨是让老年人可以过上充满活力且健康的生活，尽早发现因为老年病而造成的生活不便，并提出相应对策。这里所指的生活不便是肌肉与平衡能力的低下，以及因低营养造成的身体功能、语言功能和认知功能的低下。

练马区另外还推动健康长寿、"返老还童"事业。具体内容为根据"健康长寿检查表"的健康程度为期望参加学习的老年人提供活动教室,根据"健康长寿检查表"所提供的结果建议为每一个老年人找到合适的学习内容。

最后是制订练马区健康长寿事业计划。如本年度的"看护日"事业,健康长寿、活力满满的庆典演讲会,预防认知功能下降的有关讲座、展览和体验活动等。

4. 为老年人介绍工作的支援系统

为了增加老年人通过工作获得生存价值的感受与体验,练马区建立了工作机会的介绍支援系统并受到了极大关注。具体内容如下:

(1) 银色人才中心

根据老年人的经验及技能为之介绍适合的工作。

首先需要入会,并参加每年的"入会说明会"。会员资格是健康且希望就业的60岁以上老年人。会费为每年2000日元。

(2) 高级工作支援角

为了使健康的老年人成为社会的支柱,并为推进地区社会发展做出贡献,练马区不定期地举办有助于60岁以上老年人就业的各种讲座,或提供相关信息。其咨询不收费用。每周一到周五早上9点到下午5点均提供此项服务。

(3) 东京职业中心

根据职业体验、经历和期望,为找工作的老年人提供建议和就业咨询。对象为55岁以上的老年人。

(4) 健康老年人看护机构的业务补助事业

在为老年人创造健康与社会贡献等机会的同时,亦为看护保险机构的职员及从事特别养护的老年之家的职员提供减轻负担的补助事业。

5. 可以提供充实而安心生活的福利系统

练马区为了让老年人能安心生活,还出台了除了教育以外的许多措施,也为老龄化社会的福利充实和地区服务做出了重要贡献。具体内容有：

（1）建立老年人社区护理系统

该系统根据老年人保健福祉计划和看护保险福祉计划而制定。内容包括对 65 岁以上的老年人提供针灸、按摩与指压服务等，对独居老年人提供入浴证和福利电话等。

（2）地区福祉的推进

制定能让老年人居住舒适的城市计划，内容包括让练马区成为守护和平的地区；推进增强地区福祉力量的举措；促进社区居民对社会参与的理解；推进无障碍获得情报的路径；建立权利维护中心，设置第三方机构来回应民怨等。

一言以蔽之，练马区正在构建一个"不让任何一个人不幸"的"联合社区"而把老年教育与公共社会福祉连接在一起，正在为创造一个老年人适宜居住的高福利型社区而努力。

二、北欧适应老龄社会教育服务体系的政策推进与成效

北欧作为世界上一个独特的地区，以其高福利、高获得感而闻名于世。作为一个被人羡慕的地区，不仅因为其提供了从摇篮到拐杖的福利条件，同时也提供了丰富的教育资源。北欧五国都高度重视教育，并把提高国内民众的素质和终身学习的能力放在首位。尤其是近年来北欧开始重视老年教育的发展，并采取了各种措施为老年人提供丰富的老年教育服务，亦取得了十分明显的成效。进入 21 世纪以来，在全球老龄化及终身化教育的热潮下，我国也越来越重视老年教育的发展，并以此作为实现学习型社会的目标。为此，借鉴北欧的经验，并以丹麦和芬兰为例来探究其适应老龄社会教育体系构建的有效经验，对于我国老年教育的发展和完善无疑具有重要的意义。

（一）丹麦老年教育推进现状

丹麦是世界上人口老龄化程度较为严峻的国家之一，截至2014年，丹麦60岁及以上老年人口大约为136.7万人，已经占总人口数的24.3%，已然进入了超老龄化社会。尽管人口结构高度老化，税负率亦高达46%，但总体上丹麦人民的幸福指数非常高，这得益于丹麦完善且注重人性化的福利体系，其广泛而深刻地影响了社会经济的发展和资源配置的格局。就丹麦来看，其将"积极老龄化"的理念融入了社会的各个领域，包括住房政策、退休政策、养老金政策、老年教育政策等等，由此促进老年人根据自己的需要、能力而参与到社会的发展中，并充分发挥自身的作用，因而丹麦也是世界上实现老年人继续社会化最理想的国家之一。

以下，就从丹麦的老年福利政策、老年教育政策及其推进与实施等方面来对丹麦的老年教育服务体系及其政策保障系统进行简要分析和梳理，同时从文化和人口层面就北欧的国家教育政策与我国老年教育服务体系建设的适配性问题展开若干讨论。

1. 丹麦老年福利政策

如上所述，丹麦是一个高税收与高福利的国家，这使得丹麦国内民众的收入减少但平等感增加。丹麦用于社会福利建设的资金全部来源于税款收入，而其人民也享受到了费用高昂、"由生至死"的社会福利待遇。丹麦老年福利政策包括医疗、住房、退休和养老金等几个方面。如在医疗和住房上，由于老年人非常多，常有专业医护人员不足的情况发生，因此许多老年人会选择在自己熟悉的生活环境中慢慢老去，这就是所谓的居家养老，而丹麦政府则为这些老年人提供了上门服务的个人卫生护理和看病照料。同时，老年人也可以选择去疗养院或养老院，一般的疗养院或养老院都是独门独户，有专门的厨房、阳台等，这都是为了保证老年人的尊严、自由和隐私，这些机构均有专门的工作人员来对老年人进行护理或治疗。①老年人就医也有专门的门诊补贴。而在养老金和退休政策方面，早在1987年，丹麦就开始实施部分养老金方案，之后在1995年又实施部分提早退休方案，也就是说在60—67岁年龄段的老年人可以逐步减少工作时间直至退休，凡是年满67岁的老年人就都可享受非缴费性的由政府补贴的养老金。

2. 老年教育权的法律保障

丹麦除了在"老有所养"方面做到了极致，在"老有所教"上也毫不逊色。由于老年教育的服务对象具有特殊性及较强的社会保障性和福利性，因此政府的支持和导向则是保障老年教育权益的有效路径。就丹麦来看，其成人教育的开展历史悠久，到目前为止已经形成了较为完备的教育体系，内容既包括职业的和普通的课程，同时又包括与个人生活和社会工作密切相关的课程，而基本目标则是指向包括保障老年人在内的所有人都有机会学习并提升自己的劳动技能，从而在全球化的劳动力市场处于优势地位。②丹麦对老年教育的重视源于丹麦著名的教育家格龙维（Grundtvig），他认为老年教育也是成人教育，而成人教育不仅仅是一种技能教育和职业教育，更是引导人们生活的教育。因此作为成人教育的重要组成部分，老年教育的保障就要从成人教育的立法开始。为此早在1968年丹麦政府就出台了《成人教育法》，1969年又颁布了《丹麦农村教育法》，其中就提出要特别关注老年教育的各种问题，同时要求全社会对老年人，尤其是对农村老年人提供平等和公正的教育服务，并且均是免费的。丹麦政府还要求各级政府和社会管理机构应该为老年人创造必要的条件开展老年教育，并关注老年人受教育权利的保障。之后丹麦政府又于1995年制定了"回归教育的10点计划"，提出要加强普通教育与成人教育机构之间的合作，终身教育的理念则被大力倡导、实施并被纳入地方政府的权责范围之中。1997年，

---

① 陶冶：《丹麦社会福利制度运行机制对中国的启示》，《现代商贸工业》2012年第9期。
② 吴雪萍、陈雪芬：《蓬勃发展中的丹麦成人教育》，《教育与职业》2002年第10期。

"国家能力发展"项目启动,其中再次提出了要发展终身学习和继续教育。①2007年,《终身学习战略:全民教育与终身技能升级》发布,这个文件正式推动了正规与非正规学习成果的认定。在上述一系列政策的引导下,老年教育开始被涵盖在了成人教育的范畴之中,政府教育部门开始组织各种老年教育活动,并逐渐重视老年人的主体性价值。②总的来说,丹麦老年教育以政府为责任主体,同时通过自上而下的政策推动构建了非常完整的老年教育体系,其中包括政府自主开展的及购买服务的教育活动;而具体的实施机构则包括成人学习小组、成人教育中心、民众高等学校联盟、成人教育协会及各种民办的老年教育组织等等。

3. 重视农村老年教育

与我国城乡老年教育发展差距较大的情况不同,丹麦十分重视农村老年教育,尤其通过多种措施为农村老年人提供多样化和多形式的老年教育服务,并形成了较为完善的老年教育体系。首先,在农村老年教育的机构建设方面,丹麦大部分农村老年教育均由教育部门直接管理,教育部门亦根据国家有关法律的规定,制定农村老年教育的年度发展计划,并对各地方的农村老年教育发挥领导、组织、协调和监督的作用。需要指出的是,丹麦在全国16个郡和275个市的乡村城镇都开设了老年教育机构,同时政府还通过购买教育服务的形式,参与农村老年教育的推进,并通过丰富农村老年人的生活,提高农村老年人的生活质量,来消除农村老年人的孤独感。同时,在老年教育的内容方面,丹麦政府为了满足不同老年人的教育和学习需求,使每一位老年人的人格得到完善,还根据老年人的兴趣爱好和能力开展了各种具有实用性、科普性、娱乐性和人文性等特征的多样化教育活动,并且经费完全由国家承担。在农村老年教育的形式方面,丹麦政府以提升农村老年人生活质量和生活品质为目标,设置了从农村老年

---

① 张志欣:《丹麦终身学习的发展与实践》,《世界教育信息》2016年第13期。
② 刘洪林:《丹麦农村老年教育的成功经验及启示》,《成人教育》2015年第11期。

人现实生活出发的内容,教学场地也是选择农村老年人易于集中的地方,课程形式则依据农村老年人的特点,采取学习小组的方式进行学习成果的交流和分享。①

4. 积极帮助老年人融入信息社会

随着人口老龄化趋势的日益加剧和信息技术的日益普及,老年人掌握信息的需求尤为重要。作为互联网普及率最高的国家,丹麦政府和社会在帮助老年人融入信息化社会方面亦做了努力并积累了经验。其中,在关注老年电脑教育方面采取的一些措施取得了尤其好的效果。据调查,2011年丹麦65—68岁从未使用过网络的老年人有39.6万人,而2014年这一数字就降到了23.1万。这得益于丹麦政府对于促进老年群体融入信息社会的各项措施。首先,丹麦政府对于老年人使用电脑会给予资助。目前丹麦的社区老年活动中心大多设有电脑室,供60岁及以上的老年人就近学习使用电脑。同时,丹麦成立了DANSKE SENIORER的机构,该机构专门致力于保障老年人的晚年生活质量,其所有电脑室均和其他相关机构共同创建,而政府则对电脑室的规划、设计和针对老年人的计算机学习培训给予费用资助。其次,社会还通过多种途径增加老年人对电脑和网络的认知。如"老年人上网日"活动就是丹麦政府和社会鼓励有需要的老年人走出去寻求社会帮助,以增加对电脑和网络的认知而采取的一个重要举措。在"老年人上网日"当天,免费开放所有培训中心,并在地图上标注位置,以便老年人查询。除此以外,他们还按照老年人的实际需要,实行讲练结合的教学模式,以期达到最好的教学效果。

5. 成人教育体系中的老年教育

丹麦成人教育的发展一贯比较成熟,并已形成了独立的成人教育体系。目前丹麦的成人教育主要包含三种类型:一是职业技能培训,旨在提高成

---

① 刘洪林:《丹麦农村老年教育的成功经验及启示》,《成人教育》2015年第11期。

人的岗位技能和职业资格，通常由用人单位和员工共同承担费用；二是普通类型的教育，旨在提高普通学校学生的社会应变能力和知识水平，其由成人教育中心进行组织，费用则由学生自己承担；三是大众教育，旨在为成年人提供休闲与娱乐活动，其通常由不同的社会机构组织开展。[①] 无疑，老年人教育就主要包含在第三类的活动之中。丹麦成熟的成人教育体系为老年教育的有序开展提供了有力保障，并通过非正规和非正式的学习形式来不断提升老年人应对体力衰落的能力，老年群体不仅可以通过多种形式提升自己的文化素养，而且也在自身力所能及的状况下适当选择职业技能的培训。

（二）芬兰老年教育体系现状

芬兰号称全球幸福指数最高的国家之一。芬兰国家统计局数据显示，截至 2020 年 2 月底，芬兰的原始人口为 552.67 万人，按照国际上对老年人的定义，芬兰 65 岁以上的老龄人口为 122.48 万人，已占人口总数的约 23%。目前老龄人口的比例仍在不断攀升，其中 75 岁及以上的老年人已达 51.68 万人。[②] 换言之，芬兰每五个人中就有一个老年人，在老龄化比较严重的地区，这个比例甚至达到了三分之一左右。人口老龄化的问题使芬兰的经济、福利及医疗保健面临着巨大的挑战。在保证教育公平的前提下，芬兰对老年教育问题极为重视，出台了政策使老年人的退休生活多样化，并推动有余力的老年人再就业等。以下就芬兰为适应老龄社会所制定的教育政策做一些分析与整理，由此关注其如何通过教育政策的制定来应对老

---

① Palle Rasmussen, "Lifelong learning policy in two national contexts," *International Journal of Lifelong Education*, March 24, 2014, accessed March 11, 2020, https://doi.org/10.1080/02601370.2014.896088.

② Statistikcentralen, "Förhandsuppgifter om befolkningen," April 16, 2020, accessed May 11, 2020, http://www.stat.fi/index_en.html.

龄化带来的社会压力,以及如何为老年人提供公平和个性化的教育服务。

1. 芬兰教育体系概览

芬兰的教育政策首先是建立在为所有公民提供平等受教育机会的基础之上的,其不仅帮助年轻人获取较高的教育学历,同时还为继续教育、终身教育理念提供多样化的机会。

在芬兰,教育的策划权、分配权主要在地方政府,教育机构需要完成地方政府下达的教育任务,在此基础上,学校亦有相对的自主权去自行筹划教育服务。如6岁前,儿童可以在公立或私立托管中心享受免费的学前教育;其后进入为期九年的综合学校,在此完成基础教育课程;基础教育课程结束以后,可以选择进入普通高中或职业学校;完成高中阶段学业后,则可以通过预科考试进入高等院校。芬兰的高校招生具有很大的自主性,而在高等教育阶段取得120个学分即可获得学士学位,硕士及博士学位所需学分则为160—180个。芬兰民众亦可在成人教育等机构中获得教育机会,芬兰境内有一千余个成人教育机构,其中包括职业教育机构、成人职业教育中心、民办中学和暑期大学等。

总体来说,芬兰的教育在纵向上囊括了一个人从出生到老年的各个阶段,终身教育被列为国家事业,在充分尊重地方自主权的前提下,每个芬兰公民的受教育权都得到了充分的保障。

2. 芬兰的终身教育政策

自终身教育理念传入芬兰以后,芬兰在1971年就成立了成人教育委员会,并制订成人教育发展计划。而后,芬兰继续教育委员会即主张全面推进终身学习。1996年,芬兰政府还专门设立教育委员会,负责制定国家终身学习发展策略。[①]

芬兰政府在制订的1999—2004年的五年教育发展计划中,首先将终

---

① 吴雪萍、赵传贤:《终身学习在芬兰:政策与问题》,《外国教育研究》2003年第7期。

身教育理念作为国家教育发展的重要原则。该计划指出,家庭、学校和工作场所等学习环境之间的界限正在消失。教学将越来越重视网络学习和多样化的教育方式,终身学习亦将有多种途径,引导学生学会学习。[1]2003—2008年的五年教育计划又指出,成人教育在解决芬兰因人口老龄化导致的劳动力短缺以及经济结构调整导致的结构性失业问题中具有重要意义;计划指出要增加成人接受教育的机会,要将成人教育发展成为不仅是为了资格证和学位的教育,更是任何教育层次之后的继续教育形式。在成人教育资源的供给方面,亦更加重视成人教育的自由发展以促进公民意识和社会凝聚力的形成。在2007—2012年的教育计划中,芬兰政府提出了成人终身学习的目标,即创造平等的教育机会,提供高质量的教育资源,输出技术熟练的工人。计划提出,2009年将在成人的职业教育领域采用以绩效为本的财政补贴模式,来取代以往以参与工作的年限为基准的补贴模式。这个计划再次强调了成人教育在实现社会平等、维护公民权利及提高公民自觉意识方面的重要性。上述举措并将作为实现保障成人教育的资源供给及芬兰教育发展的目标之一。在2011—2016年的教育计划中,芬兰政府开始设定了一些成人教育需要具体达成的指标,如在2016年的第一个月内,25—64岁的民众参与成人教育的比例要达到27%,2016年之后的几年中这一比例要争取达到80%。此外,政府还决定免除那些没有职业资格证书的人在接受以提升能力为导向的成人教育培训活动中的学费,以减少成人参与教育的经济障碍。[2]

芬兰的终身教育主要经历了三个阶段:一是终身教育理念的导入阶段,将终身教育视作理念性的指导原则,这个阶段基本以学校为中心,

---

[1] Ministry of Education, Helsinki (Finland).Information Strategy for Education and Research, 2000-2004 Implementation Plan Z.

[2] 刘菲:《芬兰终身学习战略框架下的成人教育研究》,硕士学位论文,浙江师范大学,2014,第23-24页。

并在此基础上将教育拓展至家庭与社会，其特征是强调学会学习与提倡教育的多样化；第二阶段则注重终身教育的工具性意义，其又以发展成人教育与职业教育为核心，以帮助国家发展经济，解决就业；第三阶段开始注重终身教育的自由与公平，一方面把发展终身教育作为国策，另一方面倡导为全民提供教育机会，为不利者提供补偿教育，并注重教育的个性化与选择权。

除此以外，芬兰还在法律层面为终身教育确立了地位。如：1990年芬兰颁布了《成人就业政策法》，该法规定了劳动力市场中成人教育机构开设的条件、资格、权利与义务；1998年出台了《职业教育和培训法》，旨在促进成人职业教育；而在1999年的《宪法》第16条中则明确指出："政府必须保证根据公民的技能发展和特殊需要，提供给他们除了基础教育之外其他类型的教育，并赋以他们自我完善的权利。"[1]

（三）终身教育背景下芬兰老龄教育的实施

芬兰应对老龄社会的举措大致分为两个方面。一是以增加年轻人的就业率及延长退休年龄等方式来应对人口老龄化带来的经济与就业威胁。在教育方面包括利用职业培训、成人教育、继续教育等多种手段来提升老年人的再就业能力。二是对于难以再次进入工作岗位及条件不利的老年人，则在生活上为其提供良好的福利待遇，如全面的养老服务和照护体系。其中又包括急诊护理、长期照护、过渡性服务和居家养老服务等。[2] 再在教育层面，政府亦为这部分老年人提供了充分的受教育机会和多样性的选择，

---

[1] Ministry of Education, "Hakutulos - Ajantasainen lainsäädäntö," accessed April 11, 2020, https://finlex.fi/fi/laki/haku/?search%5Btype%5D=pika&search%5Bpika%5D=Elinik%C3%A4inen+oppiminen&submit=Hae+%E2%80%BA.

[2] 杜鹏、谢立黎：《以社会可持续发展战略应对人口老龄化——芬兰老龄政策的经验及启示》，《人口学刊》2013年第6期。

但重点不在于就业，而是旨在帮助他们享有丰富多彩的晚年生活。如提供健康养生、休闲娱乐、电脑技能等内容。以下再就芬兰退休前和退休后的老年教育分别予以简要介绍。

1. 退休前：职业教育为主导

发展终身教育是芬兰应对老龄化问题的战略性举措。芬兰的终身教育以发展职业教育（Vocational Education and Training，VET）为重点，其目的在于减少失业率、提高人员与岗位的适配性，并增加就业人数。

VET 的发展战略与运作规范由芬兰教育文化部（The Ministry of Education and Culture，MOEC）负责，其负责对相关机构进行评估与资格认定。VET 提供者可以是地方当局、市政培训协会、基金会，或其他注册协会，或国有公司。这些组织或机构在各自的区域内进行培训，以适应当地劳动力市场的需求。他们在 MOEC 的授权范围内，就所提供的教育和培训类型，以及完成学习的方式等问题进行自主抉择。芬兰的职业资格分为其他职业资格和专业职业资格，对不同资格的专业能力要求也不同，其中对于专业职业资格还规定必须在工作场所学习和获得。芬兰的职业教育和培训一般以能力为基础，以学习者为导向，为每个学习者制订个人能力的发展计划。由于具有完善的资格等级及评价体系，因此 VET 对于大多数的芬兰人来说十分具有吸引力。据 2017 年的统计，参与 VET 的人数为 28 万以上，这个人数甚至超过了同一时期在普通学校就读的同龄人数。[1] 除此以外，参加 VET 的培训者大部分还只需要交很少的费用甚至免费。由于芬兰的教育有着非常成熟的融资渠道，一般来说，其所需的教育费用大部分由中央财政拨款、市政当局资助，其他则由私人机构投资或个人缴纳。芬兰政府在成人教育领域的财政预算很高，约占国家教育总支出的 20%，而成人职业教育又占其中的 40%。由于官方承担了大部分的费用，

---

[1] Finnish National Agency for Education, "Finnish VET in a Nutshell," accessed May 2, 2020, https://www.oph.fi/en.

因此受教育者个人所支出的部分就非常少。而对于经济状况不良的个人，芬兰政府还会对其学费进行补贴。截至 2020 年 2 月，芬兰政府向国家议会提出了修改《成人教育津贴法》的提案。根据该提案，芬兰把可以接受 VET 的民众年龄规定为 18 岁到 65 岁，这个年龄段甚至涵盖了个体的整个职业生涯。

2. 退休后：休闲教育和健康教育为主

芬兰是一个高税收和高福利的国家，在民众到达退休年龄并满足相应退休条件以后，政府就会发放高额的退休金并提供多方位的养老服务。当然，芬兰仍然鼓励退休后的老年人再就业，而在养老服务中，提供教育服务就是其中一个重要部分。

首先，针对从工作环境中回归家庭的老年人，为了减缓他们的孤独感和寂寞感，芬兰政府建设了数以百计的老年人活动中心，为他们提供娱乐和休闲活动。此外，芬兰还具有非常成熟的居家养老模式，老年人均有专门的老年社区居住，社区会提供各种娱乐与学习活动。

其次，芬兰的老年大学招收了大量的老年学员。值得关注的是，我国的老年大学一般为单独设立，在设备、师资、学习资料方面与普通大学差距很大。而芬兰由于人口少、老年人比例高，为了减少政府负担，芬兰将老年大学设在大学内，与年轻人共享大学资源，并且基于老年人的自身兴趣与爱好来设置课程与学习计划。

最后，对于在专门护理机构生活的老年人来说，政府还为其提供回归式的教育，即工作与休闲交替进行，由此帮助他们应对社会环境和生活方式的转变，并重新回归社区、回归家庭的生活。[①]

---

① 陈灵泉、杨凯丽:《国外老年孤独感防御的经验借鉴》,《重庆科技学院学报（社会科学版）》2014 年第 2 期。

（四）北欧老年教育实践的启示

1. 健全法制建设

改革开放以来，我国老年教育取得了飞速发展与长足进步。但由于地区资源的差异性，老年教育仍然存在着制度缺失、区域不均、城乡差距等较多问题，尤其是老年人的学习权利还未得到充分保障。再就立法现状而言，我国目前虽然已经制定了《教育法》《义务教育法》《高等教育法》《职业教育法》等九部教育法律，然而对于特殊受众的老年人却仍然没有制定相关法律对其进行规范与学习权利的有效保障。与此相对，丹麦政府则在1968年就制定了《成人教育法》，1969年又颁布了《丹麦农村教育法》，上述两部法律都对老年教育予以特别的关注。如明确规定全社会应该对老年人，尤其是农村老年人提供平等和公正的教育服务，同时确保老年人尤其是农村老年人接受教育和学习的权利。对我国来说，如何全面落实《宪法》第46条规定的"中华人民共和国公民有受教育的权利和义务"，则是坚决贯彻老年人接受教育基本权利的有效举措。为此，积极发展老年教育事业，公平面向老年群体，亦是今后我国老年教育问题必须通过立法予以解决的根本途径。

2. 完善终身教育体系

当前我国教育体系在开放性、融合性和促进人力资源的开发等方面还没有很好地发挥应有的作用，这与国际社会普遍提倡构建服务终身学习的教育体系存在一定的差距。老年教育作为终身教育体系的最后一环，其发展状况与终身教育体系的完善密切相关。丹麦、芬兰等北欧国家在终身教育体系的推进方面已经积累了成熟的经验，其完备的机制亦为老年人提供了更为多样化和多层次的教育服务。如芬兰将终身教育看作是必须提倡的理念与原则，并在以学校为中心的基础上将教育扩展至家庭和社会等各个层面，同时强调学习与教育的多样化。因此研究与推进终身教育体系的构建就是为了使教育能够更好地适应社会发展的需要和保障受教育者的学习权益,其中大力发展老年教育则是构建终身教育体系的重要内容。吸收北欧诸国的经验,完善我国终身教育体系应关注以下问题:一是确立老年教育的发展目标,关注每一个老年人作为独立生命个体的意义与价值,同时帮助老年人认识他们所处的年龄阶段的特殊性,以提高他们应对社会发展与变化的能力;二是从国际社会发展终身教育的趋势出发,大力推进教育应贯穿于人一生的理念,而在此基础上去完善适应老龄社会的终身教育体系的形成就有了重要的时代感与紧迫性。

3. 丰富老年教育内涵

从丹麦和芬兰的老年教育发展状况中可以发现,他们非常重视老年人自身价值的发挥及老年人技能的提升与身体健康状况的维持。随着人口老龄化趋势的日益加深,在未来的国际竞争中,老年人才的重要性将会越来越显现。因此对适应老龄社会教育体系的完善,重点就不仅需要放在所养、所学与所乐上,更需要考虑其"所用"与"所为"的功能,由此才能做到化"废"为宝,使之继续为国家和社会做出力所能及的贡献。故而加强推进"学中养老"的理念,提升老年教育的学习品质,以使更多老年人发挥所长,是一个值得推广的有效经验。以往我国老年教育较多地强调休闲娱乐的功能,而忽略了老年人作为"经验人"而存在的重要价值,为此丰富老年教育的内容,重视其对社会发展所起的重要作用,是重新认识老年教育、发展老年教育的新使命与新观点。

三、美国构建适应老龄社会教育服务体系的策略与举措

美国在完善适应老龄社会的教育体系方面,主要依托于老年教育的政策法规以及各类志愿服务条款的支持,由此而形成了以适老性高等教育及各种老年人志愿教育服务为特色的体系。其一方面满足了老年人的终身学

习需求，另一方面也充分挖掘了老年人自身作为教育资源的价值，从而在总体上实现了"老有所学"与"老有所为"的老年教育宗旨。

（一）美国老年教育服务体系建立的社会背景

老年教育服务体系的建立与一个国家的人口结构、科学技术和文化教育的背景等密切相关。一般而言，最早享有现代科技成果、最早进入工业化的欧美资本主义国家也是老龄化最早到来的国家，同时也是世界上最早关注老年教育问题、推进并实施老年教育的国家。[①]据美国人口普查局（U.S. Census Bureau）的预计，至2030年，美国65岁以上人口将占总人口的17%，而不断延长的预期寿命和不断提升的受教育水平则对美国老年教育体系提出了新的要求。[②]

美国关注老年教育始于"婴儿潮"一代（Baby Boomer）的逐渐老化，以及由此导致人口结构发生的巨大变化。"婴儿潮"是美国近代史上最重要的人口现象。据2000年美国人口调查数据，1946年至1960年间美国出生的人口数量达82826478人，其约占美国人口总数的30%。进入21世纪以来，"婴儿潮"一代的老龄化却对美国的经济、卫生与教育带来了巨大的压力。但纵观这一代人的背景，他们大多接受了良好的教育，具有丰富的物质条件，同时在很大程度上享受到了二战胜利后的最惠国待遇，因此成为战后美国经济的最大受益者。相比美国历史上任何一个年代的老年人而言，这一代老年人都更为富有、更为健康、更有教养，加之终身教育、终身学习理念的普及以及老年歧视主义、年龄隔离主义等负面影响的消退，老年教育的推动与发展也最为顺利与有力。

---

① 杨德广主编《老年教育学》，人民教育出版社，2016，第69页。
② John Field, Ronald J. Burke and Cary L. Cooper. Formosa M., *Policies for older adult learning：The case of the European Union* (The SAGE Handbook of Aging, Work and Society: SAGE Publications, 2013), pp.461-476.

美国发展老年教育还与高等教育的大力推进有关。为了应对二战后人口的急剧增长,"婴儿潮"一代的父母大都将教育视为社会和经济进步的重要手段。[①] 而整体教育水平的提升亦使得这一代老年人不再将晚年看作是消极和衰老的生命末期,他们期待通过再教育和再社会化的途径去实现自我价值并提升生活的满意度与幸福感,为此老年教育的需求指数持续攀升。

最后一个原因是通信技术的不断进步。互联网是传媒领域的一次革命,它提供了更好的传播信息的方式和途径。信息技术对于社会生活的革新意义在老年教育领域也日益明显。在美国,已经有越来越多的老年人开始接触网络,据《互联网与美国人生活》杂志社的调查,2000—2004年,65岁以上老年人中的网民数量已经达到4700万。而在老年网民快速增长的同时,老年学习者亦越来越希望将远程教育手段应用于课堂以外的学习过程,于是基于计算机和网络的通信技术又再次推动了美国老年教育的逐渐发展与壮大。

(二)美国老年教育的发展历程

1. 美国老年教育的理论研究

20世纪50年代之前,美国的老年教育仅被作为成人教育、继续教育的组成部分予以研究,而随着世界老龄化程度的加深以及受教育程度的攀升,以往随机且碎片化的研究已经无法满足社会发展的需求,因此就亟须建立一种能够适应老龄化社会的系统化教育服务体系。[②] 20世纪70年代以后,美国密歇根大学的研究团队首次提出了"老年教育学(Education

---

① Long, Huey B., "Educational gerontology: Trends and developments in 2000-2010," *Educational Gerontology*, no.4(1990):317-326.

② 吴遵民:《终身教育的国际视野与中国经验》,《终身教育研究》2018年第4期。

Gerontology）"的概念。① 在此后的数十年间，学者皮特森（Peterson）、阿古索（Agruso）、谢伦（Sherron）、卢思登（Lumsden）、格勒邓宁（Glendenning）、特伦多（Thornton）等先后充实了其学术定义，并最终形成了学界对老年教育学概念的基本认知，② 即认为老年教育学是成人教育（Adult Education）与社会老年学（Social Gerontology）的交互，其内容包含"为老年人提供的教育（Education for Older People，EOP）""关于老化的教育（Education about Aging，EA）""为老年教育培养专业人员与准专业人员的教育（Education of Professionals and Paraprofessionals，EPP）"等三个层面。③

美国也是老年教育学科发展与实践的先行者。早在20世纪50年代，密歇根大学、西加利福尼亚大学的部分学者就开始关注老年教育问题，并以大学内部培训项目的形式聚焦老年教育学的研究。至70年代末，由美国高等教育老年学协会（Association for Gerontology for Higher Education，AGHE）和美国老年学学会（Gerontological Society of America, GSA）联合开展的老年教育学项目又以报告的形式奠定了老年教育学的理论基础，他们同时借鉴老年学、医学、社会行为学、护理学等学科中的理论与方法对老年教育学科体系建设进行研究。21世纪以后，随着7000多万"婴儿潮"时期的人口逐渐进入老龄阶段，美国劳工统计局（Bureau of Labor Statistics）指出，老龄社会的到来已经使得美国面临社会服务工作者与老年教育专业人才之间的巨大供需鸿沟，④ 当地政府、社区、私人教育机构、

---

① Peterson, D. A., "Educational gerontology: The State of the Art," *Educational Gerontology*, no.1(1976):61–73.

② Glendenning F., *Teaching and Learning in Later Life: Theoretical Implications*, Singapore: Ashgate Publishing (2000).

③ Peterson, D. A., "Who are the Educational Gerontologists," *Educational Gerontology*, no.1(1980):65–77.

④ United States Department of Labor, "Occupational Outlook Handbook (2006–2007): Social Workers," April 5, 2007, accessed March 13, 2019, https://www.bls.gov/ooh/.

非营利性社团等主体均以多样化的办学途径为老年教育提供资源。

2. 美国老年教育的实践发展

18世纪至19世纪之际，美国的老龄问题尚未显现，当时的老年教育融于成人教育之中，这类偏重于自我导向的学习并未限制受教育的对象，实施的教育机构也多由民间组织承担。如1727年创办的荣托（Junta）、1731年创办的富兰克林图书馆、1791年成立的宾州美术学院、1874年成立的学托扩（Chautaqua）等，这些以老年人为对象的教育活动都是在成人教育的范畴内进行，得益于美国成人教育的较早起步，才为后续的老年教育发展奠定了良好的基础。

20世纪上半叶，美国政府开始关注老年人的福利以及老年教育的发展，并通过颁布相关法律、成立相应机构的方式来维护老年人的权益。其间还陆续颁布了《史密斯—休斯法案》（1917）、《社会保障法》（1935）等。1943—1950年间，美国仅民间成立的老年教育机构就多达200余家。1950年，政府亦成立了国家老龄委员会（National Council on the Aging），下辖老年中心、日间照护中心等机构。1952年，芝加哥大学开始为老年人设立专门的函授课程。政府部门的持续关注逐渐唤起了美国社会对老龄化及老年教育的重视。

至20世纪60年代，美国65岁及以上老年人口的比例已经高达9.2%，由于经济的持续发展以及福利待遇的提升，越来越多的老年人希望在晚年能继续学习以充实生活。1961年，美国政府召开了第一届白宫老龄会议，其为1965年《老年人法》的颁布奠定了基础。此后美国《老年人法》（1965）、《成人教育法案》（1966）等相继出台，其中的某些条款均涉及老年教育问题。到70年代，美国高等教育机构亦开始以开设课程、举办研讨会、开展代际学习（Intergenerational Learning）等形式加入老年教育。至1979年，全美国已有1000多所高等教育机构开始为老年人提供教育活动，而此后的十年间，美国老年教育更逐渐呈现出多元化的发展态势。

20世纪90年代以来，美国老年教育开始进入创新发展的阶段，取消了监督老年教育活动的国家中心系统，转而由地方及社区根据老年人自己的需求组建教育机构、开展教育活动。其中私营和非营利性的教育机构逐渐增加，学习的场所则扩展至图书馆、博物馆、社区中心、地区公园等，同时还出现了老年游学营等新型的老年教学模式。①

（三）美国适应老龄社会教育服务体系的策略与举措

1. 建立多层级的法律保障系统

美国在应对老龄化挑战方面制定了较为成熟的协调体制，这也为老年教育的相关法律与政策的制定打下基础。20世纪50年代以来，美国政府对老年人的关注逐渐由社会福利转向个体发展，由此制定颁布了多项有关老年教育的政策及法令，并成立了专门的管理机构来推进老年教育的发展。上述举措不仅充分保障了老年人的生活与学习权利，而且通过解除年龄限制、创办老年教育中心、消除就业歧视、提供全额学费、减免学习费用等方式，让更多有教育需求的老年人能够进入专门的机构进行学习或接受培训，这也使得接受老年教育的人数日益增多，对日后的老年教育发展也起到了巨大的推动作用。②

美国适应老龄社会教育服务体系的发展与相关政策及法令的制定处在同一个互相促进与完善的过程中，其中各级政府部门的大力支持功不可没。1965年，美国联邦政府首先出台了《联邦老年人教育政策》，其规定1965年后每十年召开一次美国白宫老龄会议，以适时更新老年教育公共政策。在此后的40年中，布什总统、克林顿总统等相继发布教育方略，如《美国2000：教育战略》（1991）、《2000目标：教育美国法案》（1993）等。美国政府就是通过不断强化终身学习的理念，而将教育的长度延伸

---

① 齐伟均主编《海外老年教育》，同济大学出版社，2014，第69页。
② 李洁：《美国老年教育立法及其启示》，《河北师范大学学报（教育科学版）》2015年第1期。

至人类生命的晚年。①2000年，美国政府又出台了《国家老龄政策》，并提交了一个名为《美国社区发展：一个有愿景的未来》的报告，提出要关注社区居民的生活、教育与工作，同时决定把社区教育作为正规教育的补充。2004年，又成立了各州老龄联盟，主要职能是为老年人提供日常照护，协调中央与地方在老年人问题上出现的冲突以及解决部分经费问题。②

除了上述政策之外，美国政府还针对老年教育问题颁布了多项法令，如早在1917年就颁布的《史密斯—休斯法案》，标志着美国职业教育体系的初步形成，且其中明确规定老年人亦可参加联邦及各州的夜校学习。约半个世纪后，政府又颁布了《老年人法》（1965），提出成立老龄事务管理局，以保障老年人充分享受社会福利与就业机会。同年还颁布了《高等教育法案》，其中规定大专院校必须向老年人开放，并开设老龄化、老年健康、再就业、退休辅导等老年教育的相关课程。1966年制定的《成人教育法案》则首次为老年教育解决了经费问题，该法明确规定联邦政府为各州提供教育经费，鼓励未完成高中教育的老年人继续参与学习并减免学费。此后的《职业教育法》（1968）、《国内志愿服务法》（1973）、《综合就业训练法》（1975）、《禁止歧视老年人法案》（1975）、《终身学习法》（1976）、《就业年龄歧视法案》（1978）等法令虽未直接涉及老年教育问题，却都分别从与老年人相关的职业教育与培训、老年志愿工作的训练课程、老年人生活津贴福利措施、消除老年歧视主义等角度出发，力争为老年人创造一个和谐的社会氛围，并从政策立法层面保障了老年教育的顺利开展。

美国是一个分权的联邦制国家，教育的最高权力在地方，因此，各州能够根据自身的政治、经济、文化、社会等发展特点制定相应的政策与法

---

① 赵红亚：《迈向学习社会：美国成人教育思想与实践的传统和变革》，中国社会科学出版社，2004，第365-367页。

② Manheimer, Ronald J., *Older Adult Education: A Guide to Research, Programs, and Policies* (Westport: Greenwood Press, 1995).

规，但同时也需要接受美国老龄事务管理局的监督，而各州的老龄审议委员会和老龄委员会等部门也对政策法规的制定、老年教育的开展进行协调与监控。随着时间的推移，美国政府在颁布政策法令的同时，也不断通过修正与完善已有法令政策的途径来顺应老年社会发展的现实需求。

2. 通过高等教育机构的完善促进老年教育发展

在多项法律的共同推进下，美国老年人的受教育机会得到了充分的保障。而通过高等教育的发展推进老年教育则是美国的一大特色。目前主要通过三种方式推动高等教育的适老性发展，即长者学院、普通高等院校中的混龄教育、老年人的游学营。以下逐项予以介绍。

（1）长者学院

早在1977年，美国政府就开始意识到人口老龄化与人口受教育程度的同时攀升而带来的对于新型教育形态的需求，由此开始了推进大学为老年人提供高等教育服务的项目。具体而言，就是在大学开设适合老年人学习的课程，以帮助他们提升对生活的感知，及完成他们年轻时被耽误的学业。[①] 其中奥舍终身学习研究院（OLLI）就代表了一种适老性高等教育发展的尝试。

奥舍终身学习研究院是伯纳德·奥舍基金会（Bernard Osher Foundation）下设的一个研究院，归类于"长者学院"的范畴，于1997年设立。初建时其秉持的宗旨是为年长的学习者提供激励性的项目，而目前该研究院已经成为全美发展速度最快的，并全心致力于服务老年终身学习的领袖项目。

首先，从学习要求的角度看，OLLI虽为年长者提供了高等教育的机会，但并不要求他们完成具体的学分、考试或论文，其所有的课程都属于非学分式的激励性课程，旨在帮助老年人实现充实人生的目标。教学主要

[①] 朱晓雯、吴遵民：《老龄化背景下国际适老性高等教育的发展特征及启示》，《成人教育》2019年第2期。

由 50 岁以上的同伴教员承担，学习的内容涉及艺术、人文、生活技能、时事等多个领域。同时还提供了诸多供老年人探究的话题，比如全球事件、历史探究、健康科学、账务计划、全球问题等等。①

目前，OLLI 通过资助不同的长者学院而探索形成了多样式的老年教育项目。如：亚利桑那州州立大学中的 OLLI 项目就在 2018 年建立了一个创新式的混龄学习项目，以年轻人与老年人共同学习的方式推进亚利桑那州州立大学的学生与研究院中的老年人一起探讨艺术创意、写作旅行、商业孵化等项目的研究。参与该项目的大学生，基于个人需要还可以获得 5000 美元的奖学金用以缴纳学费或其他教育费用。若大学生一旦被该项目接收，还能立即获得一半的奖学金，其余的则在项目完成时获得。② 上述教学形式在促进长者学习的同时，也为年轻人提供了联系社会与学习的机会。事实上，把长者学院与传统大学联系起来进行混龄教学的形式，在美国其他一些高等教育机构中也早有运用，那就是通过代际学习方式提升高等教育质量的尝试。

（2）代际学习

1999 年，联合国召开了长者代际年会（Intergenerational Year of Older People, IYOP），其间推出了"一个为了所有年龄的社会（A Society for All Ages）"的概念，其中特别提出了大学及其所在社区应以新的方式思考与推动代际学习的观念。所谓代际学习，就是通过创建"参与式大学（Engaged University）"促进老年学习者"高度参与"学术活动。其方法是在高等教育中提倡有效的跨越不同年龄段的学习，由此促进代际关系。目前，美国、

---

① Worldwide Programs Providing a Better Way to Deal With Aging, "OSHER LIFE-LONG LEARNING INSTITUTE (OLLI)," accessed March 21, 2020, http://www.programsforelderly.com/social-osher-life-long-learning-institute-senior-learning.php.
② Arizona State University, "Intergenerational Learning Service Scholarship," accessed May 21, 2020, https://scholarships.asu.edu/scholarship/114764.

日本、澳大利亚、西班牙、瑞典等国的部分高等院校均在一些学习项目中推行了代际学习模式。

该模式倡导老年人与大学生共同参与互惠式的学习，如：美国密歇根大学中的代际社区活动与青年赋权项目（International Community Empowerment Project），就利用了代际社区参与的赋权理论，其中涉及本科生与老龄居民的共同参与。这一项目关注长者与年轻学生的合作与知识交流，他们共同参与团队建设与代际学习活动，共同完成项目从计划到实施的各个阶段。其有益之处是，该项目给年轻人与社区居民提供了相互交换技能与知识的机会，并且使他们理解与认同不同代之间的经验。项目涉及多项赋权理解策略，如强化共享行为、建立合作团队、提升领导力等。试验表明，社区活动与青年赋权项目能有效促进年轻学生在人与人之间的互动及与年长者共同工作中获得宝贵经验与相关知识。对于老年人而言，他们作为前辈榜样通过生存技能的传授而提升了自信。①

在另外一些项目中，则直接将老年人作为人力资本，实现他们退休前的优势转化。如：在匹兹堡大学推进的代际工程师项目中，退休的工程师们重新学习那些在他们退休后已经被逐渐遗忘了的知识内容，并且对这些内容进行调整以适应新的大学学习环境。同时，退休的工程师们重新担任研究生的辅导者，或与研究生共同参与模块学习。通过每周的辅导活动以及学生评议会，学生有机会明确学习内容，并为未来的学习做好准备。每两个月一次的教员和辅导者会议则有助于提升辅导者的指导策略与内容准备，使他们可以有效地辅助教员实施讲授。实践表明，该项目在三年的试验时间里，学生的在学率提升了15%。外籍学生在与老年辅导者交往的过程中，英语能力得到了提升，并且与辅导者建立了有意义的且持久的关系。担任导师的退休工程师们则更新了工程方面的技能，并且与教员及学

---

① Newman S., Hatton-Yeo A., "Intergenerational learning and the contributions of older people," *Ageing horizons*, no.10 (2008): 31-39.

生建立了亲密的关系。①

（3）"研学旅行"

研学旅行是美国的又一种老年教育形式。Bodger（1998）曾将"教育旅行（Educational Tourism）"定义为：项目参与者作为一个团队成员出外旅行，其参与的主要目的在于获得与旅行地直接有关的学习经验。研究表明，与人所处的年龄阶段相匹配，不同年龄段的人的旅行目的会不同。如17—22岁的年轻人群体旅行重在体验惊奇与享受乐趣，30—40岁年龄群体的旅行则更多的是家庭型的度假。与以上两个群体不同，教育旅行更受65岁以上人群的欢迎。②

据美国退休者协会1999年的统计，当时在美国境内就已经有超过254个面向老年人的教育旅行项目，而且参与者是以社区居民为主。其中，最早建立且目前具有较大影响力的就是Road Scholar项目，它提供了长者研学旅行的最早雏形。

Road Scholar建立于1975年，早期名为"Elderhostel"。建立之初，它类似于一所暑期学校，主要借用大学的宿舍为参与项目的老年人提供住处。2010年，该机构更名为Road Scholar，以适应机构的发展与壮大，以及满足人们对终身学习的期望。目前，Road Scholar自称是一所"世界大学"（University of the World），主要通过学习旅行，来促进年长者的学习，其宗旨是使每位参与者都有机会获得对自身与世界的不同看法与理解。在"研学旅行"的过程中，参与者可以进行志愿者服务，或参加出游地的各种活动，如：尼加拉瓜的社区水源与卫生系统项目，就由亚利桑那州纳瓦

---

① Newman S., Hatton-Yeo A., "Intergenerational learning and the contributions of older people," *Ageing horizons*, no.10 (2008): 31-39.

② Szucs F. K., Daniels M. J., McGuire F.A. , "Motivations of Elderhostel participants in selected United States and European educational travel programs," *Journal of Hospitality & Leisure Marketing*, no.9(2002): 21-34.

霍少数族群学校中从事志愿服务的工作者提供资源或帮助。①

除了 Road Scholar 以外，一些大学的老年学院也开始与地方建立联系，并共同策划教育旅行项目。如美国蒙大拿州立大学的老年学院（Gerontology Faculty from Montana State University）就与黄石国家公园（Yellowstone National Park，YNP）合作开发游学项目。其中公园的自然景观为"游"营造了良好的生态环境，公园的管理部门又为"学"提供了博物馆、图书馆、食宿等配套服务，参与的老年学员能够在专业教师的指导下对自然、人生和未来等进行沉浸式的思考与探索。②

简而言之，当前美国依托高等教育机构或社会志愿性的服务组织，一方面实现了现有教育资源的适老性转化，另一方面也充分挖掘了老年人自身的教育资源，并发挥他们在教育引导年轻一代方面的优势。由此既实现了老年人的老有所学，也推动了老年人的老有所为。而通过老年人学习与参与的交互过程，老有所乐的目标也因为个人人生价值的重新体现与发挥而得到了升华。

四、英国适应老龄社会教育服务体系的发展与现状

社会老龄化是一个由来已久的问题。日本内阁颁布的《高龄社会白皮书》中曾指出：从今以后，我们将会迎来世界性的老龄化问题。据统计，2015 年的世界总人口是 73.8301 亿人，而预计到 2060 年，世界总人口将会达到 102.2260 亿。其中 65 岁以上老年人占总人口的比率（老龄化率）将从 1950 年的 5.1% 上升到 2015 年的 8.3%，而预计到 2060 年，老龄化率甚至将会攀升到 17.8%。也就是说，在接下来的半个世纪中，老龄化问

---

① Road Scholar. 注册账户参考网址 https://www.roadscholar.org/.
② 朱晓雯、吴遵民：《老龄化背景下国际适老性高等教育的发展特征及启示》，《成人教育》2019 年第 2 期。

题将会突出地呈现一个加速发展的趋势。而如果进一步来推算今后老龄化率的地区差别，就会发现老龄化问题不仅在发达地区，甚至在发展中地区也呈现老龄化急剧恶化的趋势。①

联合国的人口统计及人口研究数据表明，老龄化问题不仅在中国和日本呈现严重的趋势，近年来英国也迎来了老年化的高潮。

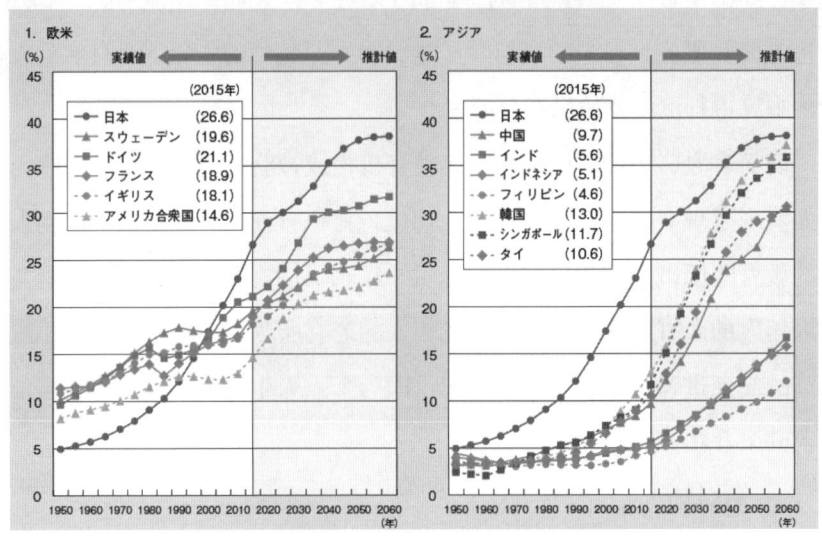

图 3.1 世界老龄化率的推移

图注：资料来源于联合国《世界人口前景》2017 年版，其中日本 2015 年之前的数据来源于日本总务省的《国情调查》。2020 年以来日本国立的社会保障•人口问题研究所：《日本将来的人口推测（平成二十九年以后）》中推测的出生中位数和死亡率的平均数。

我们将根据拉斯莱特的理论，去考察现代英国针对老龄化所制定的教育制度，尤其是通过总体把握英国高等教育改革的动向，来探讨英国老年教育的问题。

---

① 内阁府：《平成三十年版高龄化社会白皮书（全体版）》，https://www8.cao.go.jp/kourei/whitepaper/w-2018/html/zenbun/s1_1_2.html，访问日期：2019 年 2 月 9 日。

（一）"第三年龄"（The Third Age）及其含义

"第三年龄"是近年来西方社会伴随着针对老龄化前期人群的高等教育机构的设置而开始流行并使用的词汇。如1972年法国成立了第三年龄大学（Les Universités du Troisième Age），在此基础上，英国剑桥大学也在1981年成立了英国最初的老年大学（the British University of the Third Age）（以下略称U3A）。[①] 继U3A之后，老年大学开始在全英推广，现在的数量已达到1000所。[②] 在高龄化进展方面"打头阵"的法国，人们已经开始意识到这种教育机构设置的必要性。在英国，将老龄化进行阶段划分，着眼于前期的特殊性，并因此设立教育机构的过程，也同样是认识到了第三年龄对于老龄教育具有的特殊意义与作用。

在英国提出U3A相关理论的是彼得·拉斯莱特（1915—2001），他是一位人口动态史研究者。他依据教区的簿册（parish register）记录，带领剑桥研究小组展开了关于长期波动的人口史研究。拉斯莱特指出，在英国从中世纪开始就出现了核心家庭，这一观点颠覆了在这之前历史学中关于"从扩大家庭到核心家庭"的观念。这一观点在很大程度上影响了家族史的研究。[③] 就如拉斯莱特自己所指出的，"扩大家庭并非广泛普及的一般形态"。这一事实也为高龄期的历史叙述以及现代高龄者问题的探究带来

[①] 在日语版本的研究中，生津知子关于U3A做了相关介绍。生津知子：《关于英国U3A（The University of the Third Age）的理念和实态的考察》，《京都大学终身教育学·图书馆情报学研究》2005年第4期。生津知子：《对英国U3A（The University of the Third Age）相关人员的访谈记录》，《京都大学终身教育学·图书馆情报学研究》2003年第2期。而最新的关于U3A的介绍有，木下康仁：《老年学习群像：创造退休后的生活方式》，弘文堂，2018。木下康仁：《跨国境的老年学习：University of the Third Age运动的国际开展》，《应用社会学研究》2018年第60期。但是，因为在日本有NPO法人（Ageconcern·Japan），所以和英国的活动方针以及内容有所不同，日本更多的是强调高龄者福祉。

[②] Annual Report and Accounts 2016-17, The Third Age Trust, U3A, Registered Charity 288007, Registered Company 01759471, (2017):6.

[③] 齐藤修：《彼得·拉斯莱特和剑桥小组》，《人口学研究》2002年第30号。

了巨大影响。换言之，其在这里明确表示的是，"以儿童一代独立为特征的核心家庭是伴随近代化、产业化的进展而形成"的说法并不是事实。由此我们也可以得出如下结论，即老年家庭的增加、老年人的独居及孤独化程度的加深等描述也不过是一种假设，而不是事实。

由此结论附带的关于老年人福祉的考察，我们将在下一小节中再作详细说明。在这里，我们首先梳理一下拉斯莱特提出的第三年龄的概念。所谓第三年龄是相对第一年龄（指具有依赖性、未社会化、未成熟的教育年龄）和第二年龄（指相对独立、成熟、有固定收入和储蓄能力的年龄）的一个人生阶段，亦指个人获得充实与发展的一个年龄段。而最后第四年龄段则是最终需要得到依赖、老朽和死亡的年龄段。①

用精准的实际年龄来划分各个年龄段其实是困难的。关于第三年龄拉斯莱特作了如下的说明：第三年龄不能用日历上的日期来定义，也不能用生日来推测。与其说用日历上的日期，或者生物学上的社会年龄来予以推断与确定，倒不如说是因人而异（和个人的选择有关）的一个由个人选择的年龄点。此外，第三年龄也并不只归属于个人范畴，它还是一个显示集合的状况，代表着人们用适度的方式去行动或去经历的一个时间段。因此，第三年龄可以说是不分男女、每个国民都具有的一种特性。

第三年龄的起点是以从独立辛劳的生活方式中退出的时间点开始的。虽然拉斯莱特偶尔提到了工薪劳动以及家庭责任与性别差异等问题，但是对此他并没有做深入的讨论。目前可以确定的是，第三年龄的起始点和每个人的志向及选择有关，同时也由一个国家或社会的制度、习惯所决定。

拉斯莱特曾指出，从时间的长度、跨度及变化来看，这个年龄阶段出现的本身，从19世纪末到20世纪，是一个急剧变化并且突如其来的现象。而这一点也恰恰印证了拉斯莱特作为一名人口动态史研究者的独特观点与

---

① Laslett, P. ,*A fresh map of life*: *the emergence of the Third Age*. Cambridge Massachusetts :Harvard University Press, 1991,4.

鲜明特征。①

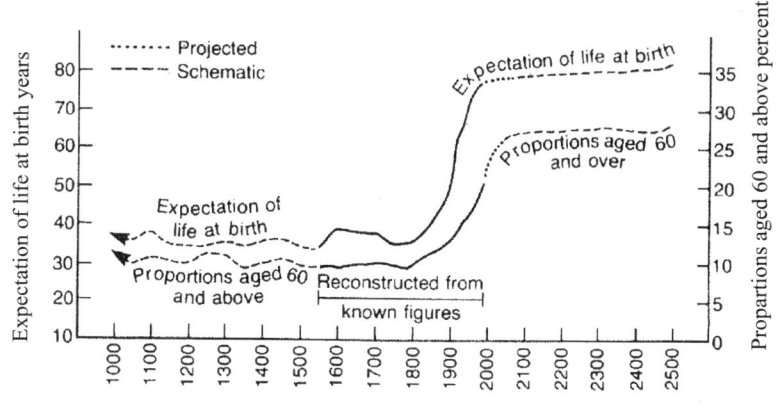

图 3.2 英国高龄化的变化趋势

图注：横轴为时间，以百年为一个单位。

资料来源：剑桥集团（The Cambridge Group，TCG）文件，人口普查资料和预测。

众所周知，"20 世纪是儿童的世纪"，②但是从图 3.2 中我们也似乎看到"21 世纪又是高龄者的时代"。尽管这只是一个平均的动态，但是对于大多数人来说，"如何过好 50 岁之后的人生"已经成为一个应该去思考的重要问题。

固然拉斯莱特也提到了"年长的负面形象"这个话题。他指的是人们对衰老的厌恶感，或者对老年人成为社会负担的一种感知。③对于这一点，我们也可以理解为什么"将儿童视为是特别神圣的存在"这一近代儿童观

---

① Laslett, P., "A fresh map of life : the emergence of the third age. Présentation de l'ouvrage et entretien avec l'auteur." *sociétés contemporaines* (1992): 5

② 菲力浦·阿利埃斯：《儿童的世纪》，沈坚、朱晓罕译，北京大学出版社，2013 年版。

③ Peter, and Laslett, "The Emergence of the Third Age," *Ageing & Society* 7.2(1987):96-106.

的表里一致。① 就如 P. 阿利埃斯所指出的那样，如果从长期的观点和视角来看历史的话，我们现在对于年龄阶段的划分以及人们对不同阶段年龄的认识所抱有的看法并不是一致的。而且，通过拉斯莱特的研究进行推算现在、过去和未来的生存期待值，结果可以发现我们大家现在对衰老抱有的那种含糊不清的恐惧感的本身，② 在 200 年前对于大多数的人来说，却并不是那么真切地感受到的。

（二）福祉国家和依存型高龄者的制度化

虽然不是很多人都对高龄化及衰老这件事情的本身感到恐惧和不安，或者即使近世英国并不存在老年社会的问题，我们也不应该对这个问题视而不见。在英国历史上曾经制定过特有的《伊丽莎白救贫法》，其中高龄者就作为值得被救济的成员而被纳入这一范畴。就像儿童和残疾人一样，老年人也因为常常被看作是"不能工作的人"或"无能力者"而被列为救济对象。正如大家所了解的，《伊丽莎白救贫法》禁止乞讨这一无差别的施舍行为，同时提出需根据劳动能力的有无来判断是否获得救济。而这一法律规定也从根本上改变了之前对贫民进行救济的方式。换言之，所谓老年人必须是高龄者且无法工作，如此才归属于被救济的对象。因此对于上述第三年龄阶段的人，在英国甚至都不能被看作需要获得救助的对象。虽

---

① P. 阿利埃斯：《〈儿童〉的诞生——旧封建社会制度的儿童和家庭生活》，みすず書房，1980（原著1960 年）。Marshall, Dominique, "The construction of children as an object of international relations: The Declaration of Children's Rights and the Child Welfare Committee of League of Nations, 1900-1924," *The International Journal of Children's Rights* 7(1999):103-147.

② 拉斯莱特就人们对衰老的恐惧感，列举了以下 14 点：对死亡的恐惧，对痴呆症的恐惧，对各种疾病的恐惧，对由衰老引发的失明、聋哑的恐惧，对身心力量衰退的恐惧，对美、魅力、生殖能力等衰退的恐惧，对记忆名字或者经验的能力丧失的恐惧，对听觉、视觉、嗅觉退化的恐惧，对移动能力的恐惧，对无法获得收入的恐惧，对丧失公私立场的恐惧，对丧失配偶者、家人、至亲的恐惧，对失去家庭的恐惧，对无法规划、选择未来人生的恐惧。

然到了一定的年龄，但是只要还能继续工作并且不那么贫困的话，那就不属于被救济的对象。①

可以说英国奉行的福祉国家的制度使得上述救济方式有了很大程度的改变。就如拉斯莱特曾经指出的那样，1908年，国家年金都由高龄者领取以后，在社会保障服务尚不稳定的历史中，曾发生了如今人们认为较为重要的变化。而这也是没有预料到的事情。当时有老年人的家庭，每周可以领取五先令的救助金，因此许多年轻人乐意将自己的父母接到家中。然而在奉行福祉国家精神的现代，人们根本无法想象去依靠老年人而获得救济。②

20世纪初，不仅欧美国家，还有日本、中国和朝鲜等亚洲各国也迎来了"从多生多死到少生少死"的人口革命。由性别分离主义支持的以儿童为中心的近代家族模式也迎来了分配给更多人的生产生活方式的转换。其鲜明特征表现为在英国曾被人们推崇的福祉国家制度，即老年人应被看作福祉救济的对象，而在今天，老年人则被当作永远都救济不完的社会负担。

（三）第三年龄和教育

当我们把老龄少子化、高度高龄化看作社会问题的同时，也因为用在社会福利方面的花费及负担等问题，而把年轻劳动力人口的减少看作是一个问题来加以讨论。但是，拉斯莱特曾指出，从人口动态长期波动的历史来看，我们将以上内容视为社会问题方式提出的本身就是在建立了福祉国家体制之后才产生的现象。

对此，和因为年老而成为福祉对象的第四年龄阶段不同，我们关注第三年龄阶段，就是因为英国提倡设立U3A。而拉斯莱特也是1972年的

---

① Slack, Paul, *Poverty and Policy in Tudor and Stuart England* (Longman, London and New York, 1988).
② Laslett, P., "*A fresh map of life: the emergence of the third age.* Présentation de l'ouvrage et entretien avec l'auteur." *sociétés contemporaines* (1992): 130.

Open University（尔后的日本放送大学也是以此模式建立）创始人之一。①

英国高等教育在20世纪60年代就形成了分栖共存的大学、准大学型的二元结构。到90年代，又转换成由撒切尔保守党政权推行的一元化结构。在1963年《高等教育》(《罗宾斯报告书》)文件发表之后，就开始出现高等教育的扩张、规模的扩大以及二元化结构的推进。在这过程中，准大学型的高等教育机构——工艺教育可以日夜兼职，甚至报名三明治式课程的学生人数和比例都有了剧增。自那之后，英国高等教育就开始朝向一元化教育的方向发展。秦由美子的研究就总结了从一元化结构带来的英国大学形象的转变。以下对此转变再作简略讨论。

回顾撒切尔政权期间的教育政策改革，其标志是1988年的教育改革法。该法指出，"……政府一方面标榜小型政府，另一方面却又采取了一些能够强化政府统治力的政策来达到增强国力以及经济实力的目的"。1988年教育改革法的一个鲜明特征就是强化了教育和商业的结合。如果将教育重新看作是一种商业活动的话，那么资本的有效利用或者根据学生成绩评定的结果，就都成为对于大学一方来说不可推卸的责任。于是人们开始思考根据教育评价来重新审视各个大学的教育水平或评价教学成果，以及通过实现教育的民营化来压低税费，而这也使得人们开始意识到将重心放在获取学校外的外部资金上的必要性。②

上述改革还可以归结为三大特征。一是准高等教育机构从地方教育当局的管理中脱离，而和普通大学一样获得了自治权。二是经费来源的组成使得政府政策主导的分配得以顺畅进行，其结果是大学教授的终身制被废除以及业绩成果主义的被导入。三是根据《继续教育和高等教育法》的规定，准高等教育机构和大学一样可以获得学位授予权。以上英国的高等教育改革，可以说推动了包含职业能力开发在内的成人教育和终身

---

① 齐藤修：《彼得·拉斯莱特和剑桥小组》，《人口学研究》2002年第30号。
② 秦由美子：《英国的大学——由对位线的位置变化带来的质的转换》，東信堂，2014，第99页。

教育机构体制的发展。尤其是一元化的体制机制改革，废除了牛津大学和剑桥大学的专属学术权威，而通过竞争原理的引入，同时推动高等教育的数量扩大和质量保证。

从20世纪80年代到90年代，英国高等教育方式与方向的转变，对包含第三年龄的成人教育和继续教育在一定程度上起到了推动作用。而伴随高等教育行政财政的结构变化，出现了"大众高等教育的终止和终身学习的诞生"的状况。[①] 简言之，高等教育本身概念的扩大，甚至使我们无法去定义它的边界。而在中等教育之后的人生，职业和教育两者之间的关系就带有新时代新选择的特征。因此无论是在制度层面还是经费来源方面，U3A都在高等教育政策的背景下而备受关注，因为它与常规的成人教育和继续教育都有所不同。然而，在高等教育的大众化向终身学习的转换过程中，就为了使退休后的人生更加丰富多彩及为了掌握技能而学来看，其又与成人教育和继续教育有着无限的接近性。因为第三年龄的起点、终点，还有生活方式、志向、人生蓝图的设计方法等都是因人而异的，所以"第三年龄还是一个'参与和退出'同时具备的时期。……换言之，第三年龄的活动必须是志愿性的，任何强制性的参加均需避免，不可取"。简言之，"第三年龄的教育理念，没有年轻、年老或社会阶层的区别"。[②]

U3A正是基于上述拉斯莱特的方针，而实现了包括管理、经费等各方面的自主运营。又根据生津的研究，我们可以发现上述这种自主运营（self help）的方针，在学习形态等具体方面是有地区差异的。[③] 这种具体运营

---

① Scott P., "The death of mass higher education and the birth of lifelong learning," *Lifelong Learning：Education Across the Lifespan* (Routledge falmer, 2000)：29-42.

② Laslett, P., "*A fresh map of life：the emergence of the third age.* Présentation de l'ouvrage et entretien avec l'auteur." *sociétés contemporaines*, (1992)：158.

③ 生津知子：《对英国U3A（The University of the Third Age）相关人员的访谈记录》，《京都大学终身教育学·图书馆情报学研究》2003年第2期。

方式的本身也是对自由原则的一种重要体现。①

总之，遵循拉斯莱特理念的原则，对立志求学、胸怀研究志向的第三年龄阶段的人们来说是非常有益的，他们可以和大学等研究机构进行联动合作，建立研究支援体制，获取研究资源，展开课题研究等。② 和 20 世纪 90 年代之后的新自由主义政策引发的问题一样，我们有必要审视 U3A 项目的存在方式。因为第三年龄阶段的自我发现和努力所带来的学习奖励自身，很可能将高度老龄化社会问题的解决方式归到个人的努力和选择从而导致政府不作为现象的出现。

实际上，1995 年上海就已经成为中国第一个设立 U3A 广播版的城市。③ 2016 年，中国 U3A 广播电视教育的注册人数已经达到了世界第一。④ 在拥有广大国土面积的中国，U3A，特别是广播版已经得到了高度重视，尤其是在国际化的潮流中，如今网络的连接更是便捷地推动了各个国家之间的跨国性教育活动的发展。

五、俄罗斯适应老龄社会教育服务体系的发展方略

社会老龄化是人口再生产、出生率和死亡率以及两者之间的比例、人口迁移的程度等因素发展和变化的结果。《汉堡成人教育宣言》曾指出，目前"世界上老年人口占地球总人口的比例比以往任何时候都高，并且正

---

① 英国 U3A 的状况时常更新，注册的会员可以获得最新情报，参照网址 https://www.u3a.org.uk/。
② 关于和高等教育机构的合作、研究支援体制等，参照网址 https://www.u3a.org.uk/resources/u3a-research；关于研究课题的多样性内容，参照网址 https://www.u3a.org.uk/resources/subjects。
③ Findsen B., Formosa. M., *International Perspectives on Older Adult Education*: *Research, Policies and Practice*, *Lifelong Learning Book Series*（Springer, 2016）.
④ 景德镇老年大学校长杨启村在 AIUTA·APA 国际会议上的报告，2016 年 10 月 11 日。

在稳步增长"。① 再据世界卫生组织（WHO）预测，到2050年，世界60岁以上人口总数将达到20亿，并占全球人口总数的22%。② 发达国家退休人员数将首次与在职人员数相等，并且发达国家和发展中国家都将先后进入老龄社会。

与世界上其他国家一样，俄罗斯人口的老龄化趋势也日益显著。俄罗斯国土面积约1710万平方公里，人口约1.5亿人，其中城市人口约1.1亿人，农村人口约4000万人。③ 在俄罗斯，根据相关法律规定，"老年人"是指超过劳动年龄的人员，即男子60岁以上，女子55岁以上。2018年，这一群体已达3700万人，约占全体人口的25.4%。近来老年人占比逐年上升（2008年、2013年、2017年分别是21.1%、23.1%和25.0%），据俄罗斯联邦统计局预测，到2036年，这一数字将达31.1%。④ 人口老龄化现象不仅出现在大城市里，也同样出现在中小型城市中，其情形甚至比前者更为严重。⑤

（一）俄罗斯人口老龄化趋势的成因及其特点

一个国家的老年人数量及其在全体人口中的占比是动态变化的，对其起决定作用的因素包括居民的平均预期寿命和出生率。

---

① Гамбургская декларация об обучении взрослых Электронный ресурс. URL: http://www.znanie.org/docs/Hdecl.html.

② "Ageing and health," February 5, 2018, accessed October 21, 2019, https://www.who.int/news-room/fact-sheets/detail/ageing-and-health.

③ 根据俄罗斯联邦统计局统计，截至2019年1月1日，俄罗斯联邦城市人口为109 454 168人，农村人口为37 326 927人。http://www.statdata.ru/russia.

④ Федеральная служба государственной статистики.Демография. Электронный ресурс.URL:http://www.gks.ru/wps/wcm/connect/rosstat.main/rosstat/statistics/population/demography//дата обращения 12.11.2018.

⑤ Арашин С.Н., Мазанова Л.С. Особенности демографической ситуации в г. Березники Пермского края//е - Экономика и социум -2014. № 3(12).

首先，俄罗斯人口的平均预期寿命已经显著提高。在20世纪初的时候是30岁，至今已增长了一倍之多。尤其是第二次世界大战结束的40年代中期年到90年代，全国人均寿命的提增速度迅速，已经接近70岁。到2000年，老年人和长寿者的数量更是以6%的速度增长。而随着二战期间的青少年（牺牲相对少于成年人）和战后出生的人群开始进入老年人行列，85岁及以上老年人的数量增加了一倍。据统计，2018年，俄罗斯人均寿命72.8岁，① 男子平均67.66岁，女子77.87岁。②

其次，俄罗斯的出生率却呈现持续低下的趋势。2019年的出生系数仅为1.5。③ 俄罗斯总统弗拉基米尔·弗拉基米罗维奇·普京在2020年的《国情咨文》中指出："……这对俄罗斯来说太低……俄罗斯的命运和其历史前景将取决于我们将有多少人口，有多少子女在俄罗斯家庭中出生，他们怎样成长，成为什么样的人，将为国家的发展做些什么，以及怎样的价值观将成为他们生活中的支撑。"④ 低出生率导致儿童和少年在人口中的占比大幅度下降，同时也成为俄罗斯人口老龄化的主要乃至唯一的原因。如果说，那些在提高预期寿命方面取得重大进展的国家（西方发达国家和日

---

① В нацпроект не вписываются: мужчины не нужны России? Средняя продолжительность жизни за 2018 год выросла всего на 73 дня,23.05.2019,https://www.gazeta.ru/business/2019/04/29/12329983.shtml.

② 女性的平均寿命高于男性，这是基于生物原因的人类规律性现象。通常，在社会政治稳定的国家，男女平均年龄相差4—5岁。但像俄罗斯这样差异达10岁的，是非常罕见的。这反映出的首先是俄罗斯男性群体生活条件的不理想以及出于非自然原因——劣质食品和酒精中毒、道路交通和生产事故、凶杀和自杀——导致的高死亡率。

③ "Судьба России и её историческая перспектива зависят от того, сколько нас будет": 15 главных тезисов Послания президента, https://www.vologda.kp.ru/daily/27079.4/4149971/.

④ "Судьба России и её историческая перспектива зависят от того, сколько нас будет": 15 главных тезисов Послания президента, https://www.vologda.kp.ru/daily/27079.4/4149971/.

本）由于医学的进步等，年龄金字塔顶端部分的比例不断增长，其人口老龄化是由"塔尖"部分引起的话，那么在俄罗斯，人口老龄化则是因"塔底"，即年龄金字塔底部人群的减少而发生。目前的出生率已经低于简单人口再生产所必需的负 1.6 倍。

此外，非自然原因导致的劳动年龄人口的高死亡率也是导致俄罗斯人口老龄化趋势的一个动因。

需要指出的是，在俄罗斯的不同地区，人口老龄化的成因也有不同的特点。如位于欧洲部分的国土，作为俄罗斯国家架构的中央地区，是由于出生率的下降而致使老年人口比例的上升；但在西伯利亚和东欧地区则更多是因为人口迁徙导致的居民总体人数下降，而使得老年人口的占比提高。

在俄罗斯，大多数的老年人生活在城市中，但老年人的占比在农村却更高，其分别为农村 22.9%、城市 19.9%。[①] 造成上述现象的原因与在经济上活跃的青壮年常年离开乡村外出寻工有关，这样的迁徙状况也决定了在自然气候严酷且劳动条件艰难地区的退休人员比例较高。人口结构变化的趋势在俄罗斯非常固定，那就是年轻人比例的持续下降，退休人员的比例相应上升，且退休保障系统的负荷也随之增长。老年公民比例的持续提高也对基础设施发展和老年人社会服务内容的要求越来越高。此外，人口老龄化也引发了包括劳动力缺乏、医疗费用支出增加、老年人孤独、代际疏离等一系列社会、经济、医疗、心理、福利和伦理问题。

以劳动力短缺的情况为例，在 21 世纪初的前十年，为弥补劳动力不足，俄罗斯每年从世界各地接纳 70 万至 100 万合法移民。而预计到 21 世纪 30 年代中期，这一数目将达到 500 万。[②] 从邻国吸引劳动力其实只是暂时

[①] Е.И.Холостова, Социальная работа с пожилыми людьми, М,(2013):85.
[②] Старение населения и цели социальной политики,Демографическое старение в России,https://studwood.ru/590711/sotsiologiya/demograficheskoe_starenie_rossii.

或部分地解决了因年轻人口不足而导致老龄化的问题,因为外来移民本有着与俄罗斯不同的文化传统和生活方式,其社会不稳定因素也会随之产生。

(二)俄罗斯的老年学研究

老年学是伴随人类寿命的延长而产生并发展起来的学科。1890年,当时欧洲居民的平均寿命是38.7岁,1970年接近70岁。在俄罗斯,从1897年到1970年,人的平均寿命从30.5岁提升到68.9岁。这一现象亦为老年学的产生提供了前提条件。现代意义的老年学形成于20世纪中叶,但俄罗斯第一批研究老年人的著作,包括约翰·贝尔恩加尔特·费舍尔的《论衰老、它的程度和疾病,以及由此所得》,则早在18世纪中叶就已问世。[①]

有着胚胎学、细胞学、微生物学、免疫学、生理学和病理学等诸多领域研究的埃黎耶·埃黎赫·梅契尼可夫(И.И.Мечников,1845—1916)是被公认的俄罗斯老年学的奠基人,也是1908年诺贝尔生理学或医学奖的获得者。从20世纪初开始,俄罗斯学界就提出了一系列老年学理论。弗拉基米尔·弗拉基米罗维奇·阿尔帕托夫(В.В.Алпатов,1898—1979)、尼古拉·米哈伊洛维奇·阿莫索夫(Н.М.Амосов,1913—2002)、弗拉基米尔·韦尼阿明诺维奇·弗罗尔基斯(В.В. Фролькис,1924—1999)、弗拉基米尔·米哈伊洛维奇·季利曼(В.М.Дильман,1925—1994)等专家学者均对机体衰老和抗衰老机制进行了深入研究,他们也为俄罗斯老年学的建立和发展做出了重要贡献。

俄罗斯当代老年学对衰老的原因和机制的研究,涵盖了从细胞到机体的所有层面,其中包含了医学、心理学、社会学、哲学、历史学、政治学、

---

① 约翰·贝尔恩加尔特·费舍尔(Иоганн Бернгард фон Фишер),1685—1772,祖籍德国,俄罗斯宫廷御医、医疗办公厅主任,为俄罗斯医学教育事业的发展做出了很大的贡献。И.Б.Фишер, Трактат о старости, ее степенях и болезнях, а также о ее приобретениях, СПб., 1754.

经济学等学科要素，由此而形成了一门跨学科、综合性的科学。

梅契尼可夫和亚历山大·亚历山大罗维奇·博戈莫列茨（А.А.Богомолец，1881—1946）、亚历山大·瓦西里耶维奇·纳戈尔内（А.В.Нагорный，1887—1953）等俄罗斯老年学家认为，机体老化的发生，既有生理原因，也有社会原因，后者与个体、群体的生活方式与质量，社会的经济发展水平与文明发达程度，社会福利和服务的普及性等均有着密切的关系。

（三）俄罗斯老龄社会的现状与对策

当今俄罗斯社会经济发展的主要特点是生活秩序的改变、新的经济方式的形成。但对于社会适应进程而言，最具标志性的则是社会的不稳定。尤其是个体与社会之间认知的冲突，增加了社会风险和紧张度，同时加剧了社会分层的矛盾和凸显了社会监管机制的薄弱。业已习惯的行为模式的改变会使人，特别是一些老年人不知所措、精神紧张、抑郁冷漠，甚至对自身能力和生活前景缺乏信心。

如何对待老年人和孩子是衡量一个国家文明程度的重要标志，这在任何时代都具有现实意义。尤其现代社会，在面对人口老龄化的问题时，需要统一的国家政策和综合的实施方法。

就俄罗斯的应对方式而言，在2010年10月，由俄罗斯联邦国务委员会主席团召开的关于老年公民的社会政策及其生活质量提升的会议上，时任总统德米特里·阿纳托利耶维奇·梅德韦杰夫就强调："对老年人的关心是国家无条件的优先方向。与此同时，所有年龄段的人都应该认识到，关心老年人是全社会的任务，必须竭尽全力，使他们的生活条件得到改善，使人们进入老龄时也觉得自己参与到正常的生活中。"① 俄罗斯退休者协会主席、国家杜马（议会下院）议员瓦莱里·弗拉基米罗维奇·梁赞斯基亦指出："社会在老龄化，国家对待退休者的态度正在翻开新的一页……不能让人退休后只与自己的想法和药片孤独相对。"②

2001 年，俄罗斯发布的《俄罗斯联邦老年公民状况国家报告》（Государственный доклад о положении граждан старшего поколения в Российской Федерации）再次全面阐述了国家的老年政策，这份内容丰富的文件也包含了对老年教育活动的分析。

2016 年，俄罗斯又制定了《2025 年前关心老年人利益行动战略》，在老年教育部分特别强调了为老年人提供教育的重要性。

许多社会学家将步入老龄和退休称为"休克"或"离职精神症"阶段。换言之，老年人一般难以应对周围快速发生的变化，难以适应新的生活内容与节奏。在信息真空中，他们会感到焦虑，从而更加自我封闭，而这又会引起年轻一代的厌恶和嘲笑。因此，我们需要帮助老年人减轻身份转化带来的压力，在现代社会的信息空间中突破自我，并通过开发新的才能和获取新的知识来充实人生。而所有这一切只有通过发展老年人的社会教育体系才能实现。

在老年人应对角色和地位的变化并走出心理和能力的困境中，教育的作用至关重要。简言之，老年教育就是通过系统接收有关不断变化的世界信息来维持和发展"社会适应和融合能力"的最重要机制。

---

① Выступление Президента России на заседании президиума Государственного совета о социальной политике в отношении граждан пожилого возраста и повышении качества их жизни,October25,2010 года.[Электронный ресурс] // Режим доступа http://state.kremlin.ru/state_council/9330.

② На Канары через собес, "Власти все чаще начинают думать о досуге пенсионеров," 10.11.2010,https://rg.ru/2010/11/10/pensionery.html.

（四）俄罗斯老年教育的理论

俄罗斯关于老年教育理论的研究课题基本上是在立足本国传统理念和借鉴外国经验的基础上形成的。

俄罗斯学者认为，为老年人开展的教育并不以获取职业和进一步就业为主要目的，其应属于"非正规教育"的范畴。[①] 而作为社会教育组成部分的老年教育则应该成为保持和发展老年人个体能力和社会积极性的重要保障，能为老年人提供愉快而有益地度过闲暇时光的条件，并满足他们对文化与交际的各种需求，以及帮助他们构建作为社会生活中积极的和负责任的主体意识，以建立良好的人际沟通关系，激发产生新的兴趣，而最终为了保持积极的生活态度和独立能力，同时促进生命活力。

В.尼基京和 Г.梅德韦杰娃等学者认为，社会教育是教育体系框架中相对独立的形式，其结果是形成每个人的社会意识（思维）、社会行为和社会功能。[②] 获得社会教育的老年人应该能顺利地起到自我构建、社会适应与自我调节及社会复原的作用，并能够给予亲近的人在这方面以相应的帮助。社会教育的重要作用就是培养老年人积极参与社会活动，进而自我发展和自我实现。而对于弱势老年群体试行的社会教育，则应把目标设定为保障个体与社会的一体化，提高独立性和自我意识，完善社会思维、交际能力和社会适应能力。俄罗斯学者认为，社会教育应该满足老年人认识生活意义和公民职责的需求，同时吸引他们通过参与教育活动来提升对未来的信心。其理想的结果是让老年人成为一个为社会所需的、在社会上得到尊重的、能够正确理解及诠释生活现象和政治事件的个体。

---

① Лазуткина Е. Образование пожилых людей как путь нормализации межпоколенческих отношений в современном обществе [Электронный ресурс]. URL: http://www.russkiymir.ru/russkiymir/ru/derzhava/ed_awards/awards0003.html.
② Г.Х.Мусина-Мазнова, Социальная геронтология: теория и практика, М, (2017):118.

"社会保障"一直是俄罗斯社会政策的核心内容之一。俄罗斯的老年人的社会保障首先是拥有享受医疗、教育和劳动的权利。如教育学家 И.科列斯尼认为,社会保障是国家和地方的现代化政策,目标是保障那些处于复杂境遇中没有外在帮助就无法改善境遇的群体能拥有令人满意的生存条件。① 国家宪法和教育法均保障他们受教育和劳动的权利。但当下的俄罗斯正处在转型之中,教育和劳动领域亦正在形成新的市场关系,而新的生产关系则提出新的规则,有时会使得上述保障徒有虚名。换言之,没有社会的支持,大部分老年人都没有足够的能力去享用必需的教育资源,而这也意味着无法去解决许多重要的生活问题。因此,为了应对和解决这一问题,俄罗斯就把老年社会教育的当代发展战略构建在政府机构与社会团体合作的基础上,即让这些团体扮演社会伙伴的角色,因为它们与民众、社团和各种社会组织的利益最为密切。

А.克鲁普金和 Н.利特维诺娃等俄罗斯学者亦提出了"老年教育一体化"的概念,他们指的是围绕共同的目标,在一定程度上把孤立的社会现象统一起来的过程,该过程考虑到个体的自我教育和社会的文化资源能够有效地运用及产生新的教育机遇。

2004 年,俄罗斯老年教育学家塔吉娅娜·米哈伊洛夫娜·科诺内金娜通过整合相关概念,提出了表达"老年教育"的俄语新词"геронтообразование",她也是俄罗斯通过关于老年教育工作问题副博士论文答辩的第一人。② 这篇以"老年教育的管理:形成、运作、前景"为题的论文全面研究了俄罗斯和其他国家老年教育的历史、现状,并对前景做了研判展望。按科诺内金娜的观点,老年教育指的就是老年人参

---

① Г.Х.Мусина-Мазнова, Социальная геронтология: теория и практика, М, (2017):118.

② Герагогика: пособие для тех, кто занимается образованием пожилых людей/ Т.М. Кононыгина. – Орел: Красная строка, (2006):77.

与正式和非正式有组织的互动，并实现学习的目的。她认为老年教育有两个主要组成部分，第一是"理解"，即教育在老年生活中具有的作用；第二是"意识"，即老年人对于社会具有的意义，以及扮演的社会角色。[1]

科诺内金娜参与起草制订了《俄罗斯联邦老年教育的构想》，该构想依据了《俄罗斯联邦教育法》、《俄罗斯联邦国家教育学说》、欧洲联盟继续教育备忘录以及相关国际论坛关于教育问题和老年社会工作有关文件的规定。[2] 这份文件在2005年奥廖尔市举行的第一届全俄"老年教育"论坛上被通过。

在老年社会教育的研究方面，俄罗斯学者注重借鉴外国学者的理论和经验，如美国成人教育学家马克尔姆·诺尔斯[3]的学习理论在俄罗斯就受到了重视。

诺尔斯认为，对人类文明而言，最大的威胁，不是核战争，不是环境污染，不是人口爆炸和自然资源枯竭，而是人的老化的加速。按照诺尔斯的观点，人应对周围世界变化的能力显然越来越落后于这些变化的速度。今天唯一的希望寄托于创设一个应急计划，即将老年人的能力水平提高到他们能够适应周围世界不断变化的程度。由此也出现了教育的一个新的目标——"培养有能力的人"。这里指的是成人和老年人的终身教育，其内容不仅包含进修和职业再培训，还有获取所需的社会、心理、法律、经济和艺术等方面的知识补充。

---

[1] Герагогика: пособие для тех, кто занимается образованием пожилых людей/ Т.М. Кононыгина. – Орел: Красная строка, (2006):92.

[2] Кононыгина Т.М. Концепция геронтообразования в Российской Федерации. Орел, (2004):20.

[3] 马尔科姆·诺尔斯（Malcolm Shepherd Knowles，1913—1997），著名的成人教育理论家和实践者，进步主义成人教育流派的代表人物。

（五）俄罗斯老年教育的实践

俄罗斯从19世纪中叶开始，在慈善机构内就出现了老年教育活动。1855年，著名医生和教育家尼古拉·伊万诺维奇·皮罗戈夫（Николай Иванович Пирогов, 1810—1881）开设了第一所成人免费学校。

十月革命后，俄罗斯苏维埃社会主义共和国联邦首任人民教育委员（教育部部长）阿纳托利·瓦西里耶维奇·卢那察尔斯基①强调，老年教育是一项重要的任务，教育的过程伴随着人前行直至人生的终点。人活多久，就要学习多久。进入老年之后，要学习一门伟大的艺术，"成为一个美的老年人，他的心对所有新生事物开放"。②

1947年，在学者们的倡议和政府的支持下，成立了全苏政治与科学知识普及协会（Всесоюзное общество по распространению политических и научных знаний），1963年后更名为全苏"知识"协会（Всесоюзное общество «Знание»），其工作目标是"将先进的科学知识由专家传输给人民大众"。依靠苏联的国家动员机制，协会在全国各地设立分支机构，同时与单位企业密切合作，举办各种受众面广、社会影响力大的教育活动。

在俄罗斯，进行老年教育的主要机构是"人民大学"（народный университет）。其雏形是从19世纪中叶开始普及的周日成人学校。1897年，莫斯科开设了普列契斯坚斯基工人课程班，被认为是第一所"人民大学"。1908年，莫斯科沙尼亚夫斯基城市人民学校问世。十月革命后，

---

① 阿纳托利·瓦西里耶维奇·卢那察尔基斯（Анатолий Васильевич Луначарский，1875—1933），俄国革命家，苏维埃政治活动家，作家，翻译家，出版家，评论家，艺术史学家，苏联科学院院士。

② Анатолий Васильевич Луначарский．«⋯⋯это одно из великих искусств — быть прекрасным стариком» 23 ноября родился первый нарком просвещения Анатолий Луначарский,23.11.2012,https://novostiliteratury.ru/2012/11/literaturnyj-kalendar/eto-odno-iz-velikix-iskusstv-byt-prekrasnym-stariko.

"人民大学"纷纷建立，由此而形成了全国城乡居民普遍都能享用的教育网络系统。在苏维埃体制下，运用社会、生产和技术资源来为"人民大学"提供支撑服务，一些知名专家学者和文化活动家都积极参与教育活动。

1968年，苏共中央又通过了"关于改善人民大学工作"的特别决议。1974年，在相关法律的基础上，苏联强化了"人民大学"作为大众教育形式的地位和作用。

老年人是"人民大学"最积极的听课群体。他们中包括老战士，原来的党务、经济工作者等"退休精英"，当然，他们的出现有时也会在群体内和代际产生与普通人之间的距离。

除"人民大学"之外，众多的演讲会、"知识"协会、文化宫和文化之家中的各种小组活动也是苏维埃时期老年教育的重要组成部分。①

1991年12月，苏联解体，俄罗斯进入转型时期。社会生活发生了前所未有的变化，延续了七十多年的社会调节和分配体系分崩离析。"90年代的社会经济问题实际上导致了文化和教育机构工作的停止。"② "人民大学"关门，党政学习体系和经济教育体系瓦解，老年教育也同时出现了暂时的真空。

1996年，"知识"协会开始建立"第三年龄开放型人民大学"，这在当时成为俄罗斯老年教育的一个标志性事件。"开放型人民大学"一方面承袭了苏维埃时期"人民大学"的许多传统做法，另一方面又借鉴了正规教育大学的部分体系模式（如有系、教研室、系办公室、董事会等）。1998年9月，关于老年人教育的全俄学术研讨会在莫斯科举行。1999年，

---

① Лазуткина Е. Образование пожилых людей как путь нормализации межпоколенческих отношений в современном обществе [Электронный ресурс]. URL:http://www.russkiymir.ru/russkiymir/ru/derzhava/ed_awards/awards0003.html.

② Лазуткина Е. Образование пожилых людей как путь нормализации межпоколенческих отношений в современном обществе [Электронный ресурс]. URL:http://www.russkiymir.ru/russkiymir/ru/derzhava/ed_awards/awards0003.html.

在奥廖尔市召开的"第三年龄教育：经验、问题、前景"国际研讨会上，确定了旨在为老年人在个体和创意发展、代际沟通理解等方面提供支持和帮助的老年教育创新目标。这些问题也在 2005 年 6 月于奥廖尔市举行的首届全俄"老年教育"论坛上得到充分肯定。

新成立的俄罗斯政府十分重视教育在国家振兴、民族富强进程中的地位与作用，甚至将其定为国家发展"最重要、最主要的方向之一"（普京语），① 国家预算用于教育的投入与占比亦逐年提高，2017 年、2018 年和 2019 年分别是 5.49 千亿、6.19 千亿、8.27 千亿卢布，占比 3.33%、3.86%、4.1%，② 并努力完善新型的老年教育体系。

以下就通过介绍一些具有代表性的机构和学校来考察其在老年教育方面的实践，这有助于更具体地了解俄罗斯适应老龄社会教育服务体系所采取的手段、建设的进程和取得的成果及问题。

1. 奥廖尔市"知识"协会

苏联解体以后，"知识"协会在各地承担起了老年教育组织者的重要角色。奥廖尔市的"知识"协会就在塔·科诺内金娜的领导下开展工作，其积极有效的经验受到广泛关注，并具有示范效应。

在俄罗斯刚进入转型期的 20 世纪 90 年代，老年人的状态特别脆弱。因为周围发生的变化极大地冲击了他们原有的认知、判断和理念，他们自己很难在缺乏新知识的情况下应对新的环境，并找到自己生存发展的机会。为此，奥廖尔市"知识"协会在 1997 年开设了第三年龄大学，确切地说

---

① Владимир Путин. "Путин рассказал о значимости образования для будущего России," 30 января 2018, https://www.ntv.ru/novosti/1976700/.

② Минфин. "Минфин представил проект бюджета на 2017 год. Какие цифры в нем заложены и что они означают?," Минфина на 2017год, https://investorschool.ru/byudzhet-rossii-2017-v-cifrax.

2017 年至 2019 年 100 卢布分别约合 1.72、1.59 和 1.55 美元，https://ratestats.com/dollar/2017，2018，2019/#nav-chart.

就是开设了一系列的课程，为老年人在他们感兴趣和需要的方面提供支持和帮助。

课程的开设在老年群体中受到热烈欢迎，首批报名的"大学生"就达700人之多。老年人最需要的课程就是计算机和园艺（因为他们中许多人要靠自己的种植补贴生活），但对他们而言更为重要的则是在"协会"和大学平台上获得与他人沟通的机会和条件。

二十多年的课程实践表明，随着时代的发展，老年人的需求也在变化。如计算机依然受到欢迎，但园艺却被英语、绘画和舞蹈取代。不过，最主要的东西仍然没有改变，那就是沟通和学习的愿望，且这种愿望不受年龄和健康状况的影响。学生中年龄最大的有90岁。

在实践中，奥廖尔的专家学者们积累起了一系列经验。

首先，运用老年学、医学、心理学等多方面的知识为老年人组织教育活动。以计算机课程为例，他们为了组织课程，就需要了解老年人的生理特点（如他们普遍视力下降，因而需配置专门的技术设备）、心理特点，以及他们掌握新信息的特点（有别于年轻人的认知和接受方式，因而要延长课时）等等。

其次，鼓励老年人自己提出要求和方案，如学什么和怎么学——科诺内金娜等专家相信，老年人拥有为此所需的足够的生活经验和理解目标的能力。专家们认为，在社会上通常把老年人看作是养老金和亲戚帮助的被动接受者的情况下，这种独立的选择非常重要，因为它可以鼓励老年人根据自己的意愿和为了自己的乐趣而学习。

再次，针对缺少专业老年教育学家和教师的情况（这在众多老年教育机构是一个普遍现象），奥廖尔市"知识"协会和第三年龄大学的做法是，在研讨会特别是互联网上积极分享自己的知识经验，扩大从业人员的范围。此外，就是吸引老年人参与相关工作。实践表明，老年人不仅需要获得新知识，还需要与人分享自己的经验。因此，这里的不少教师本身就是退休人员，是第三年龄大学的学生，他们在协会和大学构建的共同体中不断地在学生和教师之间变换着角色，而每个人都有一些东西可以传授，如英语、法律基础常识、编织刺绣等等。

最后，将代与代交流融入教育之中。在俄罗斯，矛盾与冲突不仅存在于"父与子"之间，不同代与代之间均有"沟壑"存在。科诺内金娜认为，俄罗斯年轻人的"老年"概念并不强，"没有人教我们变老。每个人都说未来是属于年轻人的。但事实上，我们的未来是老年。只是我们缺乏真正意义上的老年文化"。① 而彼此沟通就需要学习。对老年人而言，进行代际交流是一个了解当前社会进程、掌握新技能同时分享自己回忆、体验被需要的机会。对于年轻人来说，则是能够从老年人的人生和专业经验中感受特殊的价值，几代人互相学习是一种传递经验与文化的极好机会。

2. 全国各地第三年龄大学等的老年教育机构

俄罗斯各地的第三年龄大学和类似的老年教育机构都在不同程度上得到了教育部的支持和帮助。它根据各地的发展水平、资源特色、受众需求等安排教育活动或设置课程。

莫斯科第三年龄艺术大学的项目是由以莫斯科一个地名"霍登场"命名的艺术协会创建，旨在为退休老年人提供心理援助以及接触和了解艺术的机会。两年学制，包括文学、音乐、视觉和表演艺术等课程。

圣彼得堡"银发年龄"跨地区资源中心于2009年成立，教育培养计划与欧洲老年教学方法接轨，因此很符合当代老年学的理念。"银发年龄"大学运用讲座、研讨会、辩论赛、短途旅行、自由创作、角色游戏等多种形式组织教育活动，同时安排学员与医学、法律等领域的专家以及政治家、议员等会面，主要课程有"年龄过渡期""成为志愿者或获取新机会""志

---

① Как учатся в России те, кому за 50, "Разбираемся с возможностями непрерывного образования для пожилых россиян," 7 февраля 2018, https://newtonew.com/culture/kak-uchatsya-v-rossii-te-komu-za-50.

愿服务的五个步骤",以及英语、经济学常识、舞蹈疗法和彼得堡学等等。与此同时,还开发了计算机知识、绘画和设计等教学程序。中心还组织银发志愿者参加各种国际活动（喀山大运会、索契奥运会）。中心以圣彼得堡国立信息技术、机械和光学研究大学为依托,建立了第三年龄在线大学,并开设了一个面向老年人的远程学习门户,提供在线教育服务,其中既有应用型课程,如金融安全、互联网和电子政务等,也有传统型和创意型课程,如俄罗斯戏剧史、经典文学,摄影和建筑常识等。与视频资料同时提供的还有文本材料,以及家庭作业。

喀山是俄罗斯联邦鞑靼自治共和国首府,也建立了一个第三年龄大学。喀山第三年龄大学由俄罗斯退休者联盟建立,是这类机构中规模最大的一家,学员有两千多人。提供的课程有经济学、法律、哲学、心理学和教育法、历史、宗教史、世界文化史、计算机基础、鞑靼语、德语等等。大多数课程都是免费的,但照相摄影和艺术创作课要收费。学员结业时可以获得喀山联邦大学继续教育学院颁发的证书。

沃罗涅日市位于俄罗斯西部,是俄罗斯中央黑土经济区最大的工业和文化中心。沃罗涅日第三年龄大学由市残联"家庭学院"发起。组织者向学生传授装饰实用艺术和民间艺术领域的新知识,同时开设编织、烙画、拼贴和其他形式的手工艺术制作大师班。

除第三年龄大学外,还有规模更小但运作更灵活的学堂。2004年,圣彼得堡就成立了"第三年龄学堂"的社会教育中心。学堂在圣彼得堡全市各个区开展活动,并广泛提供教育服务,包括金融常识、计算机设计、英语等课程。此外,学堂还成立了各种项目团队（出版社、电影制片厂、手工艺大师）,他们代表学堂积极开展、参与志愿者活动。

除"知识"协会、第三年龄大学和学堂之外,"祖父母在线"计划也在俄罗斯得到广泛普及。该计划的目的是通过对老年人进行计算机和互联网技能的培训来解决他们社会信息隔绝的问题,同时为他们创建免费计算机中心和"跨一步就能享用"俱乐部的网络,在俄罗斯的 61 个地区现在已有 141 家这样的中心。

博物馆、剧院、电影院也对老年人提供优惠服务,这在一定意义上也是老年教育实施的组成部分。例如:莫斯科特列季亚科夫美术馆的门票为 300 卢布,但退休人员只需付 70 卢布就可进入这家以俄罗斯造型艺术品收藏丰富而著名的美术馆;位于圣彼得堡的冬宫博物馆是世界四大博物馆之一,主馆门票 400 卢布,但对退休老年人则是免费的。

(六)存在的问题和拟完善的举措

1. 存在的问题

(1)目前俄罗斯的新型终身教育体系正在构建和完善中,因此关于老年人教育的法律法规还不齐全,如《俄罗斯联邦国家教育学说》提出的教育普及性和不间断性在组织上就缺乏有力的支撑,其适应老龄社会教育服务的政策措施也不够全面和明晰,官方的倡议基本缺乏具体项目的支撑。

(2)资金投入不足。俄罗斯对教育的投入,主要用于学前教育、普通教育、职业教育和高等教育,其中普通教育的占比最大,实际包含了履行终身教育使命的职业教育则占比最小,历年平均为 9% 左右。

(3)缺乏经过专门培训的老年教育教师和工作人员。

(4)老年人学习动力总体上有待提高。

俄罗斯终身教育研究重镇高等经济研究大学于 2017 年 3 月发布了通报《俄罗斯终身教育的形成:基于全俄成人调查结果的分析》。调查显示,全国 25 至 64 岁的居民中有 30% 的人参与终身教育学习。参与的主要动机与职业有关,即希望保留目前的工作或在当下的职场上得到升迁。那些临近退休和已经退休的人,由于不再考虑职业前途,再学习的兴趣不高。在 25 至 34 岁年龄段,有 23% 的人参加终身教育学习,往后,这个比例逐渐下降:35 至 54 岁年龄段是 18%—19%,55 至 64 岁年龄段只有 8%。

在欧盟国家，相应指标则要高很多：根据2011年的调查，55至64岁的人口中有27%参与继续教育学习。专家们经过调查得出的结论是，俄罗斯人（包括老年人）不参与终身教育的主要原因不是资金或时间不够，而是实际需求的缺乏。"我个人根本不需要它用于自身发展。"不参与终身教育人员中有34%的人这样表示。另有27%的人认为他们根本就没有工作上的前提和需求学习新的东西。这些解释在年轻人和老年人中同样普遍。[①]

（5）在得到普及的同时，"人民大学"也遇到了一些问题，包括教育大纲对老年人特殊需求的考虑力度不够，相关的教学法专家缺乏，管理机构运作效果不够理想。老年教育的组织者们在安排工作时有很高的热情，但常常从本能出发，或者复制他们熟悉的用于其他年龄段的教育形式。

2. 俄罗斯正在或拟完善的措施

（1）进一步加强国家终身教育建设及其与社会发展进程的对接，提高国家教育发展战略实施的实际效应。

（2）逐步增加资金投入，全面发展老年人的社会教育。

（3）构建有效的政策机制和采用适当的动员手段，吸引包括社会精英、青年团体、传媒等在内的各方人士，根据老年人的兴趣和需求，为他们研发和提供教育信息、交际途径和娱乐项目。

（4）进一步为老年人接受教育提供保障，包括提供图书馆、博物馆、档案馆和互联网资源；激发老年人对终身教育的热情，鼓励老年人加强自我学习，参加社会文化协会和团体，同时为老年人提供扩大人际交往范围的机会。

（5）推动高等学校更积极地参与老龄社会教育服务体系的建设和老年人教育问题的解决。高校拥有必要的教学人员、物质和技术基础，是各地

---

① Бондаренко Н. В. Становление в России непрерывного образования: анализ на основе результатов общероссийских опросов взрослого населения страны // Мониторинг экономики образования. Информационный бюллетень. М.: НИУ ВШЭ, 2017. № 5 (104).

文化和社会生活中心,大学的各个院系可以调拨最合适的教师为老年学生提供教育课程。同时,还要将主要目标不仅定位在提供各种课程和组织各种教育活动上,更要通过建立教育和咨询中心网络(以各种形式出现在俱乐部、博物馆、图书馆、宗教中心、公园、购物娱乐场所),使教育的资源和机会更接近老年受众,并使之具备"跨一步就能享用"的便捷。

第四章
我国适应老龄社会教育发展的立法研究

我国自1999年底进入老龄化社会以后，老年人口所占比例逐年增多，如前文数据显示，2017年，我国60岁以上的人口已达2.4亿人，占到总人口比重的17.3%，①而到2050年，我国60岁以上人口的数量将超过4亿，大约占到人口总数的30%。随着科学技术的发展，人们生活质量和医疗水平的提高，人均寿命随之延长，很大一部分老年人在退休之后都有大量的空余时间，加之现代社会网络发达，新生事物更新换代，老年人自我保护和防患意识较差，于是陷入网络欺骗的案例也屡见不鲜。为了妥善解决老年人口数量庞大而带来的一系列社会问题，满足老年人想要适应社会发展及满足自己日常生活的需求，就有必要从各个方面保障老年人的受教育权，其中应不限于娱乐和健康教育，还应包括意识教育、适应教育以及心理教育等等。

众所周知，任何国家层面的法律都具有稳定性和权威性，涉及老年教育问题的解决，不仅需要依靠政策或者公益道德的呼吁，更主要的还需依靠立法保障和法律规范。在当前我国各领域的教育中，基本都已制定相应的法律给予保障，如《义务教育法》《高等教育法》《职业教育法》，以及已经出台的《学前教育法草案》等，其间我国也一直在呼吁制定终身教育法。为此，我们无论是为了实现"全民学习、终身学习"的目标，完善我

---

① 中华人民共和国民政部：《2017年社会服务发展统计公报》，2018年8月2日，http://www.mca.gov.cn/article/sj/tjgb/，访问日期：2019年4月11日。

国的教育法律体系，还是更好地应对老龄化社会，满足老年人的学习和生活需求，都有必要出台相关的立法举措，而唯有在法律层面对老年人的教育权利予以切实保障，老年人的学习权益才能得到根本落实。本章对目前我国已经出台的相关法律内容进行梳理和分析，希望从中能够获得某些经验与思考。

一、国家层面涉及老年教育的相关法律及其内容分析

表 4.1 国家层面关于老年教育相关法律的汇总

	名称	日期
宪法	《宪法》第十九条，第四十六条	1982 年通过；2018 年最新修正
法律	《高等教育法》第九条	1998 年通过；2018 年最新修正
	《老年人权益保障法》第四条，第五条，第三十三条，第七十一条	1996 年通过；2018 年最新修正
	《职业教育法》第五条	1996 年通过；2022 年最新修正
	《教育法》第九条，第二十条	1995 年通过；2021 年最新修正
	《教师法》第十一条	1993 年通过；2009 年最新修正

从以上的立法汇总表中可以看出，我国早已在多部法律中制定了涉及老年教育的相关规定。

如在我国《宪法》的序言中，首先明确了宪法是国家根本法的地位，其具有最高法律效力，同时其所规定的各项条款都是国家和人民最根本、最重要的立法原则。在《宪法》的各种条款中有两个条文与老年教育有关，[①]其文字虽然没有直接提及"老年教育"的概念，但内容明显与老年教育有

---

① 《中华人民共和国宪法》第十九条：国家发展社会主义的教育事业，提高全国人民的科学文化水平。国家举办各种学校，普及初等义务教育，发展中等教育、职业教育和高等教育，并且发展学前教育。……

第四十六条：中华人民共和国公民有受教育的权利和义务。国家培养青年、少年、儿童在品德、智力、体质等方面全面发展。

关联。如第十九条从国家义务的角度出发，提出国家具有发展社会主义教育事业、提高全国人民科学文化水平的义务；而第四十六条又从基本权利的角度提出了中华人民共和国的公民有受教育权的保护。上述两个条文中的"全国人民"及"公民"的概念无疑都包括了老年群体。由此我们亦可认为，国家已在宪法层面为老年教育的事业提供了立法的支撑和依据。

《教育法》是我国教育领域的基本法。一个国家的教育基本法既为这个国家的教育发展提供了基本方针并指明了方向，同时也为其他与之配套的专项教育法的出台提供了宏观上的指导。《教育法》的相关规定与《宪法》类似，其规定虽没有明确提出"老年教育"的概念，但在相关条款中通过对条文的解读即可得出清晰的结论。[①] 如《教育法》第九条规定了中华人民共和国公民都享有受教育的权利，那么老年人当然也在此列；第二十条又提出我国实施职业教育制度和继续教育制度，强调全民终身学习的理念，而继续教育就是指向学校教育之后的所有社会成员特别是针对成人的教育活动，因此亦自然包括以老年为对象的教育。故而《教育法》中的上述条款也从一个侧面凸显了我国对于推动老年教育事业发展的立法举措。

除了《宪法》和《教育法》，在我国一些其他教育专项法律中也还有一些条款涉及老年教育。如《职业教育法》中规定"公民有依法接受职业教育的权利"，《高等教育法》中规定"公民依法享有接受高等教育的权利"，其无一例外地如同《宪法》《教育法》通过使用"公民"或"成人"等词语来涵盖老年群体。

在我国，第一部关于"老年教育"的专项法律是《老年人权益保障法》。

[①] 《中华人民共和国教育法》第九条：中华人民共和国公民有受教育的权利和义务。公民不分民族、种族、性别、职业、财产状况、宗教信仰等，依法享有平等的受教育机会。

第二十条：国家实行职业教育制度和继续教育制度。各级人民政府、有关行政部门和行业组织以及企业事业组织应当采取措施，发展并保障公民接受职业学校教育或者各种形式的职业培训。国家鼓励发展多种形式的继续教育，使公民接受适当形式的政治、经济、文化、科学、技术、业务等方面的教育，促进不同类型学习成果的互认和衔接，推动全民终身学习。

这部法律是基于对老年人权益的保障，并为了促进与发展老龄事业而制定的法律。其对于老年人的权益保障涵盖了方方面面，如对老年人的赡养问题、社会优待问题、参与社会发展问题等均做出了明确规定。在鼓励老年人参与社会发展的条款中，其对老年教育做了以下明示，即"老年人有继续受教育的权利""鼓励社会办好各类老年学校"。[①] 可以说，《老年人权益保障法》是第一部明确规定"老年教育"的法律，它的制定为我国发展老年教育提供了直接的法律依据。

二、地方层面涉及老年教育的相关法律及其内容分析

在国家层面以外，我国一些地方及区域也相应制定或出台了涉及老年权益保障或老年教育的地方立法。具体可参见表4.2。

表4.2 我国地方层面关于老年教育相关法律的汇总[②]

	名称	日期
地方性法规	《云南省老年人权益保障条例》	2019年实施
	《宁夏回族自治区老年人权益保障条例》	2019年实施
	《广东省养老服务条例》	2019年实施
	《内蒙古自治区老年人权益保障条例》	2019年实施
	《河南省老年人权益保障条例》	2019年实施

[①] 《中华人民共和国老年人权益保障法》第七十一条：老年人有继续受教育的权利。国家发展老年教育，把老年教育纳入终身教育体系，鼓励社会办好各类老年学校。各级人民政府对老年教育应当加强领导，统一规划，加大投入。

[②] 我们在北大法宝（http://www.pkulaw.cn）以"老年教育"为关键字进行全文、精确检索，将搜索出的地方性法规、地方政府规章进行汇总。

续表

	名称	日期
地方性法规	《河北省老年人权益保障条例》	2018年实施
	《成都市养老服务促进条例》	2018年实施
	《长春市老年人权益保障条例》	2018年实施
	《四川省老年人权益保障条例》	2018年实施
	《关于修改〈延边朝鲜族自治州老年人权益保障条例〉的决定》	2018年实施
	《重庆市老年人权益保障条例》	2018年实施
	《黑龙江省老年人权益保障条例》	2018年实施
	《湖北省实施〈中华人民共和国老年人权益保障法〉办法》	2017年实施
	《广东省老年人权益保障条例》	2017年实施
	《海南省实施〈中华人民共和国老年人权益保障法〉若干规定》	2017年实施
	《广西壮族自治区实施〈中华人民共和国老年人权益保障法〉办法》	2017年实施
	《福建省老年人权益保障条例》	2017年实施
	《威海市居民养老服务保障条例》	2017年实施
	《贵州省老年人权益保障条例》	2017年实施
	《辽宁省老年人权益保障条例》	2017年实施
	《江西省实施〈中华人民共和国老年人权益保障法〉办法》	2017年实施
	《上海市老年人权益保障条例》	2016年实施
	《吉林省老年人权益保障条例》	2016年实施
	《安徽省实施〈中华人民共和国老年人权益保障法〉办法》	2016年实施
	《甘肃省老年人权益保障条例》	2016年实施
	《陕西省实施〈中华人民共和国老年人权益保障法〉办法》	2015年实施
	《宁波市终身教育促进条例》	2015年实施
	《山东省老年人权益保障条例》	2015年实施
	《包头市老年人权益保障条例》	2014年实施
	《河北省终身教育促进条例》	2014年实施
	《太原市终身教育促进条例》	2012年实施
	《上海市终身教育促进条例》	2011年实施
	《江苏省老年人权益保障条例》	2011年实施
	《徐州市老年教育条例》	2007年实施
	《青岛市实施〈中华人民共和国老年人权益保障法〉若干规定》	2005年实施
	《福建省终身教育促进条例》	2005年实施
	《天津市老年教育条例》	2002年实施
	《青海省老年人权益保障条例》	2002年实施
	《太原市老年人权益保障办法》	2001年实施
	《浙江省实施〈中华人民共和国老年人权益保障法〉办法》	2001年实施
	《天津市实施〈中华人民共和国老年人权益保障法〉办法》	1998年实施
地方政府规章	《沈阳市老年人权益保障办法》	2016年实施
	《广东省老年人优待办法》	2014年实施

（一）时空分布特点

从上述列表的梳理中可以看出如下事实：

首先，从时间层面上看，各地对于老年教育的关注主要集中在 2010 年以后，尤其集中在 2015 年之后，一些地方和省区市均密集出台了涉及老年教育的相关法规与规章，其原因与近年来老年人口数量的剧增、老龄化程度的急速加深密切相关。

其次，从地域上来看，若将我国按东部、中部和西部来划分，则相关法律的分布情况与地区发展水平呈正相关趋势。东部地区法律出台最多，中部次之，西部地区则最少。在东部地区的 11 个省市中，内容涉及老年教育的法律就有 18 部，某些省市甚至出台了不止一部相关法律。如到目前为止，我国已经制定的 5 部地方终身教育促进条例，其中 4 部就出自东部地区省市，分别是上海、福建、河北以及浙江宁波，而上述终身教育促进条例无一不对老年教育的问题予以专项规定。如《上海市终身教育促进条例》就明确规定负责老年教育的部门是民政、教育等行政部门，同时要求开展适合老年人特点、丰富老年人生活、增进老年人健康的文化教育活动。① 《福建省终身教育促进条例》对于老年教育主管部门的规定虽有异于上海，如其规定县级以上政府负责老年教育工作，但要求有关部门予以大力支持的立场却是高度一致的。② 在我国中部地区的 8 个省市中，涉及老年教育的法律共有 10 部，其中除了湖南省之外，其他各省都制定了相关法律，山西省太原市还在 2012 年出台了《太原市终身教育促进条例》。

---

① 《上海市终身教育促进条例》第十六条：教育、民政等行政部门负责老年教育工作。教育机构应当按照教育、民政行政部门的要求，开展适合老年人特点、丰富老年人生活、增进老年人健康的知识型、休闲型和保健型文化教育。

② 《福建省终身教育促进条例》第十六条：县级以上地方人民政府应当加强本行政区域老年教育工作，为完善老年教育设施和场所等制定优惠政策、提供必要条件。有关部门应当在各自职责范围内支持老年教育工作，促进老年教育事业发展。

西部地区的西藏和新疆均没有相关法律出台，云南省虽于1999年出台了《云南省老年人权益保障条例》，但直到2019年才开始实施。所以从整体上来看，西部地区的涉老法律数量相对较少。

以上分布特点亦与全国老龄化的整体发展水平有关。如相关数据显示，截至2010年全国人口老龄化水平最高的前十个城市，就大多位于长三角地区，其中上海位居第一。而老年人口占比最低的前十位，则多位于青藏高原地区，其中青海、西藏、新疆以及内蒙古中西部地区的老龄化平均水平都不高。[①] 由此我们也可以得出如下结论，即老龄化水平的高低与经济发展水平的高低密切相关。其中尤其是医疗和生活条件都比较好的地区，则老龄化水平也越高，这是因为这些发达地区的人均寿命有了大幅度提升，与此同时出现的问题及需要规范的事项也同样增多，这也是发达地区涉老法律的数量相对较多的原因之一。

（二）地方性法规的具体内容分析

1. 专门性法规的内容分析

从以"老年教育"冠名的专门法规来看，目前只有两部：《天津市老年教育条例》和《徐州市老年教育条例》。以下我们对两部地方条例的内容做一简单梳理与分析。

表4.3 天津市、徐州市老年教育条例内容梳理

	《天津市老年教育条例》	《徐州市老年教育条例》
出台时间	2002年	2007年
条款数目	12条	21条
立法宗旨和目标	为适应老龄化社会的发展要求，保障老年人继续受教育的权利，促进老年人教育事业的发展，完善终身教育体系。	为了保障老年人受教育的权利，建立和完善终身教育体系，促进老年教育事业的发展。

[①] 赵东霞、韩增林、王利：《中国老年人口分布的集疏格局及其形成机制》，《地理学报》2017年第10期。

续表

	《天津市老年教育条例》	《徐州市老年教育条例》
立法依据	《中华人民共和国教育法》《中华人民共和国老年人权益保障法》，结合本市实际。	《中华人民共和国教育法》《中华人民共和国老年人权益保障法》等有关法律、法规，结合本市实际。
适用范围	非学历的老年人学校教育和其他形式的老年人教育活动。	本条例所称老年教育，是指对六十周岁以上公民实施的非学历教育。本条例所称老年教育机构，是指面向社会招生，以老年人为受教育主体，从事非学历教育的老年学校（大学）等组织。
性质	终身教育和老龄事业的重要组成部分，是社会公益性事业	
发展策略	贯彻国家教育方针，提高教育质量；要因地制宜，形式多样，因需施教，突出特色。	坚持普及与提高相结合，以普及为主，发展基层老年教育。
责任主体	各级人民政府，其他部门协同。	各级人民政府教育行政部门，其他部门协同。
教育经费	多渠道筹集；逐步增加。	逐步增加；专款专用。
权利义务	老年教育机构的权利和义务	
法律责任	—	责令限期改正；赔偿责任。
附则	施行时间	

从以上列表分析来看，《天津市老年教育条例》的制定在先，徐州市的稍后，相对内容也是天津市的比较简单，仅12条，徐州市的则有21条。但值得称道的是，就因为这两部地方条例的制定，打破了中国老年教育立法零的记录。作为具有开创意义的两部地方条例所涉及的一些内容，对于其他地方老年教育法规的制定乃至国家老年教育法的出台都具有一定的借鉴意义和参考价值。

纵观两部条例，在老年教育的地位、性质，立法的宗旨和目标以及立法依据等方面，条款内容基本相同。在适用范围上，徐州市做了明确规定，即老年教育的适用范围是"六十周岁及以上的公民"且归属为"非学历教育"。在责任主体方面，天津市将发展老年教育的责任主体定为"各级人民政府"，徐州市则规定为"各级人民政府教育行政部门"。不过两者的规定都体现了发展老年教育是公权力的基本职责，而其他部门均有协同的义务。对于经费问题，两部地方条例都提出了要逐步增加并应专款专用的议题。

总体来看，徐州市条例的内容较为丰富，但仍有不足之处。如老年教育涉及的主体，无疑应包括三个部分，即政府、受教育者（符合条件的老年人）以及老年教育机构（包括教师）；但在上述两部地方条例中，就权利义务的范围，仅规定了机构的权利和义务，对受教育者本身的权利及政府应推进的义务却只字未提，这就可能间接导致当个体权利得不到基本保障时，亦同时失去了法律救济的手段。① 此外，在对老年教育机构的权利和义务进行规定时，却对从教人员应当符合的条件没有作出明确规定。又如在法律责任部分，天津市对此没有做出任何规定，徐州市虽有一个条款，但内容过于简单，只有"责令限期改正"以及"赔偿责任"。② 而完整的法律责任，通常应该包括各个主体的法律责任以及各种法律责任的具体形式，如政府部门以及工作人员违反条例的处罚、机构与教师违反条例的责任追究等，至于责任形式则更应该包括刑事责任、行政责任和民事责任等。

2. 五部终身教育条例中相关内容分析

众所周知，终身教育是关乎人一生的教育，包括了不同阶段、不同类型的教育，当然也包括老年教育。自从党的十六大报告提出我国要构建终身教育体系以来，老年教育作为终身教育的最终阶段，也具有举足轻重的地位，③ 而老年教育作为终身教育的组成部分也早已在社会各界达成了基本的共识。就我国已经出台的五部地方终身教育条例来看，其对老年教育的内容都有涉及，以下我们即以五部地方终身教育条例中涉及老年教育的

---

① 张竹英：《国内老年教育的规范性文件分析与立法建议》，《福建广播电视大学学报》2016 年第 5 期。
② 《徐州市老年教育条例》第十九条：违反本条例，未经批准擅自举办老年教育机构的，由县级以上教育行政部门责令限期改正，符合老年教育机构条件的，可以补办审批手续；逾期仍然达不到办学条件的，责令停止办学，造成经济损失的，依法承担赔偿责任。违反本条例其他规定的，由教育行政部门或者其他相关行政主管部门依法处理。
③ 王旭：《定位成人教育与老年教育 推进终身教育立法的实施》，《高等继续教育学报》2014 年第 4 期。

内容进行梳理与分析。

表4.4 五部终身教育条例中关于老年教育的内容汇总

名称	条款内容	时间
宁波市终身教育促进条例	第七条：成人教育院校、社区教育学校、老年人学校、工人文化宫、青少年宫、妇女儿童活动中心等各类学校和教育培训机构应当充分发挥在终身教育实施中的作用。 第十四条：市和县（市）区人民政府应当合理配置老年教育资源，优化老年教育布局，重视老年教育机构建设。 教育、民政等部门负责组织开展适合老年人特点、丰富老年人生活、增进老年人健康的知识型、休闲型和保健型文化教育。 鼓励和支持各类投资主体举办老年教育培训机构。	2015年3月
河北省终身教育促进条例	第十三条：县级以上人民政府及负责老龄工作的机构应当加强老年教育工作，在资金投入、基础设施建设等方面制定有关优惠政策，开展适合老年人特点、丰富老年人生活、增进老年人健康的知识型、休闲型和保健型文化教育。鼓励社会举办各类老年学校。 第二十三条：县级以上人民政府及有关部门应当依照有关规定对失业人员、农民工、农民、残疾人和老年人参加教育培训制定减免培训费、补贴等优惠政策，保障上述人员参加教育培训。	2014年7月
太原市终身教育促进条例	第十一条：市、县（市、区）、乡镇人民政府、街道办事处、社区居民委员会应当依托社区教育机构，为社区内学龄前儿童、学生、从业人员、待业人员、下岗再就业人员、流动人员、残疾人及老年人等提供教育服务。	2012年9月
上海市终身教育促进条例	第十六条：教育、民政等行政部门负责老年教育工作。教育机构应当按照教育、民政行政部门的要求，开展适合老年人特点、丰富老年人生活、增进老年人健康的知识型、休闲型和保健型文化教育。 第十八条：教育、人力资源和社会保障、农业、人口和计划生育等行政部门以及工会、共产主义青年团、妇女联合会、残疾人联合会可以委托社区学院、社区学校和其他教育培训机构，开展社区内的在职人员、失业人员、农民、进城就业农村劳动者、老年人、残疾人教育培训。	2011年5月
福建省终身教育促进条例	第十六条：县级以上地方人民政府应当加强本行政区域老年教育工作，为完善老年教育设施和场所等制定优惠政策、提供必要条件。有关部门应当在各自职责范围内支持老年教育工作，促进老年教育事业发展。	2005年9月

通过上表可以看出，五部地方条例对老年教育都有不同程度的强调，

但具体规定却并不多，呈现的大多是口号式的呼吁，或鼓励重视老年教育建设，或表示支持投资主体举办老年教育培训机构，或呼吁老年学校发挥积极作用等等。

五部地方条例中关于老年教育的条款，主要是对老年教育的责任主体做了明确规定，但各个地方条例的规定又有所不同。如上海市规定推进老年教育发展的责任主体是教育和民政部门；河北省、福建省、宁波市规定的责任主体则是县级以上政府，其他部门配合；太原市则没有作出明确规定，只说明了市县乡级政府应当为老年人提供教育服务。除了规定责任主体和号召本地区积极发展老年教育之外，五部地方终身教育条例对于各主体的权利、义务和责任范围也都没有作出相关规定。

3. 其他地方相关立法内容分析

从整体老年立法的视角来看，虽然随着老龄化程度的提高，各地纷纷出台相关法律，但值得关注的是，在已经出台的各部地方性条例中，大部分都是针对老年人权益保障的法规，而这些法规都从不同角度对老年人权益保障的政府职责、家庭赡养，以及老年人的养老保险、医疗、津贴、救助以及社会服务等方面作了详细规定，然而"老年教育"的问题却基本没有涉及，即便有，也只是一两个条款进行简单阐述，大部分的地方条例或法规甚至都没有出现"老年教育"的字眼。因此，总体来说立法规范的笼统粗糙、形式大于内容的现状，显然非常不利于各地老年教育事业的开展与推进。

三、对现有老年教育立法的思考与完善

综上所述，在现有的宪法、法律以及各地方性法规中，对于老年教育的规定呈现的是零星分散、不够具体、聚焦匮如的特征，但上述条款都是在当时老龄化程度尚不十分严重的条件背景下制定的，因此存在各种问题与缺陷在所难免。经过这些年的发展，尤其是面对高度老龄化社会的到来，

人们开始关注并意识到老年教育的重要性，同时也对立法保障提出了更高的要求。简言之，由于现有法律法规存在的不足，已经到了必须加强并重新思考老年教育立法如何适应老年社会的需求与满足的重要时刻。

（一）加快老年教育立法势在必行

从上文的分析中可以得知，就我国现状来看，国家层面的立法还没有制定关于老年教育的专项法律，即使在宪法或者较高层级的其他专门性教育法律，如高等教育法、职业教育法中，对于"老年教育"的提及也大都是以"公民""成人"等一类泛化的词语来涵盖老年群体。虽然在高位阶的法律中，亦有《老年人权益保障法》对"老年教育"问题有过较为明确的规定，但该法律又只是在宏观层面对老年群体的整体权益提出保护，其内容涵盖过于宽泛，教育的特指性不强。

再就地方性专门立法来看，目前只有天津市和徐州市出台了两部地方条例，虽然上述条例为当地的老年教育发展提供了一个可由法律给予保障的规范，同时也为全国和其他地方性的老年教育立法提供了一定的经验借鉴，但由于其出台时间较早，加之没有上位法的具体指引，其中诸多内容不仅早已陈旧，而且也已不再能适应当下老龄化社会的发展和满足老年人对教育的需求。但除了以上两部地方条例，迄今为止，其他地方尚没有更新的老年教育专门法律法规出台，以至于目前我国关于老年教育的立法仍然处在一个非常薄弱乃至初始的阶段。

但若纵观世界各国，很多发达国家早已出台了不止一部相关法律以确保本国老年群体对教育的需求，其在立法层面给予的大力支持和重视更是令人印象深刻。如：美国早在1965年和1975年就分别颁布了《老年人法》和《禁止歧视老人法案》。上述两部法律即从制度层面对老年人受教育的权利给予了明确的规定。[1]因此追本溯源，若要推动我国老年教育事业的

---

[1] 夏良玉、官玉琴：《论老年受教育权实现问题》，《闽江学院学报》2008年第4期。

稳步发展,立法是必须首先选择的基本路径。换言之,如果能够尽快制定《老年教育法》,那么在横向层面就可以与目前已经出台的《义务教育法》《高等教育法》《职业教育法》《学前教育法》等零距离对接,这对构建终身教育体系、推进终身学习发展具有重要意义。再从纵向角度来看,尽快制定《老年人教育法》则是对目前《老年人权益保障法》中关于老年教育缺失的部分给予进一步的填补与完善,同时也可以对地方条例的相关条款进行上位法的补充与引导,由此而起到承上启下的衔接作用。从制定的意义上来看,尽快制定《老年教育法》则是为了更好地应对老龄社会的到来而引发的各种困惑与问题。同时,为了早日形成"全民学习、终身学习"的氛围,通过国家立法的途径与手段去进一步强化与推进,亦是唯一的有效选择。

(二)现有法律法规必须强化可操作性

从现有老年教育立法的具体内容来看,仍然存在许多空白点,尤其是内容过于空泛,可操作性不强。其具体问题又主要体现在以下几个方面。

首先,任何一部法律的制定,其中与主体关系最为密切的就是关于对象的权利与义务部分,老年教育立法也不例外。为了推进老年教育事业的发展,最先需要保障老年人的学习权益,提高老年人的思想道德和科学文化素养与水平,因此老年教育法的对象就应以老年学习者为中心。[①] 但从已经出台的两部地方条例来看,其只规定了老年教育机构的权利和义务,而最重要的以老年人为对象的受教育权保障却并未涉及,政府应予提供的相关义务也不够明确。就此而言,上述条例与立法的宗旨可谓相去甚远。

其次,在老年教育的经费问题上,现有立法或条例也只是提出了要多渠道地筹措经费及逐步增加经费。由于老年教育不同于其他阶段的教育,其起步晚,发展慢,尤其是其归属于福利性的教育类别,因此无论当下或未来,都不可能产生直接的经济效益,所以其原本就不受地方政府的重视。

---

① 李洁:《美国老年教育立法及其启示》,《河北师范大学学报(教育科学版)》2015年第1期。

如果在专项法律或法规中再不加以明确规定，比如把老年教育列入政府预算、专款专用，而只是笼统地提"逐步增加经费"，那么就目前国家教育经费的投入来看，其中并没有专门的老年教育项目或经费划拨的比例规定，故此地方性法规中的"逐步增加"就没有实际意义，而如果不具体规定每年的投入比例，则在具体的执行中也难以落到实处。

再次，在法律责任的部分存在很大空缺。法律责任的缺失将导致老年人在教育权利受到侵犯时无法寻求法律救济，这也会间接导致政府相关部门的不作为。在《老年人权益保障法》中虽有较为明确的法律责任的规定，[①]如对老年人提出的申诉、控告和检举，要及时受理，不得推诿；对违法失职的工作人员，要进行行政处分，其甚至负有刑事责任等。但从以上条款来看，其基本适用的状况是"老年人合法权益受到侵犯"。固然老年人的合法权益包括人身权利和财产权利等各个部分，受教育权只是其中一个部分，但如果在具体条款中不明确教育权利受到侵犯的责任追究，那么在发生问题时就可能呈现"无法可依"的窘迫状况。再看两部地方立法，天津市的条例对于法律责任部分没有作出任何规定，徐州市条例也只是规定了机构的法律责任，[②]对于政府及相关部门和工作人员的法律责任也未涉及。简言之，法律责任的缺失，将会使很多条款的设置缺乏"威慑力"，所以在今后出台的相关立法中，既要明确法律责任的承担主体，即应包括政府

---

① 《老年人权益保障法》第七十三条：老年人合法权益受到侵害的，被侵害人或者其代理人有权要求有关部门处理，或者依法向人民法院提起诉讼。人民法院和有关部门，对侵犯老年人合法权益的申诉、控告和检举，应当依法及时受理，不得推诿、拖延。

第七十四条：不履行保护老年人合法权益职责的部门或者组织，其上级主管部门应当给予批评教育，责令改正。国家工作人员违法失职，致使老年人合法权益受到损害的，由其所在单位或者上级机关责令改正，或者依法给予处分；构成犯罪的，依法追究刑事责任。

② 《徐州市老年教育条例》第十九条：违反本条例，未经批准擅自举办老年教育机构的，由县级以上教育行政部门责令限期改正，符合老年教育机构条件的，可以补办审批手续；逾期仍然达不到办学条件的，责令停止办学，造成经济损失的，依法承担赔偿责任。违反本条例其他规定的，由教育行政部门或者其他相关行政主管部门依法处理。

部门及其工作人员，也应包括教育机构及教师；同时法律责任形式也必须清晰明了，即依据不同的情形分别承担民事责任、行政责任，以及最严重的刑事责任等。

最后，目前出台的涉及老年教育的诸多条款都是采用号召和鼓励的方式，而并未对老年教育的实际问题作出任何具有改善意义的实质性规定，同时也缺乏明确的处罚措施，因此一部实体法律似乎只起到了宣传的作用，可操作性不强。比如，在《老年人权益保障法》中，"鼓励社会办好各类老年学校"；《天津市老年教育条例》中，"本市应当积极发展老年人教育事业""各级国家机关、社会团体、企事业组织、公民个人都应当关心、支持老年人教育事业"；《徐州市老年教育条例》中，也使用了"鼓励支持各类投资主体举办老年教育机构，鼓励社会组织和个人捐资助学"等一些表述。一部实体法或地方条例制定的目的是积极推动某项教育事业的发展，而运用上述这样一些空泛的表述，固然说明其具有一些不可明言的难处，但对于实际操作与执行者而言，其作用形同虚设。因此，在未来制定老年教育相关法律或法规时，就建议务必减少和避免此类表述。而为了强化落实与推进，则应对老年教育的责任主体、经费投入、机构设立以及师资队伍、各方主体的权利义务和法律责任等，尽量做到具体明确，由此才能起到立法的真正作用。

一言以蔽之，老年教育法律法规制定质量的高低，从宏观层面来说，关系着整个社会的和谐与学习型社会的建设；而从微观层面来看，其对于老年个体生活，以及每个家庭的幸福亦起到不容小觑的作用。由于国家层面的法律具有权威性、稳定性、强制性，因此通过立法，不仅可以体现国家对发展老年教育以及保障老年人受教育权的尊重与重视，以使老年教育的推进可以"有法可依"，而且法律提前规定了主体违法的后果与责任，这也为形成老年教育领域"违法必究"氛围起到威慑与宣传的作用。唯有这样，才能确保老年教育事业在我国健康而有序的发展。

第五章
我国适应老龄社会教育体系开展的实证研究

一、研究背景

通过前面各章所述,我们知道,当前人口老龄化已经成为全球趋势。而理解与应对人口老龄化问题,并努力实现从人口负债向人口红利的转化,也已成为全球共同关注的重要议题。

在推动人口负债向人口红利转化的过程中,"积极老龄化""生产老龄化""成功老龄化"等观点不断被提出。而在从"老化"向"优化"转化的路径中,诸多研究指出,教育与学习对老年人以全新姿态投入社会并应对高龄具有积极意义。如WHO就指出,支持积极老龄化的社会政策,会减少因年长而导致的慢性病发生及能力丧失,并帮助更多老年人享受积极的生活质量。而教育与终身学习的机会,在老年人生活质量方面也被认为发挥着重要的作用,因为它有助于维持健康与安全。如WHO在报告中强调,年长工人的低雇佣与低教育水平之间存在正相关的因素,因此强调在工作场所与社区中应给予老年人持续的教育支持。报告也强调了代际学习的重要性,认为代际学习有助于打破年龄差异并促进文化价值的传递。而要应对年龄的负面影响,就需要鼓励老年人延迟退休,或者使退休的人重新进入工作状态,这也是有效的策略。这就包括为他们提供就业信息,鼓励终身学习,以及促进雇佣的灵活性。①

如英国政府早在 2005 年的《老年人机遇:应对 21 世纪老龄化挑战》(*Opportunity Age: Meeting the Challenges of Ageing in the 21st Century*) 报告中便指出,老年阶段与之前的阶段一样可以活跃与取得成就,老年人可以参与到家庭与社区之中。而其中学习与继续教育被认为是达成这一目标的重要因素。英国政府还认为,从整个教育体系的角度,去除教育贷款的年龄限制,将公共财政优先用于帮助那些没有学历的老年人以获得相应的学业水平资格,并保护老年人的学习兴趣,亦都有助于促进老龄社会发挥人口优势。②

再就老龄社会背景下教育体系的研究现状而言,以往的研究更多地集中于老年教育的调查。如成年子女的态度、教育的重要性、费用与健康对参与的影响、教学形式、学习诉求、学习目的、喜欢的课程、满意度、需改进的方面等;同时也从管理体系的提升、资助额度的提高、老年教育管理与教学方法的改进、老年人学习意识的促进等方面对老年教育提出建议。③ Hori & Cusack 就日本与韩国从终身学习的角度,对参与老年教育机构学习的老年人如何立足媒体时代的特征进行了老年人的态度、发展任务、需要与兴趣、参与学习的原因等因素的调查。④Rivinen 又从获取、利用、理解、创造与批判式分析等五个维度调查了老年人的素养及需求。⑤ Choi & Hori 也从结构(立

---

① WHO. "Active ageing: a policy framework," *The Aging Male*, no.1(May 2003):1-37.

② Department for Work and Pensions. *Opportunity Age : Meeting the Challenges of Ageing in the 21st Century*. (London: The Author, 2013).

③ Xi, Q., Zhang, Q., & Cha, G.. "An exploration of senior education in Nanjing, China," *Educational Gerontology*, no.44(Dec.2018):766-774.

④ Hori, S. , and S. Cusack . "Third-Age Education in Canada and Japan: Attitudes Toward Aging and Participation in Learning," *Educational Gerontology* .no.32(Jun.2006):463-481.

⑤ Rivinen, S.. "Media education for older people - views of stakeholders," *Educational Gerontology*, no.46(Apr.2020):195-206.

法结构、政策结构）与行动者（公共参与者、私立参与者、社会参与者）两个层面对韩国与日本的老年教育治理体系进行了对比。①

当前，伴随我国老年教育的开展，有关老年教育的实证研究开始受到关注，其亦为我们理解当下老年教育的现状、问题与困境提供了启示。如谢宇就从老年教育的参与机会、资源配置、建设标准、教育产品和相应政策制度等方面对广州老年教育的状况进行了调查，研究并发现广州老年教育发展过程中存在的诸多不均等现象。②丁倩梅等人在四川省的调研中，也从老年教育机构的成立、经费、师资队伍、老年教育活动的形式和内容以及老年教育阵地建设等五个维度展开调查，研究发现了四川老年教育发展中的管理多头、协调缺位、资源不足、师资队伍松散、经费投入差异大等问题。③韩伟等人也从老年教育需求动机的视角，对秦皇岛市老年大学学员进行了调查，其中透过主成分分析法，提取出了六类参与老年教育的动机，从强到弱依次表现为实现人生价值、服务家庭、增强社会交往、提高生活质量、丰富情感生活，以及探知新事物。④许竞、李雅慧则从老年教育供需匹配角度，对我国东、中、西部七省市 45 岁以上人群的学习需求与老年大学、社区学校等机构供给的课程进行了对比，呈现安全、健康、参与等几类主题课程的供给与需求间的匹配状态。⑤

值得注意的是，正如有学者指出的，上述老年人与教育系统的关联仅

---

① Choi, I., & Hori, S.. "A comparative study on the governance of education for older people in Japan and Korea," *Educational Gerontology*, no.42(Oct.2016):717-728.
② 谢宇：《公共服务均等化视角下我国老年教育发展策略》，《现代远程教育研究》2020 年第 1 期。
③ 丁倩梅、陈标、向斌、何红：《四川省老年教育发展现状调查及政策建议》，《现代远程教育研究》2019 年第 4 期。
④ 韩伟、郭晗、郑新：《老年教育需求动机研究——针对老年大学层面》，《人口与发展》2018 年第 5 期。
⑤ 许竞、李雅慧：《我国老年教育供给与中高龄人群学习需求匹配状况调查——基于部分省市抽样数据》，《现代远程教育研究》2016 年第 6 期。

仅局限于老年大学。而从终身教育的角度来看，老年人的教育还应该与社会参与有关，其中可以涉及社区、大众传媒以及老年人自发组织活动所依托的多种场所。① 而从教育系统的角度来看，老年人在整个教育体系中都是可以有所作为的，他们可以通过在公共场所、私人领域、长期或短期的阶段、系统或自发的情景中，将拥有的知识和经验，以对社会有益的方式为年轻一代提供帮助和支持。②

然而，以往的实证研究大多集中于老年大学或社区老年教育机构的范畴。而从终身教育的视野看，老年人在其他领域中的教育参与又是一种怎样的状态？现有的教育系统（而非仅仅是老年大学等）在回应老年人的教育需求时，状况又如何？从整体教育体系建构的角度，老年人所期待的有助于他们教育参与的相关政策与制度又如何搭建？类似的问题，都有待进一步明晰。我们当下的研究就是在过往老年教育相关研究的基础上，尝试突破对于老年教育实际关注的偏颇，而着眼于我国教育体系的整体建构角度，同时基于对北京、上海、四川、广西等四地实施的问卷调查，去尝试回应上述问题。

二、研究设计

（一）研究问题

本研究中的核心概念是"教育体系"，且我们从终身教育的角度去理解教育体系的内涵。简言之，由终身教育理念引领的教育体系，涉及学前教育、学校教育与继续教育等三个重要板块，其中既包括家庭教育、幼儿教育，初等、中等与高等教育，也包括成人教育、社区教育等。从终身教

---

① 王英、谭琳：《"非正规"老年教育与老年人社会参与》，《人口学刊》2009 年第 4 期。
② 吴遵民、邓璐、黄家乐：《从"老化"到"优化"——新时代老年教育的新思考与新路径》，《现代远距离教育》2019 年第 4 期。

育的视角出发，若要构建适应老龄社会的教育体系，就不能仅限于老年大学或社区教育，而应该通过各级各类教育的拓展去促进老年人的教育参与和学习。①

因此，调查涉及三大问题：

一是老龄社会背景下老年人的教育参与及需求是什么？

二是现有教育体系对老龄社会中老年人的教育参与需求的回应状况如何？

三是如何从教育体系完善的角度，去尽力满足老年人的教育参与及需求？

（二）调查工具

为了总体把握老龄社会背景下老年人在新的教育体系中的需求以及在现有教育体系中老年人对教育需求的满足程度及现状，本研究整合了以往有关积极老龄化、生产老龄化等相关研究中的现状调查，同时结合老龄社会教育体系构建的相关研究，对调查问卷进行了设计与编制（见附录2），其中包括个人基本信息、学习现状、适应老龄社会的教育体系建构等三大部分内容，同时又涉及四方面的信息，即基础信息、老年人教育参与的需求信息、现有教育体系对老年人教育需求满意度信息，以及对构建适应老龄社会教育体系建议的信息。具体来说，基础信息主要涉及性别、年龄、民族、居住地、户籍、文化程度、社区居住时间、居住方式、退休前职业、收入来源、收入金额等变量。其他三方面的调查呈现以下特征：

一是关于老龄社会背景下老年人对教育的参与需求调查。

依照积极老龄化及改变老年人生活方式的观点，本调查设置了老有所学与老有所为两个子维度来测评老龄社会背景下老年人的教育参与和需

---

① 吴遵民：《中国终身教育体系为何难以构建》，《现代远程教育研究》2014年第3期。

求。其中老有所学依照 Gillian 关于教育与老年人学习的相关分析，关注老年人的终身学习与继续教育；[1] 老有所为则依照联合国《2002 年马德里老龄问题国际行动计划》所倡导的积极老龄化的行动原则，关注老年人在教育体系中的社会参与。[2]

Manheimer 在研究北美退休人群的生活模式时提出过四种模型，即新黄金时代（追求自我发展与社会调适）、第二职业导向（从事梦想中的工作）、公文包式生活（即平衡家庭、娱乐、工作与旅行）、继续工作。[3] 与这些模型相联系的学习需求则是新黄金期（扩展、社会化、新技能），第二职业（学习新技能与新事务），公文式（满足兴趣、需要与新的职业技能），继续工作（学习新技能以跟紧受雇需要）。在这四种模型下，老年人在教育体系中的参与需求大致又被归为两类，即满足表达性动机和工具性动机。

表达性动机指的是个人的发展与社会关系，其更多的是指向为了个人的身份与资本（identity capital），因此较多地涉及个人的发展、兴趣及其他生活追求等。工具性动机则与工作、职业及技能训练有关，又与社会资本及人力资本相关联，即通过持续的工作、职业和技能训练等有关的学习，老年人可以维持社会关系网络并提升个人的技能，以实现个人的优势转化。[4]

本问卷中关于老有所学的维度，如果与表达性动机相对应，又指老年

---

[1] Boulton-Lewisa, Gillian M.. "Education and Learning for the Elderly: Why, How, What," *Educational Gerontology*, no.36(Mar.2010):213-228.

[2] 李宗华：《近 30 年来关于老年人社会参与研究的综述》，《东岳论丛》2009 年第 8 期。

[3] Manheimer, R.J.. "New paradigms for old: Trends and developments in later life learning in North America. " Retrieved online May 24, 2009,https://www.lancaster.ac.uk/depts/conted/AEAconference.htm.

[4] Boulton-Lewis, G., and M. Tam. "Active ageing, active learning: policy and provision in Hong Kong," *Springer Netherlands*,10(2012):1-4.

人为了个人发展与社会关系而进行的学习。如果与工具性动机相对应，则指老年人所从事的与工作、志愿服务、技能训练相关的活动，主要目的都是希望通过社会参与而实现个人的优势转化。

在具体选项的内容上，按照过去有关老年人学习与社会参与的相关研究，综合考虑 Purdie & Boulton-Lewis、① 张伟远、② 刘丹、③ Donder L.④ 等的研究，我们又对选项进行了筛选、合并与优化，由此形成了具体内容，其中包括老有所学的观点、老有所学的内容、老有所学的实践、老有所为的情况意愿、老有所为的推进等几个方面的设计，具体对应问卷中第三部分的前三个问题。

二是就现有教育体系对老年人教育参与及需求回应情况的调查。

现有教育体系对老龄社会教育需求的回应调查，主要包括四个部分：老年人的学习概况，现行体系对老龄社会教育参与及需求的回应情况，现行教育体系下老年人对学习的评价，老年群体对"互联网+"学习的看法。

老年人的学习概况部分，主要调查了老年人的学习支出与费用情况。对应第二部分的第1、2题。现行教育体系对老年人的教育参与及需求的回应情况，主要参照了与终身学习有关的调查（张伟远⑤、吴遵民、⑥Hsu、⑦

---

① Purdie N., Boulton-Lewis G.. "The learning needs of older adults," *Educational gerontology*, 29(Feb. 2003): 129-149.

② 张伟远:《互联网时代继续教育和终身学习现状及需求调查》，内部问卷，2018年。

③ 刘丹:《人口老龄化背景下实现老有所为的现状及对策研究：以南京市为例》，《理论观察》2010年第2期。

④ De Donder L., Brosens D., De Witte N., et al.. "Lifelong Learning in old age: results from the Belgian ageing studies," *Procedia-Social and Behavioral Sciences*, 116(2014): 513-517.

⑤ 张伟远:《互联网时代继续教育和终身学习现状及需求调查》，内部问卷，2018年。

⑥ 吴遵民等:《中国公民终身学习的现状与需求调查问卷》，2015年度全国教育科学规划国家重点课题"中国终身教育体系构建的路径与机制研究"课题报告，2016年。

⑦ Hsu H. C. "Does social participation by the elderly reduce mortality and cognitive impairment?" *Aging & mental health*, 11(Jun.2007): 699-707.

Dahan—Oliel、[①]刘丹、[②]王英[③])以及自行设计的包括五个变量在内的调查工具。具体涉及学习场所、学习时间、信息渠道、学习内容、社会参与机会等，对现行教育体系下老年人的教育参与及需求的回应情况进行调查。其对应的是问卷第二部分的第7、8题及第三部分的第3题。

此外，由于在现有教育体系下对老年人的教育参与及需求的回应，亦应包括现在已经在参与学习的老年人的评价，因而问卷另外增加了老年人在现有教育体系中的学习障碍与学习满意度等两个变量。Cross（1981）的研究曾识别了三类影响老年人参与终身学习的因素，即态度因素、环境因素与制度因素。英国第三年龄人群的教育与培训评估（1992）也同样归纳了制度因素、个人因素、环境因素等三大类问题。[④]本调查参照了Purdie & Boulton-Lewis[⑤]和Xi, Q.[⑥]的研究成果，他们设置了教育供给、家庭因素、个人因素、有否阻碍等四个指标，对此，本研究设立了关于学习障碍的选项，其对应第二部分的第9题。而在学习满意度的指标方面，则主要涉及环境因素、学习过程满意度、学习结果满意度等三项，其对应第二部分的第10题。

---

① Dahan-Oliel N., Gelinas I., "Mazer B. Social participation in the elderly: What does the literature tell us?" *Critical Reviews™ in Physical and Rehabilitation Medicine*, 20(Feb.2008):159-176.

② 刘丹：《人口老龄化背景下实现老有所为的现状及对策研究：以南京市为例》，《理论观察》2010年第2期。

③ 王英：《中国社区老年教育研究》，博士学位论文，南开大学社会学系，2009，第162页。

④ Schuller T., Bostyn A. M.. "Education and training for the third age in the UK: A preliminary report from the Carnegie Inquiry," *International Review of Education*, 38(Apr.1992,): 375-392.

⑤ Purdie N., Boulton-Lewis G.. " The learning needs of older adults," *Educational gerontology*,29(Feb. 2003): 129-149.

⑥ Xi, Q., Zhang, Q., & Cha, G.. "An exploration of senior education in Nanjing, China," *Educational Gerontology*, 44(Dec.2018):766-774.

最后，鉴于"互联网+"的时代特征，问卷还对现有教育体系中对老龄教育参与及需求的回应部分，增加了"互联网+"学习的内容，其主要参照了 González et al. 的调查，① 对应的是第二部分的第 3—6 题。

三是对适应老龄社会教育体系建构路径的调查。

就以往的国际研究来看，适应老龄社会教育体系的建构，需要从国家到地方各个层面建立相应的保障措施；同时教育本身也需要更大程度地予以完善，由此才能满足老年人对终身教育的需求。如欧洲成人教育协会就认为，在教育体系层面，适应老龄社会的教育需求应该做到六点：其一是高质量学习机会的保障；其二是要将老年学习者的学习需求作为提供者首要考虑的事项；其三是促进代际学习；其四是利用年长劳动者的优势，促进职场学习及建立师徒制，并实现能力的跨代转移；其五是打破数字鸿沟；其六是支持与资助老年人学习，包括提供多样化的信息，并建立更适合的学习机构，以促进老年人在被照护的情境下进行非正式的成人学习，以提升他们的素养与技能。②

在国家和政府层面，则需要制定全国性的政策，并通过全国性的促进与积极老龄化的意识宣传，与照护老年人的家庭、学习提供者与健康机构进行合作，以及鼓励老年人参与相关政策的制定，推动政府与社会力量合作，同时适当资助民间机构，促进企事业单位向长者学习，发挥老者的经验，这都是有效推进适应老龄社会教育体系完善的策略。③

从我国的研究现状而言，基本观点聚焦在"构建适应老龄社会的教育体系可以为老年人提供更多的就业服务与职业训练，可以开发老年人的人

---

① González A., Ramírez M. P., Viadel V.. " Attitudes of the elderly toward information and communications technologies, " *Educational Gerontology*, 38(Sept.2012): 585-594.

② Phillipson C., Ogg J.. Active Ageing and Universities: Engaging Older Learners. Research Report.(London: Universities UK, 2010).

③ Phillipson C., Ogg J.. Active Ageing and Universities: Engaging Older Learners, Research Report (London: Universities UK, 2010).

力资源、促进再就业和无报酬的公益活动及家务劳动"。[①]台湾地区的研究者认为，按照积极老龄化进行课程设计，可以鼓动老年人贡献社会，通过培训还能够从事促进长者学习的志愿者工作。也有学者指出，通过终身学习，老年人可以学会照顾自己，寻找快乐，增强自信，并积极参与到社会之中。[②]

基于以上研究，适应老龄社会教育体系建构路径的调查又可分为由正规教育提供的教育机会、由老年人自发形成的学习项目、由社区参与推进老年人的学习活动，以及ICT学习（Education and learning for the elderly why how what）。

本研究综合以上诸多因素，将适应老龄社会教育体系构建的路径归为四个维度，即重视程度、制度保障、运作机制、体系互通，在理论与实证的基础上，又形成相对应的第三部分的第5个问题。

为提高研究的信度和效度，本研究在正式展开调查之前还进行了专门的效度检验和预测环节，并对问卷进行了最终修订与补充，制定了调查步骤。

表5.1 适应老龄社会的教育体系完善研究问卷设计框架

调查维度	具体指标	问题类型
基本信息	性别、年龄、民族、居住地、户籍、文化程度、居住时间、居住方式、职业、收入来源、收入金额	单选题
老龄社会背景下的教育需求	老有所学的意愿	单选题
	老有所学的内容	排序题
	老有所为的意愿	多选题
	老有所为的内容	多选题

[①] 傅蕾、吴思孝、程仙平：《老年教育政策价值研究：基于政策文本的审视》，《现代教育管理》2018年第4期。

[②] Tsai H.M.. "The challenges of population ageing and seniors' lifelong learning in Taiwan," Retrieved online June 21, 2019. https://taiwaninsight.org/2018/04/25/the-challenges-of-population-ageing-and-seniors-lifelong-learning-in-taiwan/.

续表

调查维度	具体指标	问题类型
现有教育体系对需求的回应情况	学习场所	矩阵题
	学习时间	单选题
	信息渠道	多选题
	学习支出	单选题
	学习内容	多选题
	社会参与机会	多选题
	学习障碍	多选题
	学习满意度	矩阵题
	"互联网+"学习	单选题
体系完善路径	重视程度	矩阵题
	制度保障	矩阵题
	运作保障	矩阵题
	体系互通与提升	矩阵题

（三）抽样方法

鉴于我国东西部之间与城乡之间在人口老龄化、教育均衡发展以及老年教育的推进等方面存在的差距，为兼顾地区差异，同时考虑到研究周期的因素，调查遂确定以北京、上海、四川、广西等四地作为调查对象，以体现不同社会经济发展水平和教育背景下适应老龄社会教育体系发展的现状与问题。

其中北京市的老龄化人口比例最高，2010年第六次全国人口普查显示，北京市60岁及以上老年人口占总人口的比例为12.54%。另据2015年北京市1%人口的抽样调查，该市60岁及以上老年人口的数量达到了340.45万人，占总人口比例的16.38%。[①] 北京市非常重视老年教育，如2019年为进一步贯彻落实国务院办公厅关于《老年教育发展规划（2016—2020年）》的文件精神，加快发展该市老年教育事业，专门印发了《关于加快老年教育的实施意见》。其中完善老年教育服务体系、提升老年教育服务能力、积极开发老年人力资源、完善政策保障体系等均彰显了北京市政府对老年教育开展

[①] 洪小良、尹德挺、马小红主编《北京人口发展研究报告（2018）》，社会科学文献出版社，2018年，第90页。

的布局。① 其中不仅凸显了老年人的"老有所学",同时也希望透过志愿服务、学习团队等方式,推动老年人的"老有所为"。

上海市也是我国人口老龄化较为严重的地区。上海市统计局 2019 年发布的数据显示,截至 2018 年 11 月底,全市人口数为 1462.38 万人,其中 60 岁及以上的人口数为 502.03 万人,约占全市总人口数的 34.33%。② 上海市建有上海市教委终身教育处,全面推进上海市的老年教育发展。在《上海市老年教育发展"十三五"规划》中,市政府更是将老年教育作为改善民生与社会治理的重要内容列入议事日程,同时对互联网在老年教育发展中的作用给予突出的重视。规划中还明确将终身学习理念、老年教育体系的完备,以及多样性的老年学习途径、学习资源与服务配置列为"十三五"期间该市老年教育的发展规划。③

四川省在截至 2018 年末时有常住人口 8342 万人,65 岁以上人口为 1181.9 万人,约占人口总数的 14.17%,其老龄化的程度高于全国平均值,2018 年四川省已经进入深度老龄化的社会。④ 四川省人民政府办公厅在 2017 年印发的《四川省老年教育发展规划(2017—2020 年)》中,特别提出了各类终身学习机会要向老年人开放的意向,同时要求"在确保学校正常教学秩序的前提下,推动各级各类学校场地、图书馆、设施设备等资源的对外开放,为老年人学习提供便利"。同时,该省还将美术馆、文化馆、

---

① 北京市人民政府:《关于印发〈北京市关于加快发展老年教育的实施意见〉的通知》,2019 年 2 月 14 日,http://www.gov.cn/xinwen/2019-02/14/content_5365661.htm#1,访问日期:2021 年 4 月 24 日。

② 上海市老龄工作委员会办公室:《各区户籍老年人口年龄构成(2018)》,2018 年 12 月,http://tjj.sh.gov.cn/tjnj/nj19.htm?d1=2019tjnj/C0207.htm,访问日期:2021 年 4 月 24 日。

③ 上海市教育委员会、上海市老龄工作委员会办公室:《上海市老年教育发展"十三五"规划》,2016 年 10 月 28 日,https://www.shou.org.cn/2017/0215/c3835a16793/page.htm,访问日期:2021 年 4 月 24 日。

④ 中国社会科学网:《四川省统计局发布 2018 年四川省人口统计公报》,2019 年 3 月 20 日,http://ex.cssn.cn/dq/sc/201903/t20190320_4850412.shtml,访问日期:2021 年 4 月 24 日。

科技馆、博物馆、公共体育设施等文化科技和体育场所，纳入老年人的学习场所之中。另外，规划中还提出，要"结合老年人的需求，推动普通高校和职业院校提供适合老年人的课程资源，结合学校特色开发、共享老年教育课程"。在具体的实践层面，四川省目前已经有上百万的老年人通过社区教育、远程教育等多种形式，参与了老年教育。[①] 可见，四川省在面临老龄社会的背景下，注意充分调动多样的终身学习以及教育系统的内部资源来支持与鼓励老年人的老有所学。

广西壮族自治区截至 2018 年底，人口总数为 5659 万人，其中 65 岁以上人口占总数的 9.96%。[②] 广西壮族自治区人民政府办公厅在 2017 年发布的《广西老年教育发展规划（2017—2020 年）》中，特别强调了"积极开发老年人力资源"的方针，并提出"要鼓励老年人特别是具有一定专长的各类专业人才发挥其经验优势、智力优势、技能优势，利用其所学所长服务他人、奉献社会，以实现老年人更高的生命价值"，同时还提出组建老年志愿者服务队伍，为老年人的社会参与搭建服务平台。[③] 上述政策举措充分体现了自治区对老年人"老有所为"的关注。

（四）调查实施

调查主要通过纸质问卷的方式进行，由各地研究人员向老年人现场发放，对于那些阅读存在困难的老年人，则由调研员通过阅读指导与问题提

---

① 四川省人民政府：《〈四川省人民政府办公厅关于印发四川省老年教育发展规划（2017—2020 年）的通知〉解读一》，2017 年 7 月 27 日，http://www.sc.gov.cn/10462/10464/13298/13301/2017/7/27/10429095.shtml，访问日期：2021 年 4 月 24 日。

② 中国统计出版社：《广西统计年鉴·2019》，2020 年 4 月 15 日，http://tjj.gxzf.gov.cn//tjsj/tjnj/material/tjnj20200415/2019/zk/html/02-09.jpg，访问日期：2020 年 6 月 8 日。

③ 广西壮族自治区人民政府办公厅：《广西壮族自治区人民政府办公厅关于印发广西老年教育发展规划（2017—2020 年）的通知》，2017 年 12 月 9 日，http://www.gxzf.gov.cn/zwgk/zfwj/20171226-670135.shtml，访问日期：2020 年 6 月 8 日。

示等方式完成问卷。各地调查分别在 2018 年 11 月至 2019 年 10 月期间进行，课题组共发放了问卷 1600 余份，回收有效问卷共计 1400 份，其中北京 410 份，上海 190 份，广西 402 份，四川 398 份。

三、调查结果及分析

（一）样本分布

1. 样本的地区分布

表 5.2　样本的地区分布

	频数	百分比
北京	410	29.3%
广西	402	28.7%
四川	398	28.4%
上海	190	13.6%
总计	1400	

本研究由来自北京、广西、四川、上海等地的 1400 个样本构成。其中，北京样本数量最多，为 410 份，占比 29.3%；广西样本数为 402 份，占比 28.7%；四川样本数为 398 份，占比 28.4%；上海样本数为 190 份，占比 13.6%。（见表 5.2）图 5.1 为样本地区的分布图。

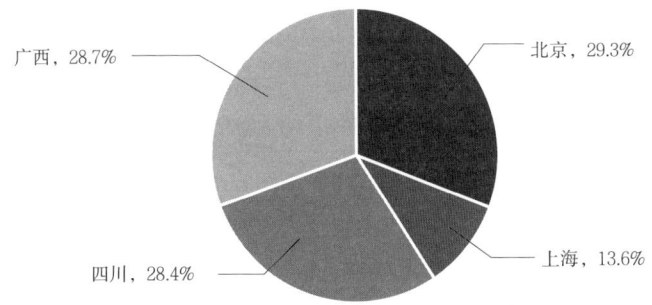

图 5.1　样本地区分布图

2. 性别构成

表 5.3　样本的性别构成

	频数	有效百分比
女	869	62.6%
男	520	37.4%
有效个案数	1389	

就调查对象的性别构成来看，结果如表 5.3 和图 5.2 所示，女性和男性的有效个案数分别为 869 个和 520 个，有效百分比分别为 62.6% 和 37.4%。

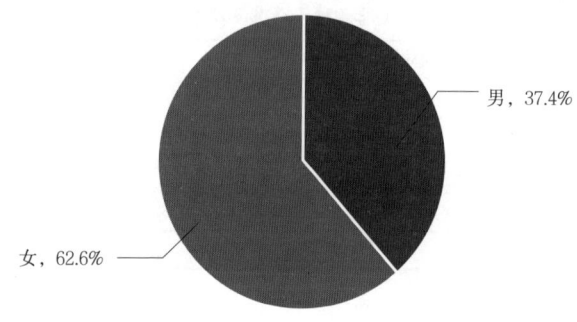

图 5.2　样本性别构成图

3. 年龄构成

本研究涉及多个年龄段的人群，主要为 55 岁以上的中老年人群体。多元化的年龄构成将有利于了解各年龄阶段的人群对老年教育的看法，研究结果也更加客观和全面。

表 5.4　样本的年龄构成

	频数	有效百分比
60—64 岁	338	24.2%
65—74 岁	300	21.5%
50—54 岁	289	20.7%
55—59 岁	245	17.6%
26—49 岁	116	8.3%

	频数	有效百分比
75 岁以上	93	6.7%
25 岁及以下	14	1%
有效个案数	1395	

由上表可见，各年龄段人群的人数和有效百分比从高到低的分布分别为：60—64 岁为 338 人，有效百分比为 24.2%；65—74 岁为 300 人，有效百分比为 21.5%；50—54 岁为 289 人，有效百分比为 20.7%；55—59 岁为 245 人，有效百分比为 17.6%；26—49 岁为 116 人，有效百分比为 8.3%；75 岁以上的有 93 人，有效百分比为 6.7%；25 岁及以下的有 14 人，有效百分比为 1%。

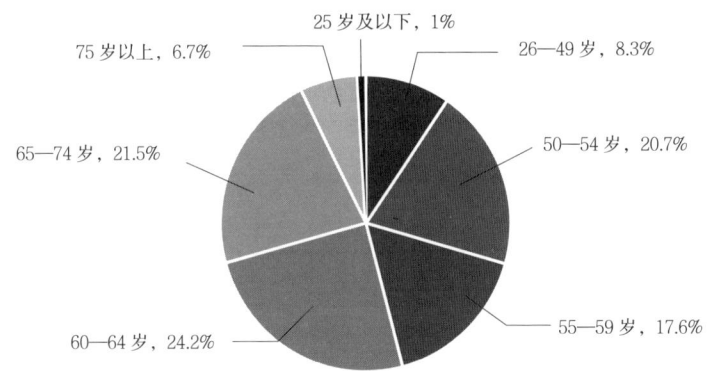

图 5.3 样本年龄构成图

4. 民族构成

表 5.5　样本的民族构成

	频数	有效百分比
汉族	1144	82.6%
少数民族	241	17.4%
有效个案数	1385	

本研究亦对老年教育的民族差异性予以关注。在被调查的人群中，汉族有 1144 人，有效百分比为 82.6%；少数民族有 241 人，有效百分比为 17.4%。

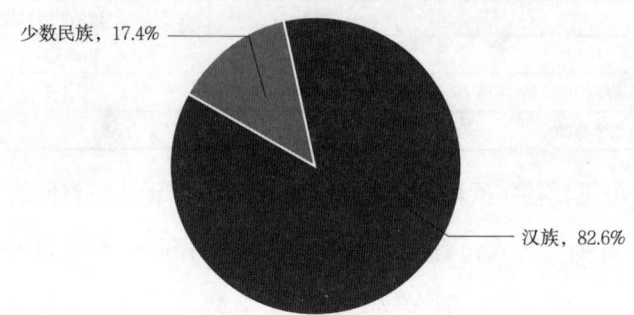

图 5.4 样本民族构成图

5. 居住地结构

表 5.6 样本的居住地结构

	频数	有效百分比
城区	864	62%
农村	328	23.5%
乡镇	137	9.8%
城乡接合部	64	4.6%
有效个案数	1393	

在本研究的被调查人群中,居住在城区的有 864 人,有效百分比为 62%;居住在农村的有 328 人,有效百分比为 23.5%;居住在乡镇的有 137 人,有效百分比为 9.8%;居住在城乡接合部的有 64 人,有效百分比为 4.6%。

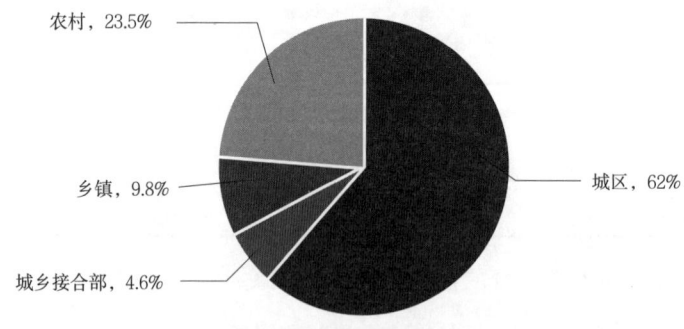

图 5.5 样本居住地构成图

6. 户籍结构

表5.7 样本的户籍结构

	本地城镇	本地农村	外地城镇	外地农村	境外	有效个案数
频数	740	325	163	163	4	1395
有效百分比	53%	23.3%	11.7%	11.7%	0.3%	

在被调查的人群中，本地城镇户口的人数最多，有740人，有效百分比为53%；其次为本地农村，有325人，有效百分比为23.3%；外地城镇人数为163人，有效百分比为11.7%；外地农村人数为163人，占比为11.7%；境外居民人数最少，仅4人，有效百分比为0.3%。

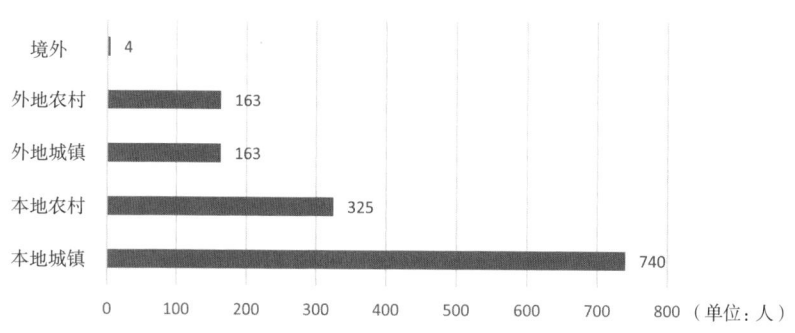

图5.6 样本户籍构成的条形图

7. 文化程度

表5.8 样本的文化程度

	初中及以下	高中/中专	大专/高职	本科	研究生及以上	有效个案数
频数	609	443	207	118	15	1392
有效百分比	43.8%	31.8%	14.9%	8.5%	1.1%	

由表5.8和图5.7可知，被调查对象中大多拥有高中或中专以下的学历。其中初中及以下学历者最多，为609人，有效百分比为43.8%；拥有高中/中专学历者为443人，有效百分比为31.8%；拥有大专/高职学历者为207人，有效百分比为14.9%；拥有本科学历的人数为118人，有效百分比为8.5%；拥有研究生及以上学历的人数为15人，有效百分

比为 1.1%。

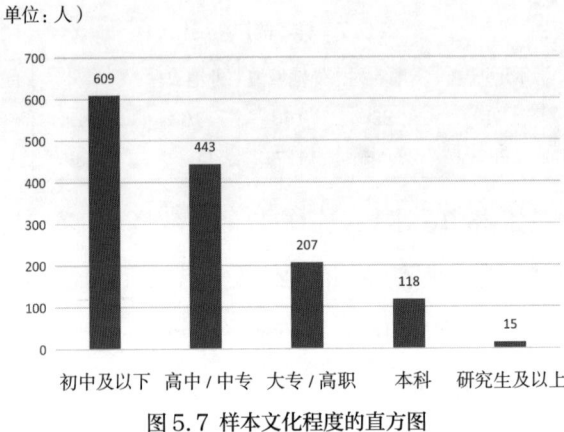

图 5.7 样本文化程度的直方图

（8）社区居住时长

表 5.9 样本的社区居住时长

	频数	有效百分比
10 年以上	680	49.2%
6—10 年	210	15.2%
4—5 年	209	15.1%
1—3 年	171	12.3%
1 年以下	113	8.2%
有效个案数	1383	

本研究对调查对象在本社区的居住时间做了调查，其中有 680 人在目前居住小区居住了 10 年以上，有效百分比为 49.2%；210 人在目前居住的小区居住了 6—10 年，有效百分比为 15.2%；209 人在目前居住小区居住了 4—5 年，有效百分比为 15.1%；171 人在目前居住小区居住了 1—3 年，有效百分比为 12.3%；113 人在目前居住小区居住了 1 年以下，有效百分比为 8.2%。由上可见，约 79.5% 的被调查人群在本社区居住了 4 年以上，属于长期稳定居住者。

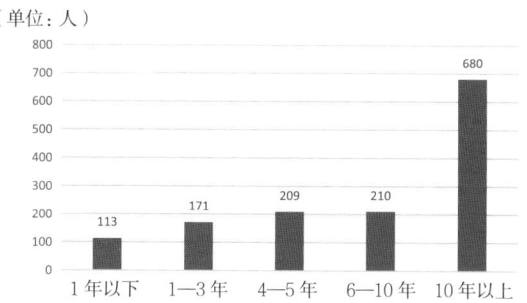

图 5.8 样本社区居住时长的直方图

9. 居住方式

表 5.10 样本的居住方式

	频数	有效百分比
与配偶及子女同住	582	41.9%
与配偶居住	537	38.6%
单独居住	124	8.9%
与父母长辈同住	84	6%
入住养老院	33	2.4%
其他	31	2.2%
有效个案数	1391	

表5.10和图5.9的调查显示，多数被调查群体选择与配偶及子女共同居住或与配偶居住。其中582人与配偶及子女同住，有效百分比为41.9%；537人仅与配偶居住，有效百分比为38.6%；也有124人单独居住，有效百分比为8.9%；还有84人与父母长辈同住，有效百分比为6%；亦有33人选择入住养老院，有效百分比为2.4%；另有31人选择其他居住方式。

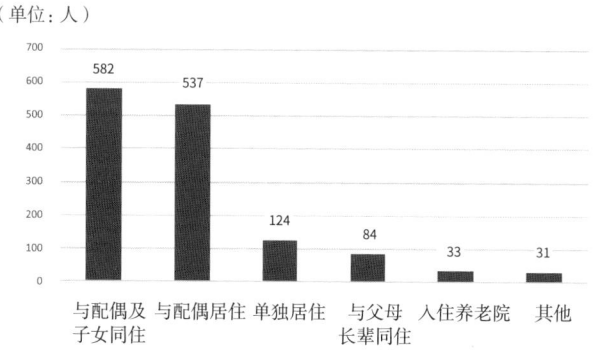

图 5.9 样本居住方式的直方图

10. 职业

表 5.11 样本的职业构成

	企业	务农	机关事业单位	城镇务工	个体工商户	其他	有效个案数
频数	383	290	256	202	135	98	1364
有效百分比	28%	21.3%	18.8%	14.8%	9.9%	7.2%	

对被调查群体的职业进行询问时，发现呈现的是多元化的特征。如 383 人在企业工作，有效百分比为 28%；务农者有 290 人，有效百分比为 21.3%；256 人在机关事业单位工作，有效百分比为 18.8%；还有 202 人在城镇务工，有效百分比为 14.8%；另有个体工商户 135 人，有效百分比为 9.9%；有 98 人从事其他工作，有效百分比为 7.2%。

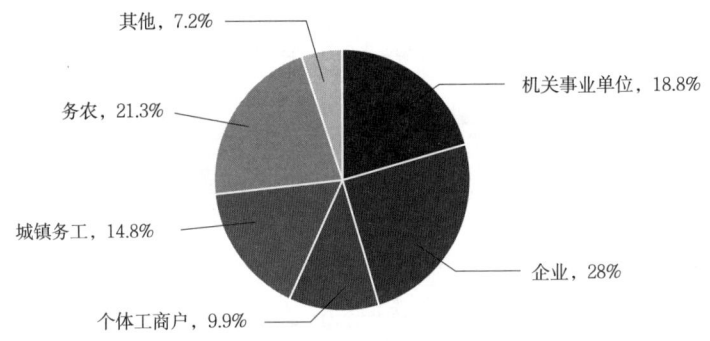

图 5.10 样本职业构成图

11. 收入来源

表 5.12 样本收入来源的多重响应

	响应		个案百分比
	个案数	百分比	
退休金	653	43.4%	47.8%
自己工作/劳动	497	33%	36.4%
儿女提供	235	15.6%	17.2%
其他	77	5.1%	5.6%
政府救助	43	2.9%	3.1%

由表 5.12 可知，被调查者的收入来源多为退休金或本人工作/劳动所得，个案百分比分别为 47.8% 和 36.4%。其次是由子女提供或其他收入来源，个案百分比分别为 17.2% 和 5.6%；另有 43 人需要靠政府救助，占个

案的3.1%。这一调查结果与被调查群体多为55岁以上的中老年人群的特征相吻合,即被调查者多为退休人员或仍具备劳动力的企事业单位人员,因此退休金和工作/劳动所得成为主要的收入来源。

12. 收入结构

表5.13 样本的收入结构

月收入金额（元）	频数	有效百分比
3000或以下	588	42.3%
3001—4000	343	24.7%
4001—5000	212	15.2%
5001—6000	110	7.9%
6001—7000	51	3.7%
7001—8000	31	2.2%
8001—9000	22	1.6%
9001及以上	34	2.4%
有效个案数	1391	

再从表5.13和图5.11中可知,被调查者之间的月收入差距很大,其中月收入在5000元以下者居多。如有588人月收入为3000元或以下,有效百分比为42.3%;343人月收入为3001—4000元,有效百分比为24.7%;212人月收入为4001—5000元,有效百分比为15.2%;110人月收入为5001—6000元,有效百分比为7.9%;51人月收入为6001—7000元,有效百分比为3.7%;31人月收入为7001—8000元,有效百分比为2.2%;22人月收入为8001—9000元,有效百分比为1.6%;34人月收入达9001元及以上,有效百分比为2.4%。

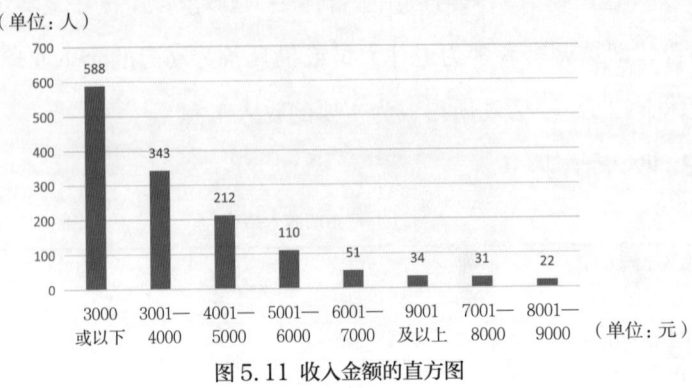

图 5.11 收入金额的直方图

（二）老龄社会背景下教育需求的调查分析

1. 老年人参与教育的意愿描述与统计分析

（1）"老有所学"的意愿

表 5.14 老年生活观点的频数统计

	频数	有效百分比
老年生活应以休息娱乐为主	542	40.1%
老年人仍要坚持学习，要"活到老学到老"	461	34.2%
老年人没什么需要学的了，不学习一样过得好好的	137	10.2%
老年人即使不缺钱，也要尽可能工作，体现个人价值	107	7.9%
老年人如果不缺钱，就不要工作了	102	7.6%
有效个案数	1349	

据表 5.14 所示，被调查群体的整体学习及再工作的意愿较低。根据"愿意学"和"不愿意学"又可将老年人的生活观点划分为两类：第一类（具有较强的学习和工作意愿）包括"老年人仍要坚持学习，要'活到老学到老'"和"老年人即使不缺钱，也要尽可能工作，体现个人价值"，上述两个观点的有效百分比分别为 34.2% 和 7.9%；第二类（学习和工作意愿较低）包括"老年生活应以休息娱乐为主"、"老年人没什么需要学的了，不学习一样过得好好的"和"老年人如果不缺钱，就不要工作了"，以上三个观点的有效百分比分别为 40.1%、10.2% 和 7.6%。

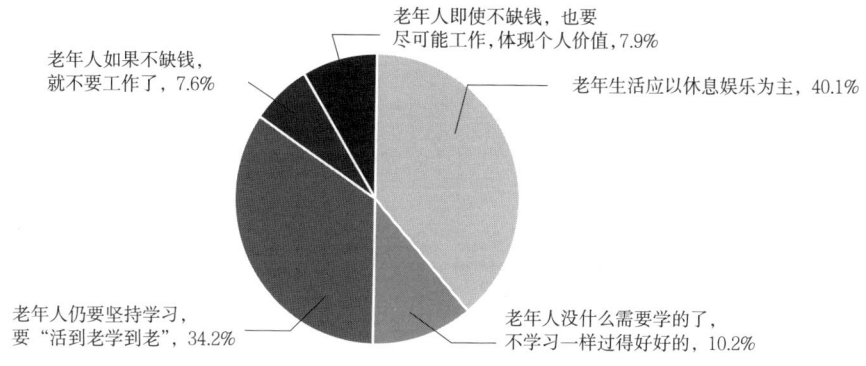

图 5.12 老年生活观点图

在社会普遍的认知中,老年生活应以清闲享乐为主,工作与学习被视为劳神与费心的事情,认为知识只要够用就可以了,知识获取与否并不影响正常生活。在这种传统观点的影响下,大多数人对于老年生活的认知仅停留在物质层面,即以物质的多少来衡量生活质量,而对精神文化层面的关注尚少。

(2)"老有所学"的内容

就"老有所学"内容的调查,又可将学习意愿分为"促进老有所为"(工作或生产技能类、志愿服务、现代养护与教育、家政)和"旨在老有所乐"(人文艺术、游学、现代科技、健康养生)两个类别。

表 5.15 意愿学习内容的多重响应

	响应		个案百分比
	个案数	百分比	
健康养生	761	21.9%	63.7%
家政	562	16.2%	47.1%
现代科技	533	15.4%	44.6%
现代养护与教育	445	12.8%	37.3%
人文艺术	390	11.2%	32.7%
游学	379	10.9%	31.7%
生产或工作技能	377	10.9%	31.6%
其他	25	0.7%	2.1%

由表 5.15 可知，被调查群体更倾向于通过学习去获得"旨在老有所乐"的相关内容。意愿学习的个案百分比从高到低依次为："健康养生（63.7%）""家政（47.1%）""现代科技（44.6%）""现代养护与教育（37.3%）""人文艺术（32.7%）""游学（31.7%）""生产或工作技能（31.6%）""其他（2.1%）"。

由于被调查群体多为 55—64 岁的中老年人，他们随着年龄的增长，则希望通过学习健康养生的知识来关注自己身体状况的意愿更为强烈。此外，即将退休或已经退休的生活状态意味着闲暇时间增多，他们有更多的时间和精力去帮助后代处理家务，因此对家政常识的需求也较大。与之相对的"人文艺术""游学""生产或工作技能"等脱离日常生活需求的学习内容与学习意愿就总体呈现较低的状态。

（3）"老有所为"的意愿

表 5.16 "老有所为"意愿的多重响应

	响应		个案百分比
	个案数	百分比	
在社区或村里从事志愿服务活动	446	24.5%	34.3%
继续用自己过往的工作或劳动经验，做与老本行相关的有收入的事情	409	22.5%	31.4%
在现有的老年教育活动中，发挥自己的专长，开设课程或分享个人知识	331	18.2%	25.4%
在中小学从事影响下一代的活动	214	11.8%	16.4%
继续在原单位发挥余热，传授经验给新人	146	8%	11.2%
以上都不愿意	273	15%	21%

就"老有所为"意愿的调查，通过表 5.16 可知，被调查群体大多愿意利用已有知识开展教育或志愿服务活动，但仍有一部分群体不愿意在老年时有所作为。"老有所为"意愿的个案百分比从高到低分别为"在社区或村里从事志愿服务活动（34.3%）""继续用自己过往的工作或劳动经验，做与老本行相关的有收入的事情（31.4%）""在现有的老年教育活动

中，发挥自己的专长，开设课程或分享个人知识（25.4%）""以上都不愿意（21%）""在中小学从事影响下一代的活动（16.4%）""继续在原单位发挥余热，传授经验给新人（11.2%）"。

2. 不同群体的教育参与意愿比较分析

（1）不同性别的人群

表 5.17 卡方检验

	值	自由度	渐进显著性 p（双侧）
皮尔逊卡方	6.409[a]	5	0.268
似然比	6.686	5	0.245
线性关联	0.007	1	0.934

对男性和女性的老年生活观点进行卡方检验，结果如表 5.17 所示。皮尔逊卡方值为 6.409，自由度为 5，显著性概率值 p=0.268>0.05，故未达到显著性水平，由此说明男性和女性在关于老年生活观点的五个反应变量上不存在显著性差异。

表 5.18 老年生活观点的性别差异

	占性别的百分比	
	男	女
老年生活应以休息娱乐为主	35.2%	29.3%
老年人没什么需要学的了，不学习一样过得好好的	17.1%	13.4%
老年人仍要坚持学习，要"活到老学到老"	25.3%	26.3%
老年人如果不缺钱，就不要工作了	31.1%	32.8%
老年人即使不缺钱，也要尽可能工作，体现个人价值	10.7%	13.4%

就男性和女性在老年期进行学习和工作的意愿区分比来看，都呈现较低的水平。在被调查群体中，35.2% 的男性、29.3% 的女性认为"老年生活应以休息娱乐为主"，31.1% 的男性、32.8% 的女性认为"老年人如果不缺钱，就不要工作了"，25.3% 的男性、26.3% 的女性则认为"老年人仍要坚持学习,要'活到老学到老'"，17.1% 的男性、13.4% 的女性认为"老

年人没什么需要学的了,不学习一样过得好好的",仅有10.7%的男性和13.4%的女性认为"老年人即使不缺钱,也要尽可能工作,体现个人价值"。

(2)不同年龄的人群

表5.19 卡方检验

	值	自由度	渐进显著性p(双侧)
皮尔逊卡方	64.111[a]	30	0
似然比	59.896	30	0.001
线性关联	14.999	1	0

对不同年龄段被调查者的老年生活观点进行卡方检验,结果如表5.19所示。皮尔逊卡方值为64.111,自由度为30,显著性概率值p=0,说明老年生活观点存在显著的年龄差异。

表5.20 老年生活观点的年龄差异

	占年龄的百分比						
	25岁及以下	26—49岁	50—54岁	55—59岁	60—64岁	65—74岁	75岁及以上
老年生活应以休息娱乐为主	28.6%	39.7%	34.5%	41.4%	39.8%	42.1%	51.1%
老年人没什么需要学的了,不学习一样过得好好的	7.1%	4.3%	11.1%	7%	12.6%	9.8%	16.3%
老年人仍要坚持学习,要"活到老学到老"	50%	36.2%	35.5%	29.9%	36.6%	37.2%	19.6%
老年人如果不缺钱,就不要工作了	14.3%	6%	9.1%	12.7%	4.9%	4.9%	7.6%
老年人即使不缺钱,也要尽可能工作,体现个人价值	0	12.9%	9.8%	9%	6.1%	6%	5.4%

调查显示,年轻群体认为即使在老年也应坚持学习,中老年群体则普遍认为老年生活应以休息娱乐为主,并且年龄越大,对"老年生活应以休息娱乐为主"的观点越认同,但每个年龄段的被调查者对老年工作的意愿

都较低。如 39.8% 的 60—64 岁人群、42.1% 的 65—74 岁人群、51.1% 的 75 岁及以上人群都认为"老年生活应以休息娱乐为主";36.6% 的 60—64 岁人群和 37.2% 的 65—74 岁人群则认为"老年人仍要坚持学习,要'活到老学到老'"。这部分老年群体有较强的学习意愿,可能与这个年龄段处于刚离开工作岗位的阶段有关,其充足的时间和精力为老年学习提供了保障,进而学习意愿也较高,但受制于身体状况又可能难以继续投入工作。总体来看,许多中老年人持有"操劳了大半辈子,年龄大了需要好好放松"的想法,也有老年人受制于家庭的压力(帮子女带孩子),很难有充足的精力去再学习和再工作。

表 5.21 意愿学习内容的年龄差异

	占年龄的百分比						
	25 岁及以下	26—49 岁	50—54 岁	55—59 岁	60—64 岁	65—74 岁	75 岁及以上
生产或工作技能	42.9%	33.3%	37.8%	34.1%	27.5%	23.5%	38.4%
现代养护与教育	28.6%	37.1%	41.5%	36.1%	37.6%	33.5%	39.5%
家政	42.9%	45.7%	43.7%	48.6%	51.2%	46.2%	47.7%
现代科技	35.7%	41%	45.9%	44.2%	44.2%	49.4%	36%
人文艺术	57.1%	40%	28.5%	37.5%	30.6%	30.7%	33.7%
健康养生	28.6%	56.2%	63.3%	64.4%	65.5%	65.3%	69.8%
游学	57.1%	4%	31.5%	29.3%	33.3%	33.5%	15.1%
其他	0	0	1.1%	2.9%	1.5%	4%	2.3%

由表 5.21 可知,"健康养生"的学习意愿呈现出随着年龄增长而升高的趋势。随着生活水平的提高,加之媒体的引导,中老年人"身体是革命的本钱"的养生意识被唤醒,通过获取健康养生知识来调理身体的需求亦越发迫切。此外,手机、电脑、iPad 等电子产品逐渐在生活中普及,中老年人也希望跟随时代的步伐学习电子产品的使用技能,一方面可以体验便捷而丰富的移动互联网生活,另一方面也为创新学习方式提供了可能性。此外,中老年人面临着身份的转换,如当爷爷、奶奶,学习科学的现代养护知识也成为现实需求。

表 5.22 "老有所为"意愿的年龄差异

	占年龄的百分比						
	25岁及以下	26—49岁	50—54岁	55—59岁	60—64岁	65—74岁	75岁及以上
在社区或村里从事志愿服务活动	41.7%	42%	34%	37%	31.5%	35%	24.7%
在中小学从事影响下一代的活动	41.7%	28.6%	15.2%	13.9%	12.1%	17.2%	20.4%
在现有的老年教育活动中，发挥自己的专长，开设课程或分享个人知识	25%	28.6%	24.1%	27.4%	20.5%	29.2%	25.8%
继续用自己过往的工作或劳动经验，做与老本行相关的有收入的事情	50%	43.8%	39.4%	32.2%	29.5%	23%	19.4%
继续在原单位发挥余热，传授经验给新人	33.3%	21.4%	12.8%	8.3%	9.1%	9.5%	9.7%
以上都不愿意	0	12.5%	17.7%	18.3%	27.2%	21.2%	30.1%

由表 5.22 可知，25—54 岁的被调查者群体更倾向于"继续用自己过往的工作或劳动经验，做与老本行相关的有收入的事情"，这可能是基于被调查群体对已有工作或劳动经验的认可，并且希望"劳有所得"；55—74 岁的被调查者更倾向于"在社区或村里从事志愿服务活动"，其属于"贡献需求的参与意愿"；75 岁及以上的群体受制于生理和心理状况，"老有所为"的意愿随之降低。

（3）不同民族人群的意愿

表 5.23 卡方检验

	值	自由度	渐进显著性p（双侧）
皮尔逊卡方	18.620[a]	5	0.002
似然比	18.804	5	0.002
线性关联	0.893	1	0.345

就不同民族被调查者对老年问题持有观点的卡方检验，结果如表5.23所示，皮尔逊卡方值为18.620，自由度为5，显著性概率值 p=0.002<0.05，说明对老年生活观点存在显著的民族差异。

表5.24 老年生活观点的民族差异

	占民族的百分比	
	汉族	少数民族
老年生活应以休息娱乐为主	38.8%	46.4%
老年人没什么需要学的了，不学习一样过得好好的	10.3%	9.6%
老年人仍要坚持学习，要"活到老学到老"	36.3%	23.8%
老年人如果不缺钱，就不要工作了	6.7%	11.7%
老年人即使不缺钱，也要尽可能工作，体现个人价值	7.8%	8.4%

其中汉族被调查者对老年人的工作和学习意愿高于少数民族被调查者。如汉族群体（38.8%）和少数民族群体（46.4%）最为认同的观点均为"老年生活应以休息娱乐为主"，其次为"老年人仍要坚持学习，要'活到老学到老'"，6.7%的汉族群体认为"老年人如果不缺钱，就不要工作了"，8.4%的少数民族群体认为"老年人即使不缺钱，也要尽可能工作，体现个人价值"。

表5.25 "老有所为"意愿的民族差异

	占民族的百分比	
	汉族	少数民族
在社区或村里从事志愿服务活动	35.2%	29.3%
在中小学从事影响下一代的活动	17.1%	13.4%
在现有的老年教育活动中，发挥自己的专长，开设课程或分享个人知识	25.3%	26.3%
继续用自己过往的工作或劳动经验，做与老本行相关的有收入的事情	31.1%	32.8%
继续在原单位发挥余热，传授经验给新人	10.7%	13.4%
以上都不愿意	20.5%	23.3%

由表5.25可知，被调查的汉族群体对"老有所为"的意愿从高到低分别为："在社区或村里从事志愿服务活动（35.2%）""继续用自己过往的工作或劳动经验，做与老本行相关的有收入的事情（31.1%）""在现有的老

年教育活动中,发挥自己的专长,开设课程或分享个人知识(25.3%)""以上都不愿意(20.5%)""在中小学从事影响下一代的活动(17.1%)""继续在原单位发挥余热,传授经验给新人(10.7%)"。被调查的少数民族群体"老有所为"意愿从高到低分别为:"继续用自己过往的工作或劳动经验,做与老本行相关的有收入的事情(32.8%)""在社区或村里从事志愿服务活动(29.3%)""在现有的老年教育活动中,发挥自己的专长,开设课程或分享个人知识(26.3%)""以上都不愿意(23.3%)""在中小学从事影响下一代的活动(13.4%)""继续在原单位发挥余热,传授经验给新人(13.4%)"。总体来看,汉族和少数民族群体都具有一定的分享意识,汉族群体的"老有所为"意愿高于少数民族群体,并且更倾向于参与贡献类的活动,而少数民族群体则较倾向于依据已有的知识和经验进行有偿劳动。

表 5.26 卡方检验

	值	自由度	渐进显著性 p(双侧)
皮尔逊卡方	16.125[a]	4	0.003
似然比	16.655	4	0.002
线性关联	1.725	1	0.189

对四川和广西地区汉族和少数民族的被调查者的老年生活观点进行卡方检验,结果如表5.26所示。皮尔逊卡方值为16.125,自由度为4,显著性概率值 p=0.003<0.05,说明老年生活观点在四川和广西地区存在民族的显著差异。

表 5.27 四川、广西地区老年生活观点的民族差异

	占民族的百分比	
	汉族	少数民族
老年生活应以休息娱乐为主	46.4%	55.6%
老年人没什么需要学的了,不学习一样过得好好的	5.8%	7.5%
老年人仍要坚持学习,要"活到老学到老"	36.1%	20.6%
老年人如果不缺钱,就不要工作了	4.2%	8.1%
老年人即使不缺钱,也要尽可能工作,体现个人价值	7.5%	8.1%

四川和广西都是我国少数民族的聚居地，两个地区的汉族被调查者就老年工作与学习的意愿来看均高于少数民族人群，究其原因又与经济、教育和文化等因素密不可分。其中汉族群体(46.4%)和少数民族群体(55.6%)最认同的观点均为"老年生活应以休息娱乐为主"。对于"老年人仍要坚持学习，要'活到老学到老'"这一最体现学习意愿的观点，汉族群体的认同率（36.1%）明显高于少数民族群体（20.6%）；而对于"老年人即使不缺钱，也要尽可能工作，体现个人价值"这一体现工作意愿的观点，少数民族群体（8.1%）的认同率则略高于汉族群体（7.5%），这也与近几年中央推出一系列少数民族就业政策从而提高了少数民族老年人群的工作意愿有关。而对于"老年人没什么需要学的了，不学习一样过得好好的""老年人如果不缺钱，就不要工作了"这两个体现工作、学习意愿较低的观点，汉族群体的认同率均低于少数民族。一方面，少数民族地区受制于经济和教育发展水平，"终身学习"的理念尚未得以推广；另一方面，少数民族人群常年受淳朴自由民风的熏陶，追求随性，故而年老也不愿被工作和学习所束缚。

（4）不同居住地人群

表5.28 卡方检验

	值	自由度	渐进显著性p（双侧）
皮尔逊卡方	80.519[a]	15	0
似然比	83.459	15	0
线性关联	0.01	1	0.919

对不同居住地被调查者的老年观点进行卡方检验，结果如表5.28所示，皮尔逊卡方值为80.519，自由度为15，显著性概率p=0，说明老年生活观点存在显著的居住地差异。

表5.29 不同居住地人群的老年观点差异

	占居住地的百分比			
	城区	城乡接合部	乡镇	农村
老年生活应以休息娱乐为主	38.3%	53.1%	35.6%	44.2%

续表

	占居住地的百分比			
	城区	城乡接合部	乡镇	农村
老年人没什么需要学的了，不学习一样过得好好的	8.5%	7.8%	9.6%	14.9%
老年人仍要坚持学习，要"活到老学到老"	41.1%	26.6%	31.9%	18.6%
老年人如果不缺钱，就不要工作了	5.5%	10.9%	8.9%	11.6%
老年人即使不缺钱，也要尽可能工作，体现个人价值	6.3%	1.6%	14.1%	10.7%

调查显示，四个居住地的被调查者均普遍认同"老年生活应以休息娱乐"为主，但城区和城乡接合部被调查者的老年学习意愿较为强烈，乡镇和农村老年人对工作的意愿较为强烈。在城区，41.1%的人认同"老年人仍要坚持学习，要'活到老学到老'"，5.5%的人认同"老年人如果不缺钱，就不要工作了"；在城乡接合部，53.1%的人认为"老年生活应以休息娱乐为主"，1.6%的人则认为"老年人即使不缺钱，也要尽可能工作，体现个人价值"；而在乡镇，35.6%的人认为"老年生活应以休息娱乐为主"，9.6%的人则认为"老年人没什么需要学的了，不学习一样过得好好的"；在农村，44.2%的人认为"老年生活应以休息娱乐为主"，10.7%的人又认为"老年人即使不缺钱，也要尽可能工作，体现个人价值"。

我们以为，这是因为城区和城乡接合部的教育设施相对完善，被调查者受教育的水平相对较高，故能认识到终身学习的意义和价值。而居住在乡镇和农村的被调查者由于受教育水平相对较低，并且长期从事较为灵活的农活或其他个体经营项目，故在老年阶段也有条件并愿意继续工作。值得注意的是，乡镇和农村地区"老年人仍要坚持学习，要'活到老学到老'"的认同率分别为31.9%和18.6%，仅低于这两类被调查群体中对"老年生活应以休息娱乐为主"的认同率。这可能是因为在乡村振兴战略的实施下，乡村的各级各类教育均得以迅速发展，特别是"有针对性地设置了专业和课程，满足了乡村产业的发展和振兴需要"，乡镇和农村人群的教育观念亦随之发生了改变，学习的积极性也得到了提升。

表 5.30 不同居住地人群"老有所为"意愿的差异

	占居住地的百分比			
	城区	城乡接合部	乡镇	农村
在社区或村里从事志愿服务活动	37.6%	41.9%	35.9%	24.2%
在中小学从事影响下一代的活动	18.6%	9.7%	11.5%	14.6%
在现有的老年教育活动中，发挥自己的专长，开设课程或分享个人知识	28.7%	16.1%	32.1%	16.8%
继续用自己过往的工作或劳动经验，做与老本行相关的有收入的事情	26.7%	32.3%	42%	38.5%
继续在原单位发挥余热，传授经验给新人	12.8%	4.8%	16.8%	6.5%
以上都不愿意	20.8%	19.4%	19.1%	22%

农村和城区群体有关"老有所为"意愿的最高活动分别为"继续用自己过往的工作或劳动经验，做与老本行相关的有收入的事情（38.5%）"和"在社区或村里从事志愿服务活动（37.6%）"。由此可见，城区群体"老有所为"的主要目的是发挥所长，奉献社会，实现个人价值，而非赚钱，这也与其物质基础相对稳定有关。近几年来，在"老年人继续奋斗"的号召下，农村老年人逐渐意识到"老了仍有奔头"，社会主义市场经济也为农村群体"老有所为"拓宽了视野。但以"为"促"养"仍是广大农村老年人的切身需要，一方面农村老年群体的"老有所为"从根本上看还是为了解决养老问题，另一方面亦受到"闲了不适应"的身体和心理本能所困，所以希望依据自身条件和兴趣爱好适当地有所作为。上述调查结果也与多数农村老年群体持有的"干点轻活，既可增加收入，也可活动筋骨"的观念高度契合。

（5）不同文化程度的人群

表 5.31 卡方检验

	值	自由度	渐进显著性 p（双侧）
皮尔逊卡方	194.947[a]	20	0
似然比	119.816	20	0
线性关联	3.912	1	0.048

对不同文化程度被调查者的老年观点进行卡方检验，结果如表 5.31 所示，皮尔逊卡方值为 194.947，自由度为 20，显著性概率 p=0，说明老年生活观点存在显著的文化程度差异。

表 5.32 不同文化程度人群老年观点的差异

	占文化程度的百分比				
	初中及以下	高中/中专	大专/高职	本科	研究生及以上
老年生活应以休息娱乐为主	46.6%	34.9%	32.5%	39.3%	33.3%
老年人没什么需要学的了，不学习一样过得好好的	13.9%	9%	4.6%	5.1%	6.7%
老年人仍要坚持学习，要"活到老学到老"	20.7%	41.1%	52.6%	47%	40%
老年人如果不缺钱，就不要工作了	8.5%	7.6%	6.7%	3.4%	6.7%
老年人即使不缺钱，也要尽可能工作，体现个人价值	10.4%	7.4%	3.6%	5.1%	6.7%

在各种不同学历的被调查者中，老年生活的休闲性被普遍认同，但在学习和工作意愿方面则存在差异。在学历为初中及以下的被调查者中，46.6% 的人认为"老年生活应以休息娱乐为主"，8.5% 的人认为"老年人如果不缺钱，就不要工作了"；在学历为高中/中专、大专/高职、本科、研究生及以上的被调查者中，认同率最高的观点均为"老年人仍要坚持学习，要'活到老学到老'"，其次为"老年生活应以休息娱乐为主"，说明文化程度较高的被调查者对老年生活的认知处于休闲与提升自我的相对平衡状态。值得注意的是，在学历为大专/高职的被调查者中，对"老年人仍要坚持学习，要'活到老学到老'"观点的认同率达到了 52.6%，对"老年人没什么需要学的了,不学习一样过得好好的"观点的认同率仅为 4.6%。结合我国普通高等学校招生全国统一考试的实际状况来看，选择大专/高职教育的人群多为高考分数未达到本科线的人群，并且学习的内容以技能培训和技术应用为主，因此他们对知识始终保持着较强的学习意愿。又结

合我国国情来看，被调查者群体多为 55 岁以上的中老年人，而在我国 20 世纪七八十年代，大专/高职无疑是高学历阶层，而能够取得大专/高职的人群亦可以称为"知识分子"，所以这部分人能够对老年学习形成较为科学和客观的认识。

表5.33 不同文化程度人群意愿学习内容的差异

	占文化程度的百分比				
	初中及以下	高中/中专	大专/高职	本科	研究生及以上
生产或工作技能	37.8%	27.5%	24.1%	23.8%	26.7%
现代养护与教育	42.5%	37%	28.3%	27.7%	13.3%
家政	51.7%	46.4%	41%	34.7%	40%
现代科技	37.1%	49.7%	54.8%	56.4%	33.3%
人文艺术	24.3%	32%	45.2%	58.4%	60%
健康养生	68.7%	64.5%	53.6%	52.5%	53.3%
游学	25%	32.2%	42.8%	44.6%	73.3%
其他	2.3%	2.1%	2.4%	1%	0

不同文化程度人群意愿学习内容存在较大差异。学历为初中及以下、高中/中专人群意愿学习占比最高的都是与健康养生有关的内容，而对于生产或工作技能、游学、人文艺术则兴趣不大。这可能与他们所从事的都是对生产或专项技能要求较高的工作（厨师、汽修等），但却没有接受过系统的高等教育有关，因此他们对学术性内容的学习意愿不高，而更倾向于学习贴近老年日常生活的实用性内容。学历为大专/高职、本科、研究生及以上人群意愿学习占比最高的又分别是现代科技、人文艺术和游学，而对生产或工作技能、现代养护与教育的学习意愿则较低。处在智能化时代，无论是劳动市场还是日常生活，人们对现代科技的应用需求越老越强烈，但早期接受大专/高职教育的老年人因为教育发展条件的限制，故而特别缺乏现代科技的知识和技能，生活或工作中的障碍又促使这部分人群对现代科技产生了强烈的学习意愿。加之在高等教育尚未普及时，本科和研究生及以上人群已经属于高级知识分子阶层，他们汲取和更新知识的习惯也延续到了老年时段。

表 5.34 不同文化程度人群"老有所为"学习意愿的差异

	占文化程度的百分比				
	初中及以下	高中/中专	大专/高职	本科	研究生及以上
在社区或村里从事志愿服务活动	30.8%	34.7%	41.3%	39.3%	40%
在中小学从事影响下一代的活动	13.5%	13.6%	19%	34.8%	33.3%
在现有的老年教育活动中，发挥自己的专长，开设课程或分享个人知识	19.3%	25.4%	34.8%	40.2%	40%
继续用自己过往的工作或劳动经验，做与老本行相关的有收入的事情	33.3%	27.4%	32.6%	31.3%	53.3%
继续在原单位发挥余热，传授经验给新人	8%	9.5%	16.8%	22.3%	33.3%
以上都不愿意	24.5%	20.9%	14.1%	15.2%	13.3%

表 5.34 呈现出文化程度越高，"老有所为"的意愿亦越高的趋势。学历为初中及以下、高中/中专、大专/高职人群更倾向于从事志愿服务活动并愿意利用已有经验。学历为本科、研究生及以上人群因为具有较高文化知识水平，他们的工作环境更容易习得符合社会需求的知识和技能，因此倾向于参加"在中小学从事影响下一代的活动"或"在现有的老年教育活动中，发挥自己的专长，开设课程或分享个人知识"。

（6）不同收入金额人群的意愿

表 5.35 卡方检验

	值	自由度	渐进显著性p（双侧）
皮尔逊卡方	120.413[a]	35	0
似然比	93.562	35	0
线性关联	4.838	1	0.028

对不同收入金额被调查者的老年学习意愿进行卡方检验，结果如表5.35所示，皮尔逊卡方值为120.413，自由度为35，显著性概率p=0，说明老年生活观点存在显著的收入水平差异。

表 5.36 不同收入金额人群老年观点的差异

	占收入金额的百分比							
	3000元或以下	3001—4000元	4001—5000元	5001—6000元	6001—7000元	7001—8000元	8001—9000元	9001元及以上
老年人生活应以休息娱乐为主	47.2%	34.3%	36.4%	33%	31.9%	41.9%	31.8%	35.3%
老年人没什么需要学习的了，不学习一样过得好好的	12.9%	8.8%	8.6%	5.8%	4.3%	12.9%	9.1%	5.9%
老年人仍要坚持学习，要"活到老学到老"	22.8%	42.2%	42.9%	37.9%	55.3%	32.3%	54.5%	47.1%
老年人如果不缺钱，就不要工作了	8.2%	7.6%	4%	11.7%	6.4%	9.7%	4.5%	5.9%
老年人即使不缺钱，也要尽可能工作，体现个人价值	8.9%	7%	8.1%	11.7%	2.1%	3.2%	0	2.9%

表 5.36 显示收入金额较高的被调查者的老年学习意愿较高，而收入金额较低者的老年学习意愿也同样较低。调查显示，收入金额在 3001 元以上的被调查者最为认同的观点是"老年人仍要坚持学习，要'活到老学到老'"，收入金额在 6000 元以上的被调查者认同率最低的观点则均为"老年人即使不缺钱，也要尽可能工作，体现个人价值"。一方面，收入较高的群体多为高学历人群或个体经营人群，终身学习的觉悟较高；另一方面，高收入群体有着稳定的物质基础，不仅可以为老年学习提供支撑，相对工作所付出的体力和脑力劳动，他们更愿意以学习而非工作的形式来提升自我。收入金额在 3000 元或以下的被调查者最为认同的观点则是"老年生活应以休息娱乐为主"，仅有 22.8% 的人认为"老年人仍要坚持学习，要'活到老学到老'"，这可能又与他们收入较低而没有足够的物质积累来支持老年学习有关。

表 5.37 不同收入金额人群意愿学习内容的差异

	占收入金额的百分比							
	3000元或以下	3001—4000元	4001—5000元	5001—6000元	6001—7000元	7001—8000元	8001—9000元	9001元及以上
生产或工作技能	34.9%	33.6%	30.2%	17.8%	17.5%	12%	31.6%	34.5%
现代养护与教育	42.1%	33.6%	38.3%	35.6%	20%	24%	26.3%	20.7%
家政	56.2%	40.7%	42.3%	30.3%	50%	36%	26.3%	34.5%
现代科技	34.2%	48.7%	56.4%	62.9%	75%	64%	31.6%	51.7%
人文艺术	26.5%	33.8%	34.9%	39.3%	52.5%	48%	63.2%	55.2%
健康养生	69%	63.3%	55.7%	65.2%	52.5%	68%	57.9%	31%
游学	24.9%	34.2%	36.2%	38.2%	37.5%	52%	57.9%	62.1%
其他	2.5%	2.5%	0.7%	1.1%	5%	0	0	0

收入较高人群的意愿学习内容比较广泛，相对集中于提高生活情趣、满足知识汲取的现代科技、人文艺术和游学；而收入较低人群的意愿学习内容则相对集中于丰富生活经验的现代养护与教育、家政和健康养生。对于上述调查结果亦可结合文化教育的程度来进行分析。2002年我国高等教育的毛入学率已经达到了15%，意味着高等教育进入了大众化的阶段。结合被调查群体的年龄特征来看，接受教育多在1960—1980年间，当时的高等教育仍处于精英阶段。由于国家发展需要各类人才，而学历亦影响了工作层次，工作层次又影响着收入水平，所谓"学历越高、工作越好、收入越高"也几乎成为一种"社会现象"，反之收入水平较低的人群则大多从事高体力强度的工作。依据布迪厄的"场域—惯习"理论，"场域形塑着惯习，惯习成了某个场域"，可以说，不同收入群体所处的工作、生活和社交环境又决定了其习惯的形成，这在某种程度上也可以解释为什么

不同收入群体之间学习意愿与内容的差异。①

表5.38 不同收入金额人群"老有所为"意愿的差异

	占收入金额的百分比							
	3000元或以下	3001—4000元	4001—5000元	5001—6000元	6001—7000元	7001—8000元	8001—9000元	9001元及以上
在社区或村里从事志愿服务活动	32.4%	37.8%	34.1%	30.3%	37.5%	34.5%	40%	38.7%
在中小学从事影响下一代的活动	13.1%	15.6%	24.7%	15.2%	25%	20.7%	15%	22.6%
在现有的老年教育活动中,发挥自己的专长,开设课程或分享个人知识	23.3%	24.7%	23.1%	30.3%	31.3%	34.5%	35%	45.2%
继续用自己过往的工作或劳动经验,做与老本行相关的有收入的事情	29.1%	27.2%	35.2%	42.4%	41.7%	27.6%	30%	48.4%
继续在原单位发挥余热,传授经验给新人	7.4%	11.3%	12.6%	13.1%	27.1%	27.6%	15%	25.8%
以上都不愿意	23.5%	23.8%	14.8%	15.2%	16.7%	20.7%	20%	6.5%

就不同收入金额人群关于"老有所为"意愿的差异来看,收入金额为"3000元或以下""3001—4000元""7001—8000元""8001—9000元"等人群选择意愿最高的活动均是"在社区或村里从事志愿服务活动"。按照以往的思维定式,收入较低人群更倾向于参加有收入的活动来减轻经济压力,但本研究的低收入群体却呈现出强烈的"风险、友爱、互助、进步"的精神。原因有二:一是低收入人群中有许多接受过政府资助的弱势群体,他们受到国家、社会和个体的温情感召,希望能够反哺社会,服务他人,延续温情;二是受终身学习理念的影响,他们更为关注老年人的精神生活,并通过志愿参与充实精神文化生活。

---

① 皮埃尔·布迪厄、华康德:《实践与反思——反思社会学导引》,李康、李猛译,中央编译出版社,1998,第171页。

收入金额为"4001—5000 元""5001—6000 元""6001—7000 元"和"9001元及以上"等人群意愿参与比例最高的活动均是"继续用自己过往的工作或劳动经验,做与老本行相关的有收入的事情",但其中的需求可能存在差异。根据马斯洛的层次理论,把人类需求分成生理需要(Physiological needs)、安全需要(Safety needs)、社交需要(Social needs)、尊重(Esteem)和自我实现(Self-actualization)五类,依次由较低层次到较高层次排列。就我们的分析来看,中等收入人群更多的是出于满足生理的需要,即维持基本的生存;而收入相对较高人群则更多的是出于尊重需要和自我实现需要。其一方面可以通过继续展现个人能力得到他人和社会认可,另一方面又以"收入"这种形式体现自我价值。

以上有关老年生活观点、意愿学习内容、"老有所为"意愿等的调查均反映了老年群体的学习需求和参与意愿。老年人学之父麦克拉斯基(McClusky)曾于 1971 年在白宫老年会议中发表了"Background and Issues on Education"的报告,其从学习需求观点将老年人的学习需求分为了五类,具体内容如表 5.39 所示:

表 5.39 Lowy 五类学习需求纲要 [①]

需求类型	内容叙述
应对的需求(Coping needs)	如何处理:日常生活任务;健康照顾;营养;收入的维持与管理。
贡献的需求(Contributory needs)	如何借由提供的服务来进一步增进生活满意度:在公立和私立的服务组织中工作;参与立法实务;在学校授课。
影响的需求(Influencing needs)	如何运用一些控制来影响所生活的世界:联合其他人一起追求改革;对所关心的事发表言论、进行探讨与表达意见。
表达的需求(Expressive needs)	如何为了纯粹的学习乐趣而参加活动:学习新的手工艺技巧;学习新的语言或舞蹈;研读长久依赖人们感兴趣的主体,如历史、宗教与神秘主义。
超越的需求(the needs to transcend)	如何超越生理经验而达到更高的且属于精神层次的领悟。

根据表 5.39 分析可知,老龄社会背景下不同人群的教育需求存在着

---

① 程迪:《上海老年人学习需求与参与意愿的研究》,硕士学位论文,上海师范大学,2011,第 31 页。

一定的共性和差异。如从意愿学习内容来看，不同性别、年龄、民族、居住地、文化程度、收入金额的人群都表达了"应对的需求"。如关注"现代养护与教育""家政""健康养生"等与现实生活息息相关的内容，特别是对"现代科技"的关注更体现了被调查群体期待适应高新技术社会生活的新习惯、新方式的迫切性。而受个人特征的影响，意愿学习的"表达需求""超越需求"也呈现一定的差异性。如对"人文艺术""游学"的追求更契合高收入、高学历人群的知识、审美和经济基础。从"老有所为"的意愿调查结果来看，各类人群均表达了"贡献的需求""超越的需求"。但被调查群体更倾向于在社区或村里从事志愿服务活动，而非继续在原单位发挥余热，即更期待展现自我的社会重要性。除此之外，高收入、高学历者也更倾向于参加体现"影响的需求"的"在中小学从事影响下一代的活动"和"在现有的老年教育活动中，发挥自己的专长，开设课程或分享个人知识"，而上述这些活动由于对技能和知识的要求，因此限制了其他群体的参与。

（三）现有教育体系对老龄社会教育需求的回应及现状分析

1. 老年人学习参与的现状

（1）教育支出

表5.40 教育支出的频数统计

支出金额	频数	有效百分比
0元	559	42.2%
1—100元	448	33.8%
101—500元	225	17%
501—1000元	61	4.6%
1001—1500元	15	1.1%
1501—2000元	7	0.5%
2501—3000元	5	0.4%
3001元或以上	3	0.2%

续表

支出金额	频数	有效百分比
2001—2500 元	2	0.2%
总计	1325	

结论一：被调查群体每月用于个人教育或学习的支出较少。在被调查的老年群体中，每月教育支出 0 元的频数为 559，有效百分比为 42.2%；每月教育支出 1—100 元的频数为 448，有效百分比为 33.8%；每月教育支出 101—500 元的频数为 225，有效百分比为 17%；每月教育支出 501—1000 元的频数为 61，有效百分比为 4.6%；每月教育支出 1001—1500 元的频数为 15，有效百分比为 1.1%；每月教育支出 1501—2000 元的频数为 7，有效百分比为 0.5%；每月教育支出 2501—3000 元的频数为 5，有效百分比为 0.4%；每月教育支出 3001 元或以上的频数为 3，有效百分比为 0.2%；每月教育支出 2001-2500 元的频数为 2，有效百分比为 0.2%。

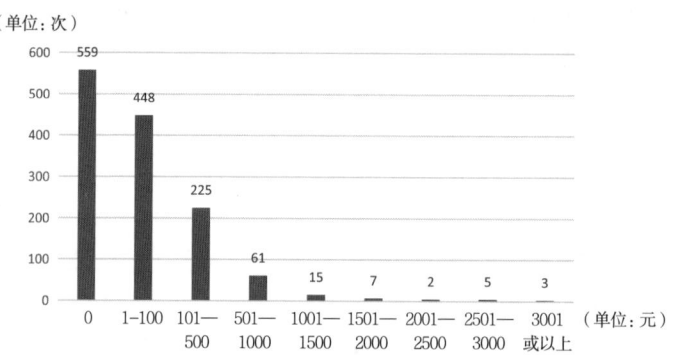

图 5.13 教育支出的直方图

（2）教育费用来源

表 5.41 教育费用来源的多重响应

	响应		个案百分比
	个案数	百分比	
个人支付	665	43.9%	48.7%
没有费用	530	35%	38.8%
政府/社区补贴	152	10%	11.1%
子女支付	90	5.9%	6.6%
单位补贴	78	5.1%	5.7%

结论二：老年教育经费来源单一，大多数被调查群体面临着个人支付能力有限、各类补贴不足的经费困境。被调查群体教育费用的来源按个案百分比从高到低依次为：个人支付（48.7%）、没有费用（38.8%）、政府/社区补贴（11.1%）、子女支付（6.6%）、单位补贴（5.7%）。

（3）电子设备拥有情况

表5.42 电子设备拥有情况的多重响应

	响应		个案百分比
	个案数	百分比	
智能手机	1126	39.3%	83.7%
家用Wi-Fi	490	17.1%	36.4%
电脑	448	15.6%	33.3%
互联网（网络）	257	9%	19.1%
平板电脑	230	8%	17.1%
收音机/MP3	188	6.6%	14%
其他选项	86	3%	6.4%
电子阅读机	43	1.5%	3.2%

结论三：老年群体具备一定在线学习的条件。从被调查群体拥有电子设备的情况看，其具有智能化、高端化、现代化的特点。被调查群体的电子设备拥有情况按个案百分比从高到低依次为：智能手机（83.7%）、家用Wi-Fi（36.4%）、电脑（33.3%）、互联网（19.1%）、平板电脑（17.1%）、收音机/MP3（14%）、其他选项（6.4%）、电子阅读机（3.2%）。

（4）利用电脑、手机和微信的学习时长

表5.43 电脑、手机、微信学习时长频数统计

		频数	有效百分比
电脑	0小时	765	55.2%
	1小时以内	364	26.2%
	1—3小时	214	15.4%
	3—5小时	32	2.3%
	5小时以上	12	0.9%

续表

		频数	有效百分比
手机	1小时以内	462	33.3%
	0小时	427	30.8%
	1—3小时	414	29.8%
	3—5小时	59	4.3%
	5小时以上	25	1.8%
微信	1小时以内	556	40.1%
	0小时	438	31.6%
	1—3小时	332	23.9%
	3—5小时	43	3.1%
	5小时以上	18	1.3%

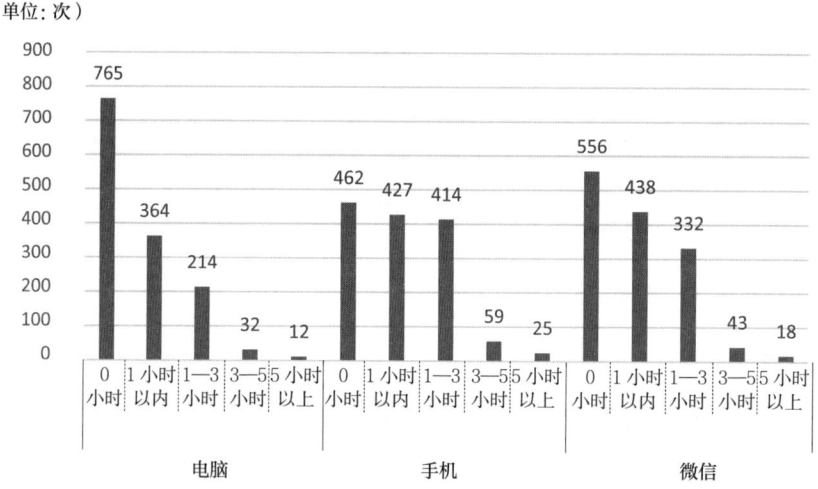

图5.14 电脑、手机、微信学习时长直方图

结论四：老年群体通过新闻网页、微信群、公众号等多种社交媒介参与学习已经成为常态。55.2%的被调查者并不使用电脑进行学习，其理由是技能障碍（打字）、心理障碍（计算机技术很难学）、生理障碍（动作协调性差、记忆能力衰退）和环境障碍（学习时间不足、学习途径少）；33.3%的被调查者每天用手机学习的时间在1小时以内，29.8%达到了1—3小时；被调查者每天利用微信学习的时长多于电脑和手机，40.1%的被调查者每天使用微信学习的时间在1小时以内，23.9%达到了1—3小时。

综上可知，无论是电子设备的拥有还是线上学习的时长，都说明老年人有充分的"互联网+"入口，未来可以更广泛地利用"互联网+"技术回应老龄社会的教育需要，从而实现线上与线下的融通与链接。

2. 现有教育场所适应"老有所学"需求的现状分析

表5.44 各学习场所月学习时长的频率统计

	有效百分比				
	没有参加	5小时以内	5—10小时	10—15小时	15小时以上
中小学、幼儿园组织的教育活动	88.2%	10.8%	0.8%	0.1%	0.1%
大学中面向学生的教育活动	91.6%	7.1%	1.3%	0	0.1%
老年大学的正规课程	78.5%	14.9%	4.3%	1.5%	0.7%
传统老年远程教育	88.3%	10.1%	1.3%	0.3%	0
老年活动中心的学习讨论活动	90.3%	8.3%	0.9%	0.3%	0.1%
街道社区学校、文化中心或乡镇成人学校的活动	73.6%	19.7%	4%	1.8%	0.9%
图书馆、科技馆、博物馆、美术馆、文体活动中心的活动	79.7%	15.9%	3.1%	0.8%	0.5%

从表5.44可以看到，被调查者每月在各学习场所的学习时长整体较短，除去未参加者，各学习场所每月学习时长基本在5小时以内。被调查者每月参加"街道社区学校、文化中心或乡镇成人学校的活动""图书馆、科技馆、博物馆、美术馆、文体活动中心的活动""老年大学的正规课程"时长在5小时以内的百分比分别为19.7%、15.9%、14.9%，更倾向于参加传统线下场所的学习活动。其原因有二：一是传统学习场所的活动或课程更贴近老年群体的兴趣和需求，如老年大学开设的养生保健、娱乐休闲、求知求乐等主题的课程；二是传统学习场所普遍具有交通的通畅与易达性。而被调查者每月参加"传统老年远程教育"时长为5小时以内的百分比为10.1%，相对较短，原因一是远程教育的技术发展或应用不足，二是远程教育课程和模式没有充分考虑老年群体的心理和生理特点，三是老年人不具备接受远程教育的意识和条件。总的来说，被调查者参与学习以社区学校、社区学院或老年大学为主，间或通过图书馆等公共场馆或报刊等媒体

资源进行学习,而接受大中小学等教育机构组织教育活动的情况相对较少。

3. 现有教育活动适应老龄社会"老有所学"需求的状况分析

此部分的研究样本为已参与相关老年学习场所活动的被调查者,通过对老年教育活动信息渠道、学习障碍、学习满意度的调查来分析被调查者对现有教育体系回应老年教育需求的评价。

(1)信息渠道

表5.45 信息渠道的多重响应

	响应		个案百分比
	个案数	百分比	
已经参加的亲朋、邻居介绍的	301	31.4%	47.6%
社区居委会或村委会工作人员通知自己的	256	26.7%	40.5%
自己打听的	201	21%	31.8%
在网上看到的	129	13.5%	20.4%
通过电视报刊看宣传知道的	71	7.4%	11.2%

结论一:多数老年人仍处于被动获取活动信息的状态。获取信息渠道的个案百分比从高到低分别为:已经参加的亲朋、邻居介绍的(47.6%),社区居委会或村委会工作人员通知自己的(40.5%),自己打听的(31.8%),在网上看到的(20.4%),通过电视报刊看宣传知道的(11.2%)。由上可见,目前老年教育活动信息的获取渠道还是相对广泛和全面的,但从社区、村委会、电视报刊等官方宣传渠道获取信息的被调查者还是少数,说明官方宣传渠道并没有得到最大程度的利用;不足一半的被调查者是通过自己打听信息而获取学习信息的。其一方面说明老年群体缺乏主动获取信息的意识,另一方面则说明个人获取信息的渠道还不够畅通。

（2）学习阻碍

表 5.46 学习障碍的多重响应

	响应		个案百分比
	个案数	百分比	
没有阻碍	228	25.4%	36.4%
没时间	133	14.8%	21.2%
现有的课程不能满足需要	120	13.3%	19.1%
家庭生活中的困难	97	10.8%	15.5%
没有学习机会	82	9.1%	13.1%
身体状况不允许	75	8.3%	12%
承担不了学习的开销	72	8%	11.5%
没信心学	36	4%	5.7%
缺少家人的支持	30	3.3%	4.8%
不愿意学习	26	2.9%	4.1%

结论二：被调查者群体面临教育供给、个人、家庭等三个层面的学习障碍。调查显示，19.1%、13.1%、11.5%的被调查者分别面临着"现有的课程不能满足需要""没有学习机会""承担不了学习的开销"的教育供给障碍；21.2%、12%、5.7%、4.1%的被调查者分别面临着"没时间""身体状况不允许""没信心学""不愿意学习"的个人障碍；15.5%、4.8%的被调查者分别面临着"家庭生活中的困难""缺少家人的支持"的家庭障碍；36.4%的被调查者则认为学习过程比较顺利，没有障碍。

由上可见，被调查者的学习障碍具有差异化特征，应结合不同层面的障碍"对症下药"。首先，老年教育决策者应该定期进行对老年学习者学习需求及老年人问题的调查，以及时了解老年人的学习需求以及参与意愿，以此作为开发老年教育课程、开展多种形式教育活动的重要依据；其次，应寻求社区、大学、中小学和其他教育机构共同参与老年教育，以避免老年教育机会的"供不应求"；其三，应将老年教育经费纳入政府财政预算之中，并以稳定、充足的老年教育经费为保障，切实将教育福利落实到机构、社区或个人，从而减轻老年教育的经费压力；其四，老年学习者也应转变思想观念，意识到终身学习的必要性和重要性，同时坚信"有志者事竟成"的信念，积极参与学习，充实老年生活；最后，需要积极引导老年人家属树立全新的养老观念和教育观念，转变"老年教育浪费社会资源"的观念，只要合理开发，老年群体也可以成为带动社会进步的积极因素，同时家属应鼓励、支持老年人走出家庭的封闭世界，拓展自身生活圈。

（3）学习满意度

表 5.47 学习满意度统计

	有效百分比	
	同意	不同意
学习氛围好	93%	7%
同学关系和睦	86.3%	13.7%
便利的学习场所	80.7%	19.3%
有实际的学习收获	80.3%	19.7%
硬件设施好	79.9%	20.1%
教师知识储备丰富	79.2%	20.8%
课程收费合理	76%	24%
适当的学习内容	73.9%	26.1%
充分的师生交流	73.2%	26.8%
信息技术与互联网的全面应用	69.7%	30.3%
达成预期的学习目标	67.7%	32.3%
适当的课时安排	67.5%	32.5%
多样的学习人员	61.2%	38.8%
多样化的学习形式	60%	40%

结论三：老年群体对学习过程的整体满意度较低。影响被调查者学习满意度的因素可以划分为三类：①环境保障，如学习氛围、硬件设施、信息技术与互联网的应用、课程费用、学习场所等；②学习过程，如教师知识储备、学习内容、课时安排、学习形式、学习同伴、同学关系、师生交流等；③学习结果，如预期学习目标、实际学习收获。

由表 5.47 可知，被调查者对学习氛围（93%）、同学关系（86.3%）、学习场所（80.7%）、实际学习收获（80.3%）的满意度较高，对预期目标的达成（67.7%）、课时安排（67.5%）、学习同伴（61.2%）、学习形式（60%）的满意度较低。

如何提高老年群体的教育满意度？我们认为应该从优化教育环境入手，着眼学习过程和学习结果的优化。首先，应加大对老年教育基础设施（硬件和软件）的投入力度，尤其需要破除社会对老年人的歧视障碍，并同时塑造和谐、支持和理解的教育环境。其次，应设置需求层次化、地区特色化（生态农业、少数民族文化）的课程，同时以社区教学为常态，以地方中小学、图书馆、博物馆为辅助教学点，由此推进包括班级授课、代际教育、混龄式教学、微信授课在内的多种教学形式，并建立以年龄、兴趣、地域等为基础的老年自主学习团体，鼓励老年人在课程内外自主开展各类艺术休闲、生活养老等的参与式活动；除此以外还可以依托高等院校建立师生互动的学习系统，加强师生联系，尤其需要鼓励老年学者树立"能者为师、学者为范"的理念。[①]

4. 现有教育体系对不同类别人群教育需求回应的状况分析

（1）老龄社会背景下不同类别人群的教育参与情况比较

①不同地区的人群

表5.48 不同地区人群教育支出的差异及ANOVA检验

	平均值	标准差	标准误差	F	显著性sig
四川	420.2405	429.41872	21.6064	14.96	0
广西	416.201	543.33733	27.23504		
上海	308.8261	59.08339	5.50955		
北京	246.8411	348.96003	17.25496		

对不同地区被调查者的教育支出进行ANOVA检验，F=14.96，sig=0，结果说明教育支出存在显著的地区差异。四个地区被调查者的教育支出平均值（单位：元）从高到低依次为：四川（420.2405）、广西（416.201）、

---

① 原艳：《养教结合的城市社区老年教育模式构建研究》，硕士学位论文，福建农林大学，2018，第40页。

上海（308.8261）、北京（246.8411）。

表 5.49 不同地区人群的教育费用来源差异

	占地区的百分比			
	北京	上海	四川	广西
政府/社区补贴	17.3%	11.2%	11.6%	4.5%
单位补贴	6.2%	3.7%	5.8%	6%
个人支付	23%	87%	59.8%	48.3%
子女支付	5.4%	3.1%	5.8%	10%
没有费用	65.1%	1.2%	29.4%	36.8%

表 5.49 调查结果显示，不同地区被调查者的教育费用主要依赖于个人支付。北京、上海、四川、广西的政府/社区补贴占比分别为 17.3%、11.2%、11.6%、4.5%，政府补贴的差异性与各地区的政治、经济、文化和人口背景息息相关。20 世纪五六十年代有大规模青壮年人口迁入北京，伴随着生育率的下降、人口平均寿命的延长，北京人口老龄化严重。近年来，为加快发展北京老年教育事业，扩大老年教育供给，完善终身教育服务体系，北京市政府研究制定了《北京市关于加快发展老年教育的实施意见》，对于扩大政府财政投入有一定的促进作用。与此同时，65.1% 的北京被调查者面临着没有教育经费的困境，这一方面说明北京的老年教育仍然面临着政策推进和实际投入的矛盾，另一方面则显示北京地区被调查者"为教育付费"的意愿不强，这也解释了政治经济发达的北京地区人均教育支出反居四地之末的缘由。

在上海、四川和广西地区，个人支付占比最高，分别占 87%、59.8%、48.3%。特别是上海地区，除了个人支付以外，其他形式的经费来源支持力度亦极小，且人均教育支出位于四川和广西之后。这说明上海老年教育存在着主体学习意愿强但个人支付能力不足、公共财政支持力度弱的矛盾。四个地区被调查者来源于子女支付的经费均占比最小，家庭层面的支持作用尚未完全形成。

表5.50 不同地区人群的电子设备拥有情况差异

	占地区的百分比			
	北京	上海	四川	广西
电脑	24.3%	37.5%	47.1%	27.4%
智能手机	87.7%	84%	90.1%	73.1%
平板电脑	22.4%	25.7%	14.2%	11.4%
电子阅读机	5.2%	3.5%	2.5%	1.7%
收音机/MP3	18.7%	11.8%	7.6%	16.2%
互联网	19.7%	18.1%	19.8%	18.2%
家用Wi-Fi	47.7%	16.7%	42.5%	26.1%

由表5.50可知,电脑、智能手机等常用新兴电子设备在四个地区的拥有率整体较高。北京、上海、四川、广西的被调查者对智能手机的拥有率最高,占比分别为87.7%、84%、90.1%、73.1%,收音机/MP3、电子阅读机这类老旧电子设备的拥有率并不高。与新兴电子设备拥有率相对的是,互联网、家用Wi-Fi这类网络设备的拥有率相对不足,配套设备的不完善将会影响电子设备的正常使用,从而无法顺利开展基于网络的多种形式学习活动。广西地区是少数民族聚居地,发展相对落后,受制于电子信息技术的发展水平以及收入水平,电子设备拥有率较北京、上海和四川都低。

表5.51 卡方检验

		值	自由度	渐进显著性p(双侧)
电脑	皮尔逊卡方	95.422[a]	15	0
	似然比	100.642	15	0
	线性关联	59.923	1	0
手机	皮尔逊卡方	148.586[a]	15	0
	似然比	154.294	15	0
	线性关联	18.316	1	0
微信	皮尔逊卡方	77.689[a]	15	0
	似然比	83.05	15	0
	线性关联	5.725	1	0.017

对不同地区被调查者的电脑学习时长进行卡方检验,皮尔逊卡方值为95.422,自由度为15,显著性概率p=0,这说明电脑学习时长存在显著的地区差异;对不同地区被调查者的手机学习时长进行卡方检验,皮尔逊卡

方值为 148.586，自由度为 15，显著性概率 p=0，说明手机学习时长存在显著的地区差异；对不同地区被调查者的微信学习时长进行卡方检验，皮尔逊卡方值为 77.689，自由度为 15，显著性概率 p=0，这也证明微信学习时长存在显著的地区差异。

表 5.52 不同地区人群的电脑、手机、微信学习时长差异

		占地区的百分比			
		北京	上海	四川	广西
电脑	0 小时	72.6%	51.7%	47.2%	46.8%
	1 小时以内	18.6%	30.9%	26.1%	32.1%
	1—3 小时	7.6%	15.7%	22.9%	15.9%
	3—5 小时	1.2%	0.6%	2.8%	3.7%
	5 小时以上	0	1.1%	1%	1.5%
手机	0 小时	48.2%	24.2%	14.3%	32.3%
	1 小时以内	24.9%	29.2%	36.4%	40.5%
	1—3 小时	23.7%	40.4%	40.5%	20.9%
	3—5 小时	2.9%	3.4%	6%	4.2%
	5 小时以上	0.2%	2.8%	2.8%	2%
微信	0 小时	41.1%	34.3%	17.6%	34.6%
	1 小时以内	32.5%	30.9%	51.5%	40.5%
	1—3 小时	24.4%	28.7%	25.6%	19.7%
	3—5 小时	1.7%	4.5%	3.8%	3%
	5 小时以上	0.2%	1.7%	1.5%	2%

　　调查显示，上海、四川、广西地区被调查者每天用电脑、手机、微信进行学习的时长整体高于北京，且电脑学习时长明显低于手机和微信的学习时长。原因可能有三个。一是北京线上老年教育的平台搭建、课程设置、支持服务体系建设仍不健全，老年学习者过于依赖"被动式""接受式"的学习形式。广西地区积极响应党和政府一系列加强老龄教育的号召，努力弥补教育短板，且广西老年学习者可能正处于对终身教育理念的"新鲜期"和"兴奋期"，所以积极利用现成便捷的电子设备开展学习较为普遍。二是由表 5.50 可知，智能手机的拥有率最高，并且具有便携性、实时性、个性化、互动性的特点，对此老年学习者可以随时随地依据个人兴趣浏览

时事信息，以满足对知识获取的渴求；同时手机也可以基于微信、QQ等通信交流工具进行朋友圈的沟通和分享。三是对于老年群体而言，电脑技能的学习和操作具有难度，需要配套网络设备的支持；而且久坐和注视电脑屏幕并不符合老年人的生理现状，也不利于老年人的身体健康。

②不同民族的人群

表5.53 不同民族人群教育支出的描述性统计

	平均值	标准差	标准误差平均值
汉族	345.1031	415.634	12.66494
少数民族	402.2552	508.8074	32.91201

表5.54 独立样本t检验

	莱文方差等同性检验		平均值等同性 t 检验				
	F	显著性p	t	自由度	显著性(双尾)	平均值差值	标准误差差值
假定等方差	13.977	0	−1.842	1314	0.066	−57.15217	31.0318
不假定等方差			−1.621	312.191	0.106	−57.15217	35.26473

对汉族和少数民族被调查者的教育支出进行独立样本的t检验，结果如表5.54所示，F=13.977，p=0<0.05，说明F值检验结果达到显著性水平，接受"不假定等方差"的假设。在"不假定等方差"一行中，t=−1.621，自由度为312.191，p=0<0.05，说明教育支出存在显著的民族差异。平均值差值为−57.15217，少数民族被调查者的平均教育支出显著高于汉族被调查者，这也与表5.53的结果一致。少数民族整体发展水平落后于汉族，但个人教育支出显著高于汉族，其原因可能有二：一是少数民族地区教育发展比较滞后，面对终身学习的新意识、新理念的"涌入"，老年学习者迫切希望弥补受教育不足的短板，以改变老年生活状态，同时因为注重精神生活，所以学习意愿强烈，愿意自主承担教育费用；二是少数民族地区老年教育的公共财政补贴不足，免费教育资源开发不充分以致普及性不强，其仍主要是"付费学习"的形式，福利性的教育发展滞后。

表 5.55　不同民族人群的教育费用来源差异

	民族	
	汉族	少数民族
政府/社区补贴	11.4%	9.2%
单位补贴	5.5%	6.7%
个人支付	49.8%	42.9%
子女支付	5.6%	11.3%
没有费用	38.8%	39.9%

由表 5.55 可知，汉族和少数民族被调查者的教育费用来源不存在显著性差异，但都存在补贴不足、个人支付负担大、家庭和社会支持缺位的问题。

表 5.56　不同民族人群的电子设备拥有情况差异

	占民族的百分比	
	汉族	少数民族
电脑	33.6%	31.1%
智能手机	85%	78.2%
平板电脑	16.5%	19.3%
电子阅读机	3.5%	1.7%
收音机/MP3	13.2%	17.6%
互联网	19.4%	18.1%
家用 Wi-Fi	37.8%	31.1%

由表 5.56 可知，汉族被调查者对于电脑、智能手机、平板电脑等新兴电子设备的拥有率高于少数民族，此外少数民族地区对互联网、家用 Wi-Fi 这类网络设备的拥有率较低，可能因为少数民族多处于经济不发达的偏远地区，地理位置和经济条件限制了网络设备的搭建，这也不利于线上学习活动的开展。

表 5.57　卡方检验

		值	自由度	渐进显著性 p（双侧）
电脑	皮尔逊卡方	5.832[a]	5	0.323
	似然比	5.856	5	0.32
	线性关联	0.008	1	0.927

续表

		值	自由度	渐进显著性 p（双侧）
手机	皮尔逊卡方	19.328ª	5	0.002
	似然比	23.203	5	0
	线性关联	6.913	1	0.009
微信	皮尔逊卡方	6.852ª	5	0.232
	似然比	7.699	5	0.174
	线性关联	4.314	1	0.038

对不同民族被调查者的电脑学习时长进行卡方检验，皮尔逊卡方值为5.832，自由度为5，显著性概率p=0.323>0.05，由此说明电脑学习时长不存在显著的民族差异；对不同民族被调查者的手机学习时长进行卡方检验，皮尔逊卡方值为19.328，自由度为5，显著性概率p=0.002＜0.05，说明手机学习时长存在显著的民族差异；对不同民族被调查者的微信学习时长进行卡方检验，皮尔逊卡方值为6.852，自由度为5，显著性概率p=0.232>0.05，说明微信学习时长不存在显著的民族差异。

表 5.58 不同民族人群的电脑、手机、微信学习时长差异

		占民族的百分比	
		汉族	少数民族
电脑	0 小时	55.5%	53.8%
	1 小时以内	25.5%	29.2%
	1—3 小时	16%	12.9%
	3—5 小时	2%	3.8%
	5 小时以上	1%	0.4%
手机	0 小时	29.2%	38.3%
	1 小时以内	33.7%	32.1%
	1—3 小时	31.3%	22.9%
	3—5 小时	3.8%	6.7%
	5 小时以上	2.1%	0
微信	0 小时	30.5%	37.1%
	1 小时以内	40.4%	38.3%
	1—3 小时	24.3%	22.1%
	3—5 小时	3.5%	1.3%
	5 小时以上	1.2%	1.3%

由表 5.58 可知，电脑和微信学习时长不存在显著的民族差异，手机学习时长存在显著的民族差异。研究分析其原因有三：一是汉族和少数民族被调查者均不适应对技能高要求的电脑学习方式，且电脑体积大、价格昂贵，不利于随时随地开展学习活动；二是因为微信是手机学习的一个具体形式，也是常用的通信软件，汉族和少数民族地区被调查者在利用微信进行日常交往的同时，亦会有意无意地受到微信平台信息发布的影响，特别是各类微信公众号、网页信息、微信群等均为老年教育提供了丰富的学习资源和教育载体，这些因素不易受到民族的限制；三是汉族被调查者的手机学习时长整体高于少数民族，是因为汉族和少数民族被调查者对手机用途的看法存在差异。少数民族被调查者对手机持有的态度是"通信娱乐为主，学习为辅"，而汉族被调查者则意识到手机作为开展教育、传播知识的重要媒介作用，因此乐于下载各类手机学习软件或平台（APP）。

③不同居住地的人群

表 5.59 不同居住地人群的教育费用来源差异

	居住地			
	城区	城乡接合部	乡镇	农村
政府/社区补贴	11.7%	3.1%	12.5%	10.7%
单位补贴	6.5%	7.8%	8.1%	2.4%
个人支付	59.3%	50%	36%	26.3%
子女支付	6.2%	4.7%	8.1%	7.3%
没有费用	28.1%	42.2%	48.5%	61.8%

就调查的结果来看，教育费用的来源具有显著的居住地差异。居住在城乡接合部的被调查者来源于政府/社区补贴的教育费用仅占 3.1%，明显低于居住在经济、教育和文化发展相对落后的乡镇（12.5%）和农村（10.7%）地区的被调查者。原因是城乡接合部虽接近城市，但却是城市与乡村地区的过渡地带，在老年教育的政策制定和实施中往往会被轻视或忽略。由于城乡接合部房租廉价，加上管理薄弱，一般均为外来人口集聚地，而这些外来人口又很难享受到当地人应有的老年教育福利。

④不同文化程度的人群

表 5.60 不同文化程度人群教育支出的描述性统计

	平均值（元）	标准差	标准误差	F	显著性
研究生及以上	944.3333	711.35351	183.67069	60.489	0
本科	667.5217	510.36286	47.59158		
大专/高职	555.3011	459.32712	33.6795		
高中/中专	383.3432	470.31177	23.36998		
初中及以下	198.2081	273.68451	11.25788		

对不同文化程度被调查者的教育支出进行 ANOVA 检验，F=60.489，sig=0，说明教育支出存在显著的文化程度差异。不同文化程度调查者的教育支出平均值（单位：元）从高到低依次为：研究生及以上（944.3333）、本科（667.5217）、大专/高职（555.3011）、高中/中专（383.3432）、初中及以下（198.2081）。

结论表明，文化程度越高，则人均教育支持的金额越高。由表5.32、表5.33可知，文化程度为大专/高职的被调查者对"活到老学到老"的观点最为认同，同时对现代科技的学习意愿强烈，他们愿意配备价格相对高昂的学习材料或设备，例如电脑和iPad等，对老年教育的高度认同感和强烈的学习意愿也促使他们愿意为教育买单。

表 5.61 不同文化程度人群的教育费用来源差异

	占文化程度的百分比				
	初中及以下	高中/中专	大专/高职	本科	研究生及以上
政府/社区补贴	9.7%	10.5%	18.3%	11%	0
单位补贴	3.2%	4%	9.6%	17.8%	13.3%
个人支付	28.2%	55.2%	74.1%	80.5%	86.7%
子女支付	6.7%	5.6%	7.1%	7.6%	13.3%
没有费用	58.8%	31.9%	11.2%	13.6%	13.3%

表5.61显示教育费用的来源存在显著的文化程度差异。在一定程度上，文化程度决定了就业层次。如文化程度为初中及以下、高中/中专、大专/高职的被调查者大多为个体工商户、城镇务工人员或务农者，工作不稳定，

所以也很难获得单位补贴。文化程度为本科和研究生及以上的被调查者则更多地在机关事业单位或国家企业工作，这些单位相对重视对高层次人才的激励和服务，工作氛围好、福利待遇高，即使退休了也能享受到稳定的教育补贴。尤其是接受过正规高等教育的被调查者均把学习视为一种生活习惯或样态，对"活到老学到老"的意识十分认同，因此即使在公共经费保障不足的情况下，他们也愿意自掏腰包来确保知识的更新和自我的升华。

表5.62 不同文化程度人群的电子设备拥有情况差异

	占文化程度的百分比				
	初中及以下	高中/中专	大专/高职	本科	研究生及以上
电脑	14.3%	38.4%	53.1%	72%	66.7%
智能手机	75.8%	88.1%	94.4%	89.8%	93.3%
平板电脑	7.6%	15.8%	29.1%	44.1%	60%
电子阅读机	0.8%	1.4%	6.6%	12.7%	26.7%
收音机/MP3	14.1%	14.3%	11.2%	15.3%	26.7%
互联网	8.2%	19.6%	30.6%	46.6%	66.7%
家用Wi-Fi	26.8%	37.9%	50%	53.4%	73.3%

关于电子设备拥有情况存在的显著文化程度差异，主要体现在电脑、互联网和家用Wi-Fi的拥有率上。文化程度为本科、研究生及以上的被调查者无论是在接受教育还是工作的过程中，电脑、互联网和家用Wi-Fi几乎是必备的电子设备；文化程度为初中及以下、高中/中专、大专/高职的被调查者不仅较难负担高额设备费用，而且这些设备也不是必备的，因此对电脑、互联网和家用Wi-Fi的拥有率普遍不高。

表5.63 卡方检验

		值	自由度	渐进显著性p（双侧）
电脑	皮尔逊卡方	223.729[a]	20	0
	似然比	220.015	20	0
	线性关联	172.906	1	0
手机	皮尔逊卡方	218.414[a]	20	0
	似然比	233.298	20	0
	线性关联	182.455	1	0

续表

		值	自由度	渐进显著性p（双侧）
微信	皮尔逊卡方	188.579[a]	20	0
	似然比	195.065	20	0
	线性关联	147.385	1	0

对不同文化程度被调查者电脑学习时长的卡方检验，皮尔逊卡方值为223.729，自由度为20，显著性概率p=0，说明电脑学习时长存在显著的文化程度差异；对不同文化程度被调查者的手机学习时长进行卡方检验，皮尔逊卡方值为218.414，自由度为20，显著性概率p=0，说明手机学习时长存在显著的文化程度差异；对不同文化程度被调查者的微信学习时长进行卡方检验，皮尔逊卡方值为188.579，自由度为20，显著性概率p=0，说明微信学习时长存在显著的文化程度差异。

表5.64 不同文化程度人群的电脑、手机、微信学习时长差异

		占文化程度的百分比				
		初中及以下	高中/中专	大专/高职	本科	研究生及以上
电脑	0小时	74.5%	46.3%	34.5%	28%	26.7%
	1小时以内	17.3%	33.6%	29.5%	37.3%	26.7%
	1—3小时	6.9%	17.7%	29%	24.6%	46.7%
	3—5小时	1%	1.8%	4.5%	7.6%	0
	5小时以上	0.2%	0.7%	2.5%	2.5%	0
手机	0小时	46.1%	26.1%	9.5%	8.5%	13.3%
	1小时以内	34.2%	33.8%	30%	31.4%	26.7%
	1—3小时	18.1%	32.7%	47%	48.3%	53.3%
	3—5小时	1%	5%	10.5%	8.5%	0
	5小时以上	0.5%	2.5%	3%	3.4%	6.7%
微信	0小时	47.4%	25.2%	11.5%	11.9%	6.7%
	1小时以内	36.5%	43.8%	40%	40.7%	53.3%
	1—3小时	14.3%	26.1%	38.5%	39.8%	40%
	3—5小时	1.2%	3.6%	7.5%	4.2%	0
	5小时以上	0.5%	1.4%	2.5%	3.4%	0

文化程度为本科、研究生及以上的被调查者每天用在电脑、手机、微信上的学习时长整体高于其他学历的被调查者。文化程度为本科、研究生及以上的被调查者在接受系统的高等教育及工作过程中都会习得专业的计

算机知识和掌握熟练的操作技能,电脑对其而言是必备的工作和学习工具,而长期面对电脑屏幕也更具有适应性。文化程度为研究生及以上的被调查者更多的是学术研究者或科研工作者,利用电脑学习1—3小时的百分比高达46.7%。

⑤不同收入金额的人群

将"收入金额"重新编码为不同变量,"3000元或以下""3001—4000元""4001—5000元""5001—6000元""6001—7000元""7001—8000元""8001—9000元""9001元及以上"依次重新赋值为"2500元""3500元""4500元""5500元""6500元""7500元""8500元""9500元"。

表5.65 收入金额和教育支出的相关性

		收入金额	教育支出
收入金额	皮尔逊相关性	1	0.312**
	显著性(双尾)		0
教育支出	皮尔逊相关性	0.312**	1
	显著性(双尾)	0	

图注:*表示在10%的水平上显著;**表示在5%的水平上显著;***表示在1%的水平上显著。后表同。

将重新编码后的"收入金额"与"教育支出"两个连续性变量做相关性分析。由表5.65可知,r=0.312,p=0,即收入金额和教育支出呈显著正相关,即收入越高,教育支出越多。

表5.66 不同收入金额人群教育费用来源的ANOVA检验

		平方和	自由度	均方	F	显著性
政府/社区补贴	组间	1.667	7	0.238	2.426	0.018
	组内	133.432	1359	0.098		
单位补贴	组间	2.843	7	0.406	7.806	0
	组内	70.706	1359	0.052		
个人支付	组间	38.358	7	5.48	24.576	0
	组内	303.021	1359	0.223		
子女支付	组间	0.123	7	0.018	0.285	0.96
	组内	83.951	1359	0.062		
没有费用	组间	33.971	7	4.853	22.7	0
	组内	290.542	1359	0.214		

由表 5.66 可知，F1=2.426，sig1=0.018，F2=7.806，sig2=0，教育费用中来源于政府/社区补贴和单位补贴的存在显著收入金额差异。收入较高人群一般多在机关事业单位或企业工作，甚至有些属于高层次知识人才，可以享受到政府、社区或单位较高待遇的教育福利。F3=24.576，sig3=0，说明教育费用来源中的个人支付存在显著的收入金额差异，即收入越高，越有足够的经济基础，就越有教育的需求，为教育付费的能力也越强。F4=0.285，sig4=0.96>0.05，说明教育费用来源中的子女补贴无显著的收入金额差异，不同收入金额被调查者的子女对老年教育的经费支持力度都很小。F5=22.7，sig5=0，"没有费用"的被调查者间存在着显著的收入金额差异，收入越低，越可能面临没有教育经费来源的困境，其中可能的原因有二：一是教育经费的支出会对基本生活质量造成影响；二是工作岗位或从事职业教育的福利待遇低，务农者或个体工商户也很难享受到政府补贴。

表 5.67 不同收入金额人群的电子设备拥有情况差异

		平方和	自由度	均方	F	显著性
电脑	组间	33.463	7	4.78	24.214	0
	组内	264.743	1341	0.197		
智能手机	组间	8.698	7	1.243	9.252	0
	组内	180.104	1341	0.134		
平板电脑	组间	15.84	7	2.263	17.345	0
	组内	174.946	1341	0.13		
电子阅读机	组间	2.422	7	0.346	11.833	0
	组内	39.207	1341	0.029		
收音机/MP3	组间	0.332	7	0.047	0.394	0.906
	组内	161.468	1341	0.12		
互联网（网络）	组间	21.496	7	3.071	22.075	0
	组内	186.543	1341	0.139		
家用 Wi-Fi	组间	23.305	7	3.329	15.464	0
	组内	288.712	1341	0.215		

由表 5.67 可知，F1=24.214，sig1=0；F2=9.252，sig2=0；F3=17.345，sig3=0；F4=11.833，sig4=0；F6=22.075，sig6=0；F7=15.464，sig7=0。

说明电脑、智能手机、平板电脑、电子阅读机、互联网（网络）、家用Wi-Fi的拥有情况存在显著的收入差异，这些电子产品价格相对较高，因此拥有情况在很大程度上受收入水平的影响。F5=0.394，sig5=0.906，说明收音机/MP3的拥有情况无显著的收入金额差异，这可能与该类电子产品较为落伍且价格较低有关。

表5.68 收入金额与使用电脑、手机、微信学习时长的相关性分析

电脑学习时长	皮尔逊相关性	0.242**
	显著性（双尾）	0
手机学习时长	皮尔逊相关性	0.281**
	显著性（双尾）	0
微信学习时长	皮尔逊相关性	0.237**
	显著性（双尾）	0

由表5.68可知，r1=0.242，r2=0.281，r3=0.237，sig=0，即收入金额与使用电脑、手机、微信学习时长呈显著正相关，收入金额越高，使用电脑、手机、微信学习的时长也越长。

（2）现有教育对不同类别人群"老有所为"的回应

表5.69 不同地区人群实际"老有所为"的差异

	占地区的百分比			
	北京	上海	四川	广西
在社区或村里从事志愿服务活动	37.7%	12.9%	41.5%	38.2%
在中小学从事影响下一代的活动	18%	9.7%	19.5%	5.9%
在现有的老年教育活动中，发挥自己的专长，开设课程或分享个人知识	8.2%	10.5%	22%	11.8%
继续用自己过往的工作或劳动经验，做与老本行相关的有收入的事情	16.4%	4%	24.4%	47.1%
继续在原单位发挥余热，传授经验给新人	14.8%	3.2%	14.6%	26.5%
以上都不愿意	4.9%	71.8%	0	0

由表5.69可知，"老有所为"的实际状况存在显著的地区差异。北京、上海、四川、广西等四个地区对"老有所为"的理解占比最高的分别为："在社区或村里从事志愿服务活动"（37.7%）、"以上都不愿意"（71.8%）、

"在社区或村里从事志愿服务活动"（41.5%）、"继续用自己过往的工作或劳动经验，做与老本行相关的有收入的事情"（47.1%）。

表5.70 不同地区人群"老有所为"意愿的差异

	北京	上海	四川	广西
在社区或村里从事志愿服务活动	23.8%	43%	48.6%	28.6%
在中小学从事影响下一代的活动	12.2%	14.9%	20.4%	17.4%
在现有的老年教育活动中，发挥自己的专长，开设课程或分享个人知识	16.1%	31.6%	32.9%	25.9%
继续用自己过往的工作或劳动经验，做与老本行相关的有收入的事情	35.7%	20.2%	22.7%	38.6%
继续在原单位发挥余热，传授经验给新人	8.4%	13.2%	12%	12.7%
以上都不愿意	24.8%	23.7%	19.8%	17.4%

结合表5.70进行样本结果分析，发现不同地区人群对"老有所为"的意愿和实际行动之间存在显著差异。在"老有所为"意愿的实际询问中，四川和广西地区"以上都不愿意"的占比均为0，即两个地区的被调查者均一定程度地参与老年教育活动，原因可能有二：一是"活到老学到老"在四川和广西地区仍是具有生命力的教育理念；二是四川和广西地区近年来"软硬兼施"，在普及老年教育理念的同时完善基础设施、搭建活动平台，以最大限度满足老年学习者的参与需求。再从"老有所为"意愿到实际的"老有所为"行动来看，上海地区被调查者中"以上都不愿意"的占比从23.7%上升到71.8%，即上海地区被调查者实际上的"老有所为"参与度极低，这可能和上海地区消费水平高、生活压力大有关，早年高负荷的工作压力和过快的生活节奏耗费了太多的人生精力，乃至没有形成良好的生理和心理状态。

表5.71 不同性别人群实际"老有所为"的差异

	占性别的百分比	
	男	女
在社区或村里从事志愿服务活动	27.1%	25.9%
在中小学从事影响下一代的活动	17.1%	10.8%

续表

	占性别的百分比	
	男	女
在现有的老年教育活动中，发挥自己的专长，开设课程或分享个人知识	11.4%	11.9%
继续用自己过往的工作或劳动经验，做与老本行相关的有收入的事情	28.6%	10.3%
继续在原单位发挥余热，传授经验给新人	21.4%	7%
以上都不愿意	15.7%	42.7%

由表 5.71 可知，实际上的"老有所为"存在显著的性别差异。男性更倾向于"在社区或村里从事志愿服务活动（27.1%）"或"继续用自己过往的工作或劳动经验，做与老本行相关的有收入的事情（28.6%）"，42.7% 的女性则不愿意参加"老有所为"的相关活动。

表 5.72 "老有所为"意愿的性别差异

	占性别的百分比	
	男	女
在社区或村里从事志愿服务活动	30%	36.9%
在中小学从事影响下一代的活动	16.4%	16.5%
在现有的老年教育活动中，发挥自己的专长，开设课程或分享个人知识	23.7%	26.5%
继续用自己过往的工作或劳动经验，做与老本行相关的有收入的事情	36.3%	28.4%
继续在原单位发挥余热，传授经验给新人	12.2%	10.7%
以上都不愿意	19.5%	21.7%

结合表 5.72 可知，男女"老有所为"的贡献性需求基本依赖相对丰富、易得的志愿活动就可以实现；其他"老有所为"活动的意愿和实际推进之间均存在较大差异。原因可能有二：一是其他活动较高的个人技能或知识水平要求限制了部分调查者的实际参与；二是缺乏机构合作和平台搭建，使得被调查群体本身作为教育资源的价值难以发挥。其中女性"老有所为"表述为"以上都不愿意"的占比达到 42.7%，这也与女性长期扮演着家务

劳动者的角色有关,退休以后家务劳动和帮忙照料子孙的事情占据了太多个人时间。

表 5.73 不同民族人群实际"老有所为"的差异

	占民族的百分比	
	汉族	少数民族
在社区或村里从事志愿服务活动	26%	36%
在中小学从事影响下一代的活动	11.9%	24%
在现有的老年教育活动中,发挥自己的专长,开设课程或分享个人知识	12.3%	8%
继续用自己过往的工作或劳动经验,做与老本行相关的有收入的事情	15%	28%
继续在原单位发挥余热,传授经验给新人	9.7%	24%
以上都不愿意	37.4%	4%

由表 5.73 可知,实际性的"老有所为"存在显著的民族差异。汉族和少数民族"以上都不愿意"的占比分别为 37.4% 和 4%,少数民族的实际参与度高于汉族,少数民族群体实际"老有所为"占比最高的两个活动依次为"在社区或村里从事志愿服务活动(36%)"和"继续用自己过往的工作或劳动经验,做与老本行相关的有收入的事情(28%)"。结合表 5.39 可知,少数民族群体"老有所为"的实际意愿和理念意愿都聚焦于"应对的需求"和"贡献的需求",其一方面说明现有活动平台基本与老年学习者的需求相匹配,另一方面也说明少数民族群体对于多样性的"老有所为"仍需拓展。

表 5.74 不同收入金额人群实际"老有所为"的差异

	占收入金额的百分比							
	3000元或以下	3001—4000元	4001—5000元	5001—6000元	6001—7000元	7001—8000元	8001—9000元	9001元及以上
在社区或村里从事志愿服务活动	34%	25.6%	21.5%	36.4%	23.1%	22.2%	42.9%	10%
在中小学从事影响下一代的活动	9.4%	7.7%	16.9%	13.6%	38.5%	11.1%	14.3%	10%

续表

	占收入金额的百分比							
	3000元或以下	3001—4000元	4001—5000元	5001—6000元	6001—7000元	7001—8000元	8001—9000元	9001元及以上
在现有的老年教育活动中，发挥自己的专长，开设课程或分享个人知识	11.3%	7.7%	16.9%	0	23.1%	22.2%	28.6%	0
继续用自己过往的工作或劳动经验，做与老本行相关的有收入的事情	37.7%	11.5%	7.7%	4.5%	7.7%	22.2%	28.6%	10%
继续在原单位发挥余热，传授经验给新人	13.2%	3.8%	12.3%	9.1%	7.7%	44.4%	14.3%	20%
以上都不愿意	9.4%	51.3%	41.5%	36.4%	23.1%	11.1%	14.3%	50%

由表 5.74 可知，实际"老有所为"存在显著的收入差异。收入金额为"3000 元或以下""3001—4000 元""4001—5000 元""5001—6000 元"的被调查者选择"在社区或村里从事志愿服务活动"的占比分别为 34%、25.6%、21.5%、36.4%，说明"老有所为"的贡献性需求得到了一定程度的满足。但收入金额为"3001—4000 元""4001—5000 元""5001—6000 元"的被调查者中"以上都不愿意"的占比分别为 51.3%、41.5%、36.4%，这说明其"老有所为"的实际参与度低。收入金额为"3000 元或以下"的被调查者选择"继续用自己过往的工作或劳动经验，做与老本行相关的有收入的事情"的占比为 37.7%，结合表 5.38 可知，这与其"老有所为"的意愿相符合，说明低收入群体的"老有所为"意愿和实际行动都更倾向于获得一定的物质回报。收入金额为"7001—8000 元"的被调查者选择"继续在原单位发挥余热，传授经验给新人"的占比为 44.4%，其明显高于在该选项的意愿，这可能与其工作性质或工作岗位的需求、待遇有关。相较于"老有所为"的意愿，50% 的收入金额为"9001 元及以上"的被调查者则没有"老有所为"的亲身经历，即存在高参与意愿和低实际参与度的

矛盾，这说明收入金额对该群体是否选择"老有所为"起着关键作用。

表 5.75 不同文化程度人群实际"老有所为"的差异

	占文化程度的百分比				
	初中及以下	高中/中专	大专/高职	本科	研究生及以上
在社区或村里从事志愿服务活动	29.7%	25.9%	23.8%	26.5%	50%
在中小学从事影响下一代的活动	7.8%	11.2%	4.8%	38.2%	0
在现有的老年教育活动中，发挥自己的专长，开设课程或分享个人知识	9.4%	12.9%	4.8%	23.5%	0
继续用自己过往的工作或劳动经验，做与老本行相关的有收入的事情	31.3%	12.1%	7.1%	11.8%	0
继续在原单位发挥余热，传授经验给新人	9.4%	6%	21.4%	14.7%	50%
以上都不愿意	18.8%	45.7%	45.2%	17.6%	0

由表 5.75 可知，研究生及以上文化程度的被调查者"在社区或村里从事志愿服务活动"和"继续在原单位发挥余热，传授经验给新人"的参与占比均为 50%。结合表 5.34 可知，研究生及以上文化程度的被调查者"继续在原单位发挥余热，传授经验给新人"的意愿和实际占比分别为 33.3% 和 50%，这可能是由于对年长学者的态度由"不良资产"向"闲置资源"的转变。以高校为例，已有研究发现年长者依旧保持着较为旺盛的学术活力，延迟退休制度的实行以及高校教师退休政策的弹性制度使得年长学者仍然能够以返聘的形式或特聘教授的身份发挥余热。[1] 这也为老年教育提供了重要启示，即不仅要注重"老有所为"平台的搭建，更要意识到并充分挖掘老年学习者本身所具备的教育资源。

（四）对适应老龄社会教育体系的建构路径态度的分析

将"体系完善策略"重新编码为不同变量并进行反向赋值，原来"非常需要""一般需要""不太需要""不需要"相对应的 1 分、2 分、3 分、4 分，重新依次赋值为 4 分、3 分、2 分、1 分，即需要程度越高，得分越高。

---

[1] 阎光才：《年长教师：不良资产还是被闲置的资源》，《北京大学教育评论》2015 年第 2 期。

表 5.76 KMO 和巴特利特检验

KMO 取样适切性量数		0.965
巴特利特球形度检验	近似卡方	21150.134
	自由度	55
	显著性	0

为了用较少的因子反映老年教育策略，采用主成分分析法提取因子，最大方差法进行因子旋转。设定因子的固定数量为 3 来提取公因数。对此模型进行 KMO 和巴特利特检验，结果如表 5.76 所示，KMO 量数为 0.965，大于 0.7，呈现的性质为"良好的"标准适，表示变量间具有共同因素存在，变量适合进行因子分析。巴特利特球形度检验卡方值为 21150.134，自由度为 55，达到 0.05 显著水平，可拒绝虚无假设，接受净相关矩阵是单元矩阵的假设，代表总体的相关矩阵间有共同因素存在，适合进行因子分析。

表 5.77 总方差解释

成分	初始特征值			提取载荷平方和			旋转载荷平方和		
	总计	方差百分比（%）	累积(%)	总计	方差百分比（%）	累积(%)	总计	方差百分比（%）	累积(%)
1	9.169	83.355	83.355	9.169	83.355	83.355	3.766	34.236	34.236
2	0.425	3.864	87.219	0.425	3.864	87.219	3.33	30.268	64.505
3	0.291	2.649	89.868	0.291	2.649	89.868	2.79	25.363	89.868
4	0.225	2.049	91.916	—	—	—	—	—	—
5	0.184	1.677	93.593	—	—	—	—	—	—
6	0.158	1.438	95.031	—	—	—	—	—	—
7	0.126	1.147	96.178	—	—	—	—	—	—
8	0.121	1.104	97.282	—	—	—	—	—	—
9	0.11	0.997	98.28	—	—	—	—	—	—
10	0.1	0.908	99.187	—	—	—	—	—	—
11	0.089	0.813	100	—	—	—	—	—	—

表 5.77 为采用主成分分析法抽取主成分的结果。解释变异量为特征值除以题项数，如第一个特征值的解释变异量为 9.169÷11=83.355%。累计百分比栏是将每个因素成分所能解释的变异百分比累计相加而得，在"提取载荷平方和"项中，前三个因素共可解释 89.868% 的变异量，解释力

度较强。"旋转载荷平方和"即采用最大方差法的直交转轴后的数据。转轴后各共同因素的特征值会改变，转轴前四个共同因素的特征值分别为 9.169、0.425、0.291，特征值总和为 9.885；转轴后四个共同因素的特征值分别为 3.766、3.33、2.79，特征值总和为 9.886；转轴前四个被抽取因素的特征值间差异较大，转轴后四个被抽取因素的特征值间差异较小。

表 5.78 旋转后的成分矩阵

因子		成分		
		1	2	3
宏观	F4.1: 从国家到地方，应像重视青少年一样，重视老年人的学习与教育	0.432	0.382	0.767
	F4.2: 从国家到地方，建立负责统筹规划老年人学习的专门管理机构（如老年教育司、局）	0.46	0.442	0.711
	F4.3: 从国家到地方，形成各层面保障老年人学习权利的法律法规	0.435	0.563	0.625
	F4.4: 从国家到地方，在各层面上建立老年人学习的经费资助制度	0.358	0.705	0.505
中观	F4.5: 建设市、区（县）、街道（村）各个层面上适合老年人学习的设施	0.448	0.734	0.423
	F4.6: 在市、区（县）、街道（村）各层面上，形成具体的保障老年人学习的制度与规定	0.484	0.705	0.425
	F4.7: 在市、区（县）、街道（村）各层面上，建立各种信息渠道，促进老年人畅通地接受相关教育信息	0.58	0.686	0.306
微观	F4.8: 重视中小学、大学教育与社区老年教育的融合	0.73	0.472	0.34
	F4.9: 开办高水平的老年大学	0.785	0.336	0.404
	F4.10: 开设老年教育相关专业，培养面向老年人的专职教师队伍	0.756	0.395	0.424
	F4.11: 充分利用网络、手机终端，推进线下教育与线上教育的融合	0.746	0.418	0.371

旋转后的成分矩阵中的数值表示的是因素负荷量，数值高低可以反映变量与个别因素的关系，因而可以用个别因素包含的题项变量内容作为共同因素的命名。由表 5.78 可知，因素一包括 F4.1、F4.2、F4.3、F4.4，此因素可命名为"宏观"；因素二包括 F4.5、F4.6、F4.7，此因素可命名为"中观"；因素三包括 F4.8、F4.9、F4.10、F4.11，此因素可命名为"微观"。

为了比较被调查者对于宏观、中观、微观三个层面的需求程度，利用公式"factor1=（F4.1+F4.2+F4.3+F4.4）/4""factor2=（F4.5+F4.6+F4.7）/3""factor3=（F4.8+F4.9+F4.10+F4.11）/4"计算各个因子得分并进行描述性统计分析。

表 5.79 描述性统计

	个案数	最小值	最大值	平均值	标准差
宏观	1340	1	4	3.2256	0.85644
中观	1332	1	4	3.1967	0.89978
微观	1334	1	4	3.1269	0.89151

由表 5.79 可知，宏观、中观、微观三个因子得分分别为 3.2256、3.1967、3.1269，说明被调查者对于从宏观层面完善老龄社会教育体系的需求高于中观和微观层面，这为如何构建层次丰富的老龄教育体系、如何提高老年教育回应需求的精准性和针对性提供了有益提示。

四、实证研究的若干结论与建议

（一）基于实证的调查结论

"老年人是国家和社会的宝贵财富。"在我国当前已经进入老龄社会的背景下，如何通过教育事业的改革、完善与发展，以应对人口老龄化，并实现老龄人口从劣势向优势的转化，是我国近年来社会高度关注的重要议题。[①]本研究基于对北京、上海、广西、四川等地共 1400 份样本的调查数据，已获得如下的调研结果与论据：

从老年社会的背景及老年人参与教育的需求角度进行考察，可以发现被调查群体的整体学习意愿较低，这与中国社会受传统"老年人应颐养天年"的观念影响有关，同时也凸显了中国社会对老年人的精神文化与生活品质提升的关注不足。再就老年人学习倾向的内容而言，健康养生、家政厨艺等在被调查的老年人中需求较高，这也呼应了以往相关研究对老年人

---

① 国务院办公厅：《国务院办公厅关于印发老年教育发展规划（2016—2020 年）的通知》，2016 年 10 月 19 日，http://www.gov.cn/zhengce/content/2016-10/19/content_5121344.htm，访问日期：2021 年 3 月 31 日。

服务家庭、满足个人健康需求的现状。①通过调查研究还发现，现代科技内容在被调查群体意愿学习内容中仅排第三，说明老龄社会背景下提升老年人信息技术与科技素养是一个需要关注的议题。②若就老年人通过教育实现"老有所为"的意愿来看，被调查者大多愿意利用已有知识开展教育服务工作，同时希望能够发挥余热参与社区或提携后辈，这也是本研究对以往老年人与教育等系列问题研究中值得关注的一个突破。

再就现有教育体系对老龄社会教育需求的回应而言，调查发现，无论从学习费用的支出角度，还是就终身学习场所中老年人的学习参与、老年人获得教育信息的渠道等方面来看，目前均未能很好地回应老年人要求参与教育的需求。而教育资源供需的不匹配、家庭养老观念的落后，亦是导致老年人在现有教育体系中被边缘化的重要原因。除此以外，调查还发现老年人具备较为充分的"互联网+"的学习入口，他们在实际生活中通过新闻网页、微信与公众号等社交平台自觉地学习，故而未来就如何回应老年人的教育需求问题，可以以此作为突破口，并有所作为。

接着从适应老龄社会教育体系建构路径的角度探讨，发现被调查者对老年人的教育参与以及重视程度、制度保障、运作机制、体系互通、品质提升等几个层面都极为关注。基于因子分析与主成分分析的结果表明，被调查者对于宏观层面完善老龄社会教育体系的期待高于中观与微观层面。而从国家到地方，重视老年人的教育与学习，设立相应的管理机构，形成相应的立法与经费保障制度，则被大多数的调查者认为是最重要的。

---

① 韩伟、郭晗、郑新：《老年教育需求动机研究——针对老年大学层面》，《人口与发展》2018年第5期。王英：《中国社区老年教育研究》，博士学位论文，南开大学，2009，第112页。

② Rivinen S.. "Media education for older people-views of stakeholders," *Educational Gerontology*, 46(Apr.2020): 195-206.

（二）基于调查的对策与建议

基于对北京、上海、四川、广西等地的调查与研究，我们可以发现，当下的教育体系确实存在诸多如对老年人教育参与的重视不足、老年教育的管理与支持系统不健全、终身教育体系无法很好回应老年人的需求等问题。故此，课题组立足实证调查的视角，从转变观念、制度保障、体系融通、多维互动、运作支持等五个方面，对适应老龄社会教育体系的完善提出若干建议与对策。

1. 加强宣传教育，转变"恐老"传统观念

在我国人口老龄化的社会发展脉络下，传统的惧老、厌老、恐老等观念，以及将老年人视为社会负担的观念仍然十分流行。但对于老年人群而言，其中相当一部分人也未认识到他们作为知识与社会经验的丰富积累者，即使在退休以后仍然可以发挥老有所为与老有所用的功能，特别是有所为与有所学对于老年生活的积极意义之所在。因而，就需要建立相应的教育与宣传机制，以促进社会公众以及老年人自身对于老年价值、老年生活、老年作为的积极认知。

首先，从社会层面加强宣传，使普通民众能从正向的角度去理解年老、认识年老、肯定年老。同时透过老年人在社区中的参与、典型案例的宣传、国外经验的介绍等，使社会公众了解到当下老年人的作为，知晓他们在社会中发挥重要作用的现实意义，明确他们可发挥余热的更多空间。更为重要的是，通过宣传，可以使社会公众对年老形成正确的认识，从而不惧老、理解老，将老化理解为生命成长的常态过程，并了解特定人生阶段的特定意义与价值。

其次，从家庭层面看，应动员不同家庭成员积极支持老年人的社会活动与教育参与，同时通过合理的家庭分工，使老年人真正能在更广泛的社会平台上发挥自己过往的优势，而不仅仅是将他们限制在家务或照护的范畴中。

换言之，家庭对老年人的教育参与和积极支持，将在很大程度上推动老年人在晚年寻求更多的生命意义与价值，并为拓展老有所为的空间做出贡献。

再次，从学校教育的角度看，加强对新生代儿童与青少年接受有关老龄化的相关教育很有必要。如在学校课程中应加入有关人生发展的相关知识，使他们了解不同的人生阶段，以及人生阶段中的核心关注。而通过推进儿童与青少年对老年人态度的教育，则可以使他们尊重老年人的人格、重视老年人的经验，同时培养他们用自己的所学服务老年人、造福老龄社会的意识与责任感。

最后，从老年人自身的角度观察，鉴于当前部分老年人对老有所学、老有所为的理念仍然抱持比较消极的态度，政府与社区等相关部门应该通过教育与宣传等不同途径，使老年人了解到学习与社会参与对于老年人自身生活的积极意义。而使老年人理解积极老龄化、生产老龄化等理念对于社会与个人而言都意义重大，由此才能激发他们参与学习的意愿，同时教育体系的完善也才有了积极的意义与针对性。

2. 制度先行，确保老年人参与教育的机会与权利

从调查中可见，老年人对于"适老型"教育体系的建构，从宏观、中观到微观均有诸多的需求。为此，构建从国家到地方的宏观支持体系，完善相关教育立法、建立相应的经费资助制度，同时设立专门的老年教育与学习管理机构，无疑是重要的政策内容。

第一，国家和地方层面应树立正确的老年教育观念，应将其视为国家教育制度的重要部分，同时以高度重视的态度扭转老年教育被忽视、被边缘化的不利局面。当前，我国充分重视终身教育的理念，因此在老龄社会的背景下，应从终身教育的视野去重视定位与思考老年教育，并将其纳入终身教育体系中去重新认识与定位，如此才有可能从根本上破解老年人对教育的多样需求，克服目前教育体系无法满足的现状。

第二，老年教育体系的完善需要集合各方力量，尤其是专业力量。对

此需要理顺教育、民政、文化、卫生等部门在养教结合工作中的具体责任，同时成立党政领导下的老年教育专业工作小组，以统筹协调各部门职责，并促使协作共赢的格局形成。其中，与老年教育密切相关的部门应该密切配合，其他相关部门共同参与，由此形成一个高效并切合实际的社区老年教育管理体制。

第三，中央和地方政府要加大对老年教育工作的政策支持力度。应该以立法形式将老年教育纳入国家法律体系，同时应把老年教育列为老年人的一项基本权利。而通过政策文件的推进可以加大对经济落后地区软硬件设施的建设与投入，对经济困难老年人的学习补助应列入当地政府的财政预算。

第四，应增加对老年教育经费的投入，由此形成"政府、市场、社会组织和学习者个体多元分担和筹措老年教育经费的机制"。① 同时还应拓展官方、民间（机构、自费）多渠道筹集老年教育经费的渠道，以保障老年人的学习意愿和积极性不因经济问题被挫败。

3. 推动各类教育体制机制的融通，拓展老年教育的渠道

老龄社会背景下的教育体系建构，应致力于正规教育与非正规教育、线上教育与线下教育的互补与融通，同时重视各种终身学习场所向老年人的开放，并关注对老年人的教育服务与学习保障。

首先，需要打造融合多元教育主体、多种教育方式的微观教育平台。同时采取班级授课、代际教育以及混龄式教学的多样方式，并以社区教学为常态，以地方中小学和大学、图书馆、博物馆等为辅助教学点，且依托老年大学、中小学和大学的设施资源、课程资源和教师资源，通过优化老年大学的专业设置，促进老年教育高质量、规范化、专业化人才培养体系的建设。其中打通线上线下教育屏障、积极研发在线教学平台、建立"互

---

① 国务院办公厅：《国务院办公厅关于印发老年教育发展规划（2016—2020年）的通知》，2016年10月19日，http://www.gov.cn/zhengce/content/2016-10/19/content_5121344.htm，访问日期：2021年3月31日。

联网+"教育模式则是当下急待推进的方法与举措。如通过微博和微信公众号推送契合老年学习者需求的教育信息；支持社区设立老年教育学习网站，同时通过网站共享老年教育资源，其中开设社区老年教育资讯、视频在线学习、师生互动专栏，以使无法参与社区课程与活动的老年人可以随时通过网络课程实现自我导向学习。

其次，还可提供包含市、区（县）、街道（村）在内的中观运行保障。市、区（县）、街道（村）应以中央和地方政府的政策规定为基础，建立"一级一策"的老年教育政策体系，同时响应国家政策号召，统筹协调各种教育资源。如充分利用社区公共服务综合信息平台，依托社区养老服务中心、老年人日间照料中心等软硬件设施，发展形式多样、内容丰富的老年教育活动。此外，还可结合信息化时代的信息传播特点以及老年人的信息接受特点，构建老年教育信息专门化平台，提供尊重群体差异性、促进"老有所乐"和"老有所学"的免费学习资源，统筹现有信息获取渠道创新老年教育活动的推广和宣传方式。

最后，应关注老年人在教育体系中的积极参与和余热发挥。创造老年人在教育系统中的参与机会，这不仅指向老年人的老年教育，亦可以是老年人在现有正规教育体系中的参与和服务。同时借鉴一些国家与地区的经验，充分发挥老年人在学生课业辅导、阅读、身心关照等方面的优势，以开展形式多样的老年人服务儿童的活动，使老年人能身在其中地发挥自己的优势长处，也让老年人通过积极参与，而获得成就感与价值观，并由此推动"生产性老龄化"理念的实现。

4. 多维互动，实现老年教育的多重惠及

在打通正规教育与非正规教育、线上教育与线下教育互为融通的基础上，还需要从制度层面积极推动体系内部的多元化人群的沟通与相互学习。其中，可以在现有高等教育机构建立"长者学院"，以利用高校已有资源造福于老年人的终身学习。在长者学院中，可以鼓励年轻学生参与其中，

并与老年人建立代际联系。而通过学院机构的互动，大学生不仅可以获得更多的人生经验，而且在与生产相关的技能层面也可以向老年人学习技艺，更重要的是，将有助于他们形成积极看待老龄的观念。

与此同时，鉴于部分老年人在相关工作领域拥有的重要技能与经验，还可以考虑在大学及中小学教育系统中引入"银龄讲师"项目，以拓展我国现有的"银龄讲学"计划。即鼓励退休技术人员到相应的中小学担任导师或辅助教师的角色，这有助于老年人的教育参与。而在上述参与中，不仅可以促进老化向优化的转型，也更有助于老年人身心安康及现有教育体系的拓展。

此外，还可深度建立代际学习项目，以促进老年人与相关年轻人的互动与互惠式的学习。即通过项目合作和共同学习，使老年人和青年人都可以做到分享知识，相互影响，并共同获得一种对他人的影响及提升赋权意识和合作能力的体验。

5. 规范老年教育过程供给，提升老年人的过程收益

对教育的全过程进行质量监控与保障，是当前国际教育发展的重要趋势。对于老年教育而言，对其过程的全方位、多角度的质量监控和保障同样重要。因为只有这样，才能确保国家与地方的各种教育支持与扶老政策真正落到实处，从而使老年人在教育过程中有所收获与收益。

对老年人教育的全过程进行质量监控和保障，就不仅意味着教育基础设施与资源必须向老年人全方位的开放，同时也需要站在老年人的立场，重新审视各类终身教育场所、学校教育机构中的基础设施，以确保它们具有适老的特性，并保证各种设施与资源对于老年人的可用、适用和好用。同时，教育过程的规范化供给也需要从师资、课程、教学、方式与方法等多个角度，基于老年人的需要与特点开展精准调查与研究，使这些教育过程的内部要素真正适合老年人的生理、心理与社会特征。站在老年人需要的角度，布局与设计教育体系、完善与监控教育过程，由此方能真正建成具有本土特征的、促进老者与社会双向融合的有成效的教育体系。

第六章
我国适应老龄社会教育体系完善的顶层设计与框架

一、我国适应老龄社会教育体系建设的政策基础与导向

（一）政策基础

就老龄工作的推动与老龄事业的发展而言，党和政府一直给予高度的重视。如早在2007年1月，党中央在《统筹解决人口问题的决定》中就指出"要积极应对人口老龄化"。在党的十八大、十九大报告中亦多次明确提出"要积极应对人口老龄化，大力发展老龄事业和老龄产业"。在积极应对人口老龄化的各项举措中，国务院各部委及相关机构更是针对老年教育专门制定了相关法律法规和出台了一系列政策文件。

首先就立法层面来看，在《宪法》第四十六条就明确规定"中华人民共和国公民有受教育的权利和义务"，这一条款从根本上保障了全体公民即使到了老年期依然可以享有受教育的权利。在具体规范我国各级各类教育的《教育法》中亦对与老年教育相关的内容做了两方面的规定：一是明确我国公民有受教育的权利和平等的受教育机会；二是指出国家应建立和完善终身教育体系，实行成人教育制度。而在1996年制定的《老年人权益保障法》(2013年7月1日起施行)的第七十二条中，做了如下的规定："老年人有继续受教育的权利。国家发展老年教育，把老年教育纳入终身教育

和社区教育体系,鼓励社会办好各类老年学校。各级人民政府对老年教育应当加强领导,统一规划,加大投入。"

再就政策层面的举措来看,在进入21世纪以后国务院就发布了一系列的政策文件。如2000年由中共中央、国务院印发的《关于加强老龄工作的决定》;2001年,国务院又印发了《中国老龄事业发展"十五"计划纲要(2001—2005年)》;2007年,国务院批转了教育部的《国家教育事业发展"十一五"规划纲要》;2010年,中共中央、国务院再次联合印发《国家中长期教育改革和发展规划纲要(2010—2020年)》;2011年,国务院发布了《中国老龄事业发展"十二五"规划》;2015年,中共中央、国务院专门制定了《国民经济和社会发展第十三个五年规划纲要》;同年,国务院办公厅在印发的《关于加快发展生活性服务业促进消费结构升级的指导意见》中,再次就老年教育做出了政策性的具体规定。

2016年,由国务院办公厅印发的《老年教育发展规划(2016—2020年)》是第一部有关老年教育的专项规划。其中提出了老年教育的主要目标:"到2020年,基本形成覆盖广泛、灵活多样、特色鲜明、规范有序的老年教育新格局。老年教育的法规制度逐步健全,职责明确、主体多元、平等参与、管办分离的管理体制和运行机制得到完善。老年教育的基础能力有较大幅度的提升,教育内容不断丰富,形式更加多样。各类老年教育机构的服务能力进一步提升,全社会关注和支持老年教育、参与举办老年教育的积极性显著提高。以各种形式经常性参与教育活动的老年人应占老年人口总数的比例达到20%以上。"

2017年,国务院又印发了《国家教育事业发展"十三五"规划》以及《"十三五"国家老龄事业发展和养老体系建设规划》;2019年,中共中央、国务院出台了《中国教育现代化2035》,其中都明确指出要"构建服务全民的终身学习体系……建立全民终身学习的制度环境,加快发展城乡社区老年教育,推动各类学习型组织的建设"。

作为具体落实老年教育的部门，教育部也在一系列文件中提出了具体指导意见，如2000年发布了《关于在部分地区开展社区教育实验工作的通知》，2004年发布了《关于推进社区教育工作的若干意见》，2004年出台了《全国教育事业"十五"规划和2015年发展规划》，2012年制定了《国家教育事业发展第十二个五年规划》，2016年公布了《教育信息化"十三五"规划》。教育部在上述文件中均对办好老年教育机构、开放大学和老年大学做出了相关规定。

（二）老年教育体系建设的价值基础

终身教育、终身学习和学习型社会三大教育理念被中国社会认同已有二十余年的时间了。1993年，中共中央、国务院颁发的《中国教育改革和发展纲要》首次正式使用了"终身教育"的概念。1995年，全国人大将"建立和完善终身教育体系"写进了《中华人民共和国教育法》。2002年，党的十六大又明确把"形成全民学习、终身学习的学习型社会"确立为今后二十年全面建设小康社会的重要目标。党的十八大报告进一步提出了"完善终身教育体系，建设学习型社会"的方针。2010年5月由国务院批转的教育部《国家教育事业发展"十二五"规划纲要》的文件中再次指出，要"完善终身教育体系"，"办好老年大学，扩大覆盖面"。而根据学习型社会的建设目标，各级各类教育都应确立应有的合理地位，其中包括老年教育。因此，确立老年教育在终身教育体系中的合理位置，对学习型社会的建设具有重要的现实意义。

由上所述，随着我国学习型社会建设的不断深入，以及老年教育事业的不断发展，我国对于老年教育的推进已经从法律法规与政策文件层面做出了明确规定。而更多老年人也表示不愿意百无聊赖地"熬日子"，希望能够有更多具有针对性的老年教育与学习项目可供选择，并普遍认同教育养老、文化养老的观念。换言之，老年人接受教育的主要目的不在于学历，而更为注重兴趣爱好、文化娱乐,尤其是通过智能手机与电脑使用的方法开展较为灵活多元的学习活动。由此可见,我国的老年教育已经呈现了"积极老龄化"的态势,并增添了"终身学习"的含义。因此,从社会发展的角度看,教育应该在国家积极老龄化战略的大格局下发挥重要作用,并成为推动国家养老服务事业的重要支柱。

但就目前的状况来看,老年教育的巨大需求与呈现极大反差的现实教育资源与低端服务之间却仍然存在着鸿沟。为此,若要把国家为老年人口提供教育与学习服务的政策变成现实,还需要全社会付出艰巨的努力。再就我国老年教育发展的历史而言,前后不过三十年的时间。目前,我国拥有各级各类老年大学7万多所,并有1500多万老年人在老年大学等机构学习。上述老年教育设施虽然发挥了重要作用,但受制于各种现实条件,所开设的课程种类不多、质量水平不高,覆盖面、参与度不足,供求矛盾突出等已经成为最大发展瓶颈。"一座难求"更成为老年教育热的一个焦点标志。除了开展老年学校教育以外,我国还开展了老年社区教育、老年电视教育等多种教育形式,在一定程度上满足了部分老年学习者的学习需求。由于我国幅员辽阔,老年教育还存在城乡差异,发达地区和欠发达地区的差异等,加之老年教育的研究不够充分,深度不足,基本上还停留在经验交流与汇报总结的层次上,因此未来老年教育的发展仍然任重道远。

目前,在我国虽然已有上千万的老年人通过社区教育或远程教育的形式参与学习,同时初步形成了多部门推动、多形式办学的老年教育发展格局;但老年教育资源供给不足,城乡、区域之间发展不平衡,保障机制不健全,部门协调不完善的现象仍然十分突出,社会力量参与的深度与广度也需要进一步予以扩展。这是当前和今后一个时期继续积极应对人口老龄化、大力发展老龄教育事业的迫切任务。

总体来说,一方面,整个社会面向老年人的教育供给相对老年人的学习需求远远不足。其体现在随着老龄人口的不断增加,物质生活水平的逐渐改善,老龄人口的精神追求,尤其是学习的愿望明显增强,而且学习需求在内容、种类和方式上也都呈现出了多样化、层次性的特点。但另一方面,目前我国的教育供给,在数量、类型、质量和方式上却都不够充分。因此就需要紧紧围绕提升老年人群的综合素质,并按照"积极老龄化""快乐老龄化""健康老龄化"的要求去创新老年教育的内容,改革固有的传统课程及教学内容,以使其更加精彩、更加丰富,并能体现出老年教育的生命活力与吸引力。

再从第三个方面来看,目前社会对老年教育的认识与定位仍然存在偏差。如对老年教育的理解还处在丰富老年人晚年生活的层面,或认为老年教育就是一种消费性的文化娱乐活动,而没有从终身教育、终身学习的高度,将其看作是我国未来教育体系的重要组成部分,并忽视了老年人群体在晚年仍希望通过学习来跟进社会、参与社会和服务社会的内在愿景。为此,如何站在国家战略的立场去高度重视老年教育工作,并同时通过加强规划、精心布局、加大投入、挖掘潜力、整合资源的举措,让老年人能够在家门口就接受各种适合并满足其需求的教育,这也是今后一个时期老年教育必须完成的历史使命与社会责任。

二、终身教育向终身学习服务体系的转换

"十四五"规划期间,我国教育事业的发展重心将逐渐从构建终身教育体系向构建服务全民终身学习的教育体系转移。而这一战略转移的根本意图则在于,当宏观层面基本实现了终身教育理念的深化、制度环境的改善、政策决策的推进等重大突破以后,终身教育将怎样进一步深化为对每个公民终身学习权利的保障、个性化教育需求的支持就成为一个重要议题摆在了各级政府的面前。它体现的是从外部的终身教育体制机制的建设与完善,开始转向内部终身学习需求的满足与质量提升。无疑,这是教育领

域的一次重大思路转换，也是国家教育战略发展的重要转型与新的重大决策。适应老龄社会的教育体系的完善亦将服务于这一总体目标，其中对于老年教育体系的建设，则是构成服务全民终身学习教育体系不可或缺的重要基础之一。

（一）服务全民终身学习教育体系的内涵界定

制定于 2017 年的《国家教育事业发展"十三五"规划》曾明确提出要实现"促进全民享有终身学习机会"，"形成更加适应全民学习、终身学习的现代教育体系"的目标。换言之，国家早在几年前就已经对终身教育的深化以及终身教育体系的构建与转型进行了展望。而当我们基本圆满完成了以上终身教育发展的各项指标以后，如何顺利推进并聚焦"服务全民终身学习"的重大目标，也是继续深化教育改革、创建现代化的新型教育体系、服务国家宏观发展战略目标与满足广大人民群众对自身发展需求而寻求教育支持的重要战略决策与举措。

终身教育的发展是一个始于理念的传播，并通过影响政策及最终落实到实践的过程。目前国外关于终身教育的内涵研究主要集中在以下几个方面。一是关于终身教育的实施主体，认为不应把政府看作是唯一的推进者。如果要把终身学习付诸实践，就需要建立各种各样的伙伴关系，其中应包括民间的，也应包括公共机构的，既涉及地区政府和地方机构的，也涉及社会伙伴和公民社会组织的等等。因为终身教育的发展尤其是体系的构建需要扩宽资源提供的途径，并为体系构建提供资源基础和条件。[①] 二是关于终身教育专职人员的培养与聘用。国外学者的研究认为，应该组

[①] Ioannidou, A.. The Adoption of an International Education Policy Agenda at National Level: Conceptual and Governance Issues. Zarifis G., Gravani M. (Eds), Challenging the 'European Area of Lifelong Learning'. (pp.203-215). Springer Netherlands.

建专兼职相结合的专业队伍。如英国诺丁汉大学的 John Morgan 教授就指出，终身教育机构通常需要聘用大量兼职教师，但是包括专职管理人员在内的兼职师资队伍的匮乏已经成为当前阻碍终身教育在实践中进一步推进的瓶颈。① 三是关于终身教育机构的经费来源问题，虽然各国与各地区有着不同的资金筹措方式，但强化政府责任、加大政府的投入仍是一个主要的趋势。同时，通过多渠道吸纳社会资金，以满足多层次、多类型、多样化的学习需求，也是发展终身教育的重要途径。而针对学习者个体建立经费资助的系统也在一些国家开始尝试，如美国就将助学金的发放范围从普通学校扩展到了终身学习者，并通过个人贷款、税费减扣、雇主教育资助等方式对学习者个体的终身学习提供资助。四是从终身教育体系构建的研究来看，国外学者主要集中于政策和立法的研究层面，即主张通过政府制定政策乃至立法的形式，对终身教育体系的形成与构建提供有效保障。如位于德国汉堡的联合国教科文组织终身学习研究所（UNESCO Institute for Lifelong Learning）在 2012 年的年度报告中，就特别强调政策对于发展终身教育的重要性。该报告指出，那种将终身学习纳入国家课程计划之中，并将终身学习的责任转移到个人而非国家和社会集体，同时把学习和学习的准备看成是个人而非社会的责任，这实际上是忽视了集体维度的社会变革，忽略了国家政策制度的重要影响。② 五是对终身教育的决策研究，国际社会强调应有更多的利益群体参与决策的制定过程与形成，以满足不同类型学习者的学习需求。如美、日、韩等发达国家在进行国家层面终身教育立法之际，均广泛听取各方意见，一个立法草案亦需要经过多道民主讨

---

① Morgan, W. J.：《终身学习、就业与社会发展：高等教育的角色》（英文），载北京论坛：《文明的和谐与共同繁荣——危机的挑战、反思与和谐发展》（教育分论坛论文集），2009，第 72-80 页。
② Mayo, P.. Lifelong Learning and Schools as Community Learning Centres: Key Aspects of a National Curriculum Draft Policy Framework for Malta, Zarifis G., Gravani M.(Eds), Challenging the 'European Area of Lifelong Learning'. (pp. 265-271).Springer Netherlands.

论程序，最后还须经过国会投票表决方才确立。

再就中国终身教育的研究状况来看，早在20世纪70年代末，华东师范大学张人杰教授撰写的《终身教育：一个值得关注的思潮》论文就拉开了将现代终身教育引入中国的帷幕。随后，国内学者先后翻译介绍了联合国教科文组织的，以及日本、英国、加拿大、德国等的相关学者关于终身教育的研究论述。在关于如何构建终身教育体系的问题上，国内学者亦发表了各种不同的意见。一种观点认为，体系构建的关键在于加强和改革学校教育，并充分发挥学校教育在构建终身教育体系中的基础作用。如改革教育教学制度，增加学习者对教育的选择机会，扩大学校的开放程度等。[①]另一种观点则认为，大力开展培训和发展继续教育，建立和完善终身学习、职业培训与能力开发的机制与政策环境，从而建立起一种弹性化的培训和继续教育模式，这对于终身教育体系的完善，学习化社会进程的推动，以及教育信息化建设的大力推进，社会教育培训网络的覆盖，以满足各种类型学习者的需要最为关键。[②]受此影响，国内学者开始普遍关注校外教育，如社区教育等遭遇的发展瓶颈，以及对终身教育体系构建的作用。[③]而开放大学、[④]"学分银行"[⑤]等制度创新与实践的展开，以及对终身教育"立交桥"的创建与展望等，都直接指向了教育体制机制的改革，其涉及的是如何提供政策层面的制度保障，以及如何在行政归属问题上厘清关系，并将

---

① 杨小微：《从终身教育体系构建视角推进基础教育改革与发展》，《教育发展研究》2012年第2期。吴遵民：《终身教育背景下基础教育改革的国际动向——兼论对我国基础教育改革的几点启示》，《教育发展研究》2002年第4期。沈俊强：《全民终身教育与基础教育改革——对UNESCO教育理念的几点阐释》，《基础教育》2009年第9期。

② 郝克明：《建设终身学习体系和学习型社会的研究报告》，《高等函授学报（哲学社会科学版）》2007年第7期。

③ 陈乃林、孙孔懿：《社区教育：终身教育体系的依托》，《开放教育研究》1999年第5期。

④ 郝克明：《建设中国特色开放大学 构建国家终身学习体系》，《光明日报》2013年2月20日，第16版。

⑤ 高子清、张金萍：《论我国终身教育"立交桥"的搭建》，《现代远距离教育》2013年第4期。

公权力的直接推动转变为间接的援助与支持服务，以切实保障公民的自主学习权利等，亦都成为学者们关注的焦点。

通过加强终身教育立法的进程来推动体系的建立，也是近年来国内学者取得的一项共识。如有学者认为无论是从终身教育的理念、社会化学习的发展还是公民学习权的觉醒等内在要求出发，还是从世界共识、贯彻党和国家的意志等外部条件的保障，我国推动终身教育立法都"势在必行"。① 其对于转变我国社会历来的重文凭、轻能力的观念，以及强化全体民众对终身学习的意识，构建终身教育体系的社会等都具有重要价值。② 还有一些学者则对当前我国终身教育的立法基础和既有地方立法进行了深入探讨，如认为当前地方立法还普遍存在着一些问题：对终身教育内涵理解的狭隘化、对终身教育权利意识的贫弱化、对制度化教育模式的固守化、立法资金保障的模糊化、学分积累与转换制度建设的匮乏化，以及从事终身教育专业工作者职称的不清晰化等若干先天不足。③ 而未来立法则应更加缜密与严谨，诸如对基本制度、公民参与、管理体制、经费和其他保障的法律责任等均应予以全面关注。④

还有学者对终身教育体系构建的本质进行了思考，如认为终身教育体系的构建首先就要为人一生不同阶段的发展提供教育帮助，因此必须实现正规教育、非正规教育和非正式教育的整合、协调和互动。⑤ 然而，目前

---

① 杨克瑞：《终身教育立法势在必行》，《中国成人教育》2001年第11期。陈宜安、裴晓敏、杨孔炽：《21世纪人类发展的可能之路——关于立法促进终身教育和学习型社会建设的建议》，《成人教育》2009年第3期。

② 吴遵民、黄欣、刘雪莲：《建立和完善终身教育体系的法律制度研究》，《继续教育研究》2006年第6期。

③ 黄欣、吴遵民、池晨颖：《终身教育立法的制订与完善——关于〈上海市终身教育促进条例〉的思考》，《教育发展研究》2011年第7期。

④ 叶忠海：《加快终身教育法规的制定（下）》，《上海科技报》2007年5月30日，A03版。

⑤ 厉以贤：《终身教育的理念及在我国实施的政策措施》，《北京大学教育评论》2004年第2期。

这一重要理念却仍然处于无法落实的状态。因此,能否在未来政府制定的政策中,对终身学习与教育结构、终身学习与政府角色、终身学习与教育保障、终身学习与教育公平等问题予以持续关注与科学定位,成为终身教育体系能否顺利形成的关键与核心。[1]

我们又梳理了最近十年来我国在终身教育体系研究方面所关注的热点及问题:

其一是终身教育体系与学习型社会应如何具体构建的研究。如有学者提出了我国应把各级各类教育连接起来,以构建终身教育体系的基本框架。[2] 也有学者就终身学习体系的基本内涵进行了分析,认为终身学习体系是以终身学习理念为引领的学习系统,是包括正规学习、非正规学习和无定式学习(也叫无一定形式或非正式学习)在内的各种学习领域之间有机联系的整体,它是以学习者为中心,以培养终身学习能力为目标,从而实现人人有学、处处可学、时时皆学的一种学习体系。其应包容多样化的学习途径、覆盖全纳化的学习对象、囊括终身化的学习时段、指向多维化的学习目标。[3] 但若无终身教育体系的构建,则终身学习的体系也就无从谈起。更有学者指出,中国终身教育体系难以构建的原因首先是需要破解理论与实践层面的各种难题,如对终身教育、终身教育体系的内涵界定、成人教育发展的困境、校外教育发展的政策与体制的弱化、"立交桥"和资格框架的架构问题等。[4] 学分银行的建设对于终身教育体系的构建亦是一个重要的切入点,目前国内有多种学分银行建设的模式,其建设方式、标准均不统一,由此造成了框架体系的科学性及质量保障的问题。[5] 还有学

---

[1] 纪军:《终身学习及其若干教育政策问题初探》,《湖北大学成人教育学院学报》2002年第3期。
[2] 齐幼菊、龚祥国:《终身教育体系构架探析》,《中国远程教育》2010年第21期。
[3] 卢海弘:《构建面向现代化2035的终身学习体系:国家战略视角》,《高等继续教育学报》2019年第6期。
[4] 吴遵民:《中国终身教育体系为何难以构建》,《现代远程教育研究》2014年第3期。
[5] 国卉男、赵华:《多模式下我国学分银行发展的理性反思》,《教育发展研究》2016年第17期。

者指出，学分银行建设是推动全民终身学习体系建设的关键所在。这种新型学习制度，将非学历教育与学历教育较好地结合起来，同时突破了传统的专业限制和学习时段限制，延展了学习者的学习时间和空间，是推进终身学习体系建设的一项创新之举。[1] 学分银行作为资历框架中最核心的制度，是资历框架有效运转、落实资历纵向衔接和横向贯通的重要手段。[2]

其二是对处在终身教育体系构建过程中的成人教育和高等教育的现状研究。其中之一是关注成人教育发展中的技术层面问题，如通过现代信息技术，如何更有效、更有质量地为成人学习者提供各类远程教育、职业技能培训、学历的继续教育等。也有学者基于互联网发展的背景，就继续教育的优势、改革的模式提出了建议。[3] 其中之二则聚焦于成人教育的转型发展，如有研究指出成人教育在学习型社会的建设中应发挥主体作用，应勇当改革排头兵，还应把成人教育作为学习型社会建设的关键力量和重要组成部分。[4] 也有研究指出，高等教育应在终身教育体系建设中起到示范引导作用，应主动开放各类优质教育资源，并发挥理论研究方面的优势。[5] 还有关注成人教育如何转型的问题，如有研究认为应探索多元化、可持续的发展模式，应充分利用高校的教育资源优势及人才培养的特色，对高校中的成人教育发展进行根本性的变革。[6] 另有研究就开放大学的建设对终身教育体系构建应如何发挥作用提出了建议，如提出应加强教育实体机构

---

[1] 陈乃林：《两重视域下全民终身学习体系建设的思考与建议》，《当代职业教育》2020 年第 1 期。
[2] 李德显、马皓苓：《近十年国内终身学习的研究现状与热点分析——基于文献计量与共词分析法》，《中国成人教育》2019 年第 21 期。
[3] 宋伟新、吴林、张伟鸿：《关于"互联网+"模式下的高质量继续教育的探索》，《中国成人教育》2016 年第 20 期。
[4] 李兴洲、陈宁、彭海蕾：《论学习型社会建设中成人教育的社会治理功能》，《中国远程教育》2019 年第 6 期。
[5] 黄文：《网络情境下成人终身学习能力的构建》，《中国成人教育》2018 年第 7 期。
[6] 丁丹、谈传生：《新时期高校成人教育模式转型发展探索》，《成人教育》2013 年第 4 期。

和服务平台的建设,并作为推进重点。①

其三是对于当前蓬勃发展的社区教育以及老龄社会背景下的老年教育进行的研究。学者们对多种模式的社区教育、老年教育的实践进行了理论分析与实践调查,并将这两个领域取得的若干成果与我国构建终身教育体系的基础与资源联系在一起。如有研究认为社区教育应成为一种区域性全民终身教育的实践形式。②还有研究论证了终身教育与社区教育之间的关系,提出应将社区教育定位为推进终身教育、建设学习型社会的重要途径和深入基层的载体。③关于老龄社会背景下老年教育的发展,已有研究从积极老龄化的视角分析了老年教育活动的重要价值,及其发展所体现的终身教育的特征。④还有研究提出一定区域范围内的老年学校、养老机构、社区学校等应共同组织各类教育活动,实现资源的共享与贯通,这也是社区教育和老年教育结合的一种发展模式,其体现的是养教结合的特点。⑤

关于终身教育体系构建的研究,国外学者主要聚焦于政策和立法的层面,即主张通过政府制定宏观政策乃至法律的形式,对终身教育体系的构建与形成提供制度保障。而综合以上国内外学者的研究来看,国内学者聚焦于三个方面:一是强调体系构建的关键在于体制机制的完善,其中能否通过国家宏观调控的方式,整合学校与学校外的有效教育资源,将成为终身教育体系构建成功与否的关键;二是关注体制外教育如社区教育等的发展瓶颈,因为只有基层的社区教育得到了健康发展,终身教育体系的构建

---

① 刘文清:《学习型社会建设中的开放大学——开放大学拿什么面向未来》,《开放学习研究》2018年第1期。
② 沈光辉:《创新福建省学习型社会建设途径和方式》,《福建广播电视大学学报》2014年第3期。
③ 陈乃林:《进一步推进社区教育发展 为基本形成学习型社会夯实基础》,《职教论坛》2016年第21期。
④ 罗志强:《对老年教育本质的理性思考》,《当代继续教育》2016年第5期。
⑤ 王浩:《基于养教结合的老年教育策略研究》,《中国成人教育》2014年第21期。

才有重要的支撑；三是对开放大学、学分银行等新型教育机构的制度建设与实践研究，这是搭建终身教育"立交桥"、连接学校与学校外教育的关键。

需要指出的是，以往的研究基本上聚焦于终身教育体系的构建，而对于国家提出的最新教育发展方针——构建服务全民终身学习的教育体系的研究还没有学者进行过深入的剖析与探讨。我们以为，从终身教育体系的构建转向服务全民终身学习教育体系的形成，其呈现的是对终身教育体制机制的外部建设与完善，开始转向个体终身学习内在需求的满足。而从内涵上来分析，若要构建一个服务于全民终身学习的教育体系，首先需要的就是外部教育资源的更加丰富与有效整合，并且对个体化的学习需求有更加全面与精准的把握，由此才谈得上去满足每个个体的多样化学习需求及普通民众对教育所寄予的深切期待。若再从研究视角上去分析，服务全民终身学习教育体系的构建目标似乎更加强调终身教育微观层面的个性化学习机会的提供，以及普通民众终身学习权利的切实保障，其中尤其需要考虑老年教育的纳入与融合问题。而要实现上述目标，终身教育资源的进一步有机整合与有效利用，以及通过制度建设而大幅度地提供更多惠及不同人生阶段的教育服务则更是势在必行。

（二）终身学习服务体系构建的框架与目标

2010年《国家中长期教育改革和发展规划纲要（2010—2020年）》曾提出要"构建体系完备的终身教育"。在之后《国家教育事业发展"十三五"规划》中又再次对全民终身学习机会的扩大提出了要求，并把它列为教育事业发展的主要目标之一。发布于2019年的《中国教育现代化2035》则更为明确地提出要"建成服务全民终身学习的现代教育体系"。从上述国家发布的相关教育政策与方针的时代变化与历史进程中可以看出，我国终身教育思想的普及、体系的完善，都与不同时期教育政策的推进、教育立法的深化，以及对终身教育理念理解的不断深入有着密切关系。其呈现的是理论先行、政策引导、实践推进的发展特征,体现的是由下到上(民众的学习需求得到了政府的积极支持与响应)、由外而内(从创建终身教育的外部条件转向支持民众终身学习的内部需求)、从宏观转向微观(由重点对终身教育体制机制的完善到深入思考终身教育体系构建的价值基础)等鲜明特质。

为了进一步从宏观层面凸显"服务全民"的特质,并在微观视角落实细化"终身学习需求满足"的具体目标,我们以为未来终身学习教育体系的构建还可遵循以下的研究思路与框架并予以积极推进。其大致框架如下:一是应在借鉴国际先进经验与整体把握国内发展现状的基础上,具体提出构建服务全民终身学习教育体系的基本目标与内容,其中包括构建的价值基础、基本内涵、发展方向与核心理念等。二是需要厘清终身教育与终身学习概念的异同,以及传统教育体系与现代教育体系之间的内在联系,在此基础上就我国"为何构建"以及"怎样构建"从时代背景、现实需求及实践路径和政策保障机制等方面进行深入探讨。其中对政策立法的推进、保障机制的建立、服务平台的扩充、信息技术的支撑等均应给予高度关注。三是在上述各项研究的基础上再就如何构建服务全民终身学习的教育体系提出整体方案,以为"十四五"规划期间的终身教育发展提供政策与决策的建议。

就我们看来,构建服务全民终身学习教育体系的关键在于两个方面:一是做好"服务",二是促进"融合"。所谓服务,指的不仅是为普通民众提供更多、更适合的教育机会,而且还需要为每个公民个体的终身学习需求做好量身定制的精准"服务"。比如,对不同年龄、不同职业的学习者学习的不同需求,应该如何给予具体支持,政府所提供的各种公益性的教育活动及学习信息又怎样才能让基层的学习者便利地参与与获取等等。而"融合"则更是体系构建的关键,因为体系的形成需要通过各级政府与教育部门的共同努力,去汇集各种社会教育资源,但目前的资源整合无疑是一大难题，而为了打破各种阻隔和障碍，就需要通过"融合"的途径予以消解。

简言之，"融合"是先决条件，其要实现的则是"服务"的根本导向。如果不能最大限度地融合社会的各种教育资源，那么服务全民终身学习的远大目标就很难具体实现。"服务"与"融合"理念的提出，体现的也不仅是理论层面终身教育体系向终身学习体系的转型与深化，同时还在政策层面把原先"口号标语式"的空洞型终身教育开始转向落实具体受众的服务型的终身学习实践。这不仅是国家教育发展战略的重大转变，也是终身教育发展到一定历史时期社会对终身教育提出的必然要求。

具体来说，"融合"举措的实现还需要完成以下三项任务：一是理顺终身教育的管理机制，首先建议在国家层面设立一个能够全面统筹各种教育资源并大力推动终身教育整体发展的推进办公室。二是在地方设立相应的终身学习推进机构，如可以通过已有的学习型城市推进办公室或者是教育行政部门中的终身教育处室的转型来建设。当前的困惑是，上述两类部门之间的关系尚未理顺，迄今仍然存在政出多门的现象。因此，建议在省（自治区、直辖市）、市、县（区）政府设立相应的终身学习推进办公室并直接隶属于地方政府，而不是归属地方教育行政部门。这样做的好处是可以更好地协调和统筹区域内的文化教育资源，并解决长期以来因行政归属的不同、体制机制的不同以及利益需求的不同而造成的割裂与阻断的问题。三是建议在国家层面建设一个能汇集各种线上、线下教育资源的一体化学习平台，即通过教育资源的大融通与大融合来解决终身学习者的多样化学习需求。目前不少省区市都建有终身学习或终身教育的网络平台，但地方性教育平台的宣传力度、资源质量、整合水平都明显不足，因此建设国家级的资源平台至关重要。换言之，唯有创建了国家层面的"终身学习大平台"，才能充分保证资源的数量和质量，同时使得每一个公民都能清晰地知晓身边的学习资源，从而达到便捷获取教育学习机会的目的，如此，精准化的终身学习需求也才能得到基本满足。

需要强调指出的是，若要实现精准化的教育"服务"，还有一个关键要素是必须构建一支从事终身教育的专业化队伍，并尽快制定专业人员的培养机制、专业化岗位的准入基准以及专业化水平提升的评价考核制度。就现状来看，目前从事终身教育的专职人员大都由普通学校派遣，虽然终身教育与普通学校教育都是教育，但它们又具有完全不同的性质、不同的对象及不同的内容。终身教育的范畴覆盖了人的一生，因此对象和目标明显呈现多样性和多元化的特点。相比学校教育对象的单一性与学习内容的统一性，终身教育专职人员的教育素养或知识能力明显要求更高。当下，我们对终身教育专业者队伍的建设还不够重视，许多专职人员都是从学校或其他部门转岗而来，他们并不了解终身教育的特征和性状，为此"服务"全民的目标也就无法根本落实。鉴于近邻日本和韩国的终身教育从业者均由大学培养的经验，我们建议，应该在一些有条件的大学试点设置终身教育专业，即通过大学的培养来整体提升终身教育工作者的专业水平。此外，对在职人员还需要加强培训和教育，并逐步建立和完善上岗准入制度、职称评定制度和职业规划与专业发展的推进制度等。

服务全民终身学习教育体系的构建关系未来 15 年国家教育发展的质量与进程，老年教育体系的设计与发展亦是其中重要的环节，同时也是积极适应老龄社会来临的必要举措。以服务全民终身学习为目标，亦必将对老年教育的推进提出新的发展思路。①

---

① 吴遵民：《服务全民终身学习教育体系构建的若干思考——基于服务与融合的视角》，《中国远程教育》2020 年第 7 期。

三、我国老年教育体系建设的发展路径

（一）明确老年教育的发展路径

随着我国老龄社会的持续发展，庞大的老年群体和由此产生的各种经济、社会问题，都会给我国经济社会的发展带来深远影响，老龄化人群的健康和幸福指数开始被高度关注。为适应老龄社会的发展，发挥教育在解决经济与社会、身体与心理问题中的作用，我国教育体系应在老年期教育、老年人教育、老龄化教育，以及为服务老年人的职业教育等多个领域做出有效调整。

一般来说，应对老龄社会的老年教育被称为老年人教育，其定义为以老年人为教育对象，实施符合其心理生理特征的教育活动。基本目的是提高老年人思想道德素养和科学文化素质，并增进健康，同时使老年人能够顺利地进入新的人生阶段，适应新的生活。宗旨是不仅活到老，更要活得好。换言之，老年教育的发展不仅涉及老年群体的切身利益和晚年幸福，同时也与社会和谐稳定密切相关，这也是引发国家、社会及个人广泛关注的重要原因之一。

首先，就国家教育体系层面来看，老年教育是继续教育的重要组成板块。我国目前将继续教育与学前教育、义务教育、职业教育和高等教育等并列，将继续教育定位为终身学习服务体系的组成部分，并作为一种独立的教育类型与学校教育衔接并纳入教育政策的调控范畴。在《国家中长期教育改革和发展规划纲要（2010—2020年）》中就对继续教育的内涵进行了界定，指出"继续教育是面向学校教育之后所有社会成员的教育活动，特别是成人教育活动，是终身学习体系的重要组成部分"。[1] 而老年教育又

---

[1] 中华人民共和国教育部：《国家中长期教育改革和发展规划纲要（2010—2020年）》，2010年7月29日，http://www.moe.gov.cn/srcsite/A01/s7048/201007/t20100729_171904.html，访问日期：2020年8月17日。

归属继续教育范畴,其在国家教育政策中与社区教育融合,故又被称为社区老年教育。

其次,就以青少年及普通民众为对象的老龄化教育国情来看,其应进入对应的义务教育、市民教育等学习领域,尤其是以服务老年人为对象的社区教育也应在职业教育和继续教育等领域有所突显。因此主管老年教育的政策机构应在推进老年教育学习体系构建的同时,横向联动其他应对老龄社会的学习机构共同努力。

再次,就老年教育对终身教育体系的完善来看,其作用也十分显著。由于终身教育体系的构建需要对应从人的出生到老年为止一生的教育需求,因此在终身教育的视角下,重新认识和评估老年教育发展的着力点,并尽力形成开放的、多元化的适老教育体系和制定连贯及综合的政策框架,也是需要思考和推进的重要路径。

(二)完善适老教育体系的政策框架

实现促进老年教育发展的战略转型,需要完善适应老龄社会教育体系的政策框架,而其又具体体现在概念的功能定位、体系的健全构建、政策的完善管理和经费的切实筹措等各个方面。

1. 功能定位:老年教育的积极影响

随着人口老龄化程度的加深,我国将长期处于老龄化的高压之中,老年教育从福利型的康乐教育转向普惠型的大众教育,也使得老年教育从一个相对于其他教育比较边缘的位置一举转化为终身教育体系中具有不可或缺特色的支柱型领域。终身教育和终身学习对个人和社会最根本的启示在于,人的学习和受教育的过程应该贯穿人的整个生命历程,而以老年人为主体的老年教育则在急剧变化和科技进步为特征的全球化时代凸显了它的重要地位与功能,即在维持国家稳定、增强人民获得感、促进个人与社会双向发展等方面产生积极的影响。

如上所述，老年教育是针对进入老年期的群体的教育，其又与社区教育融合，涉及老年服务人员的教育则与当下的职业教育连接，而对于全体社会成员进行的有关老年期（生命周期的后期阶段）的教育又需要对接中小学和大学的教育，再就是，面对全体社会特别是公务员系统进行的老龄化国情教育又需要对接党内教育。

总之，老年是人生的一个特殊阶段，也是生命走向衰退和终结的年龄段，老年更是大多数人会经历的一个阶段，故而需要通过学习来更好地面对。简言之，老年人的幸福与否不仅关系个人，也和整个社会密切有关。

因此，对老年群体进行的教育、对普通大众普及老年期的知识教育、对服务老年人的从业人员进行的教育，以及对公务员等开展的老龄化国情教育等，无论是当下还是将来，在社会稳定、医疗支出、人民福祉以及公民素养提升等方面都将产生重大的影响。

2. 体系构建：构建终身教育"立交桥"

近年来，国际社会已将终身教育视为广义的教育与学习有机融合的综合性概念，这不仅是指初始教育和成人教育的统一，同时也包括各个年龄阶段的正规、非正规和非正式的各种类型的教育。在过去的十多年中，许多国家已经越来越普遍地认同通过非正规教育或非正式教育的学习获得的技艺、知识和能力，与成功完成正规教育课程所获得的技艺、知识和能力具有高度的类似性。而通过国家学历资格框架对个人的学习与培训成果（实际知识、技术水平和能力水平）进行等级评定，并不拘泥于学习与培训的时限和形式，这就可以促使正规教育与非正规教育、普通教育与职业教育、初始教育与继续教育之间的纵向衔接与横向沟通。换言之，国家资格框架及第三者认定就架起了终身教育体系构建的"立交桥"。

与终身教育相对的终身学习是一个以学习者为中心的基本概念。其包含了一种系统的观点，即将学习者置于教育的中心地位，并要求在人生学习的不同阶段能非常广泛地和各种不同教育或学习机构建立强有力的连接。

为此，若要构建健全的终身教育体系，就需要把老年期教育、老年人教育、老龄化国情教育、为老服务人员的职业教育等进行一体化的统筹思考与设计，其中通过资历框架与学分银行的手段可以把正规教育与非正规教育、普通教育与职业教育、初始教育与继续教育等不同类型的教育予以充分连接，并打破横阻在它们之间的制度性壁垒。

3. 政策管理：加强整合与规划

就当下老年教育的内容来看，应从心理疏导、养生保健等以防为主的消极层面转向健康心态、快乐生活为重点的积极态势，并从主要依靠应急项目和临时手段的推动转向战略性的制度构建与政策保障。

发放最低生活保障，帮助老年人获得各种层级的补偿或国家福利固然也是直接造福于老年人的战略，但通过更多地改善老年人的心态，提供再次融入社会的机会来扩大老年人再次参与社会的渠道，减少社会排斥也是一条十分重要的路径。

简言之，老年教育的实践应该走在其他教育实践的前列，并将注意力更多地放在教育政策与健康老龄政策的结合上。

对此，建立高层次、跨部门的终身教育推进机构，统筹规划和指导全国终身教育事业，改变部门各自为政的管理模式，同时在老年教育培训的供给、标准、资格、证书和监督等方面做到更加协调与有效，通过制定有关终身教育的法律来加强法制观念与规范发展则是今后应该予以思考的重要课题。

4. 经费筹措：保障福利与规范市场

老年教育与其他教育一样，应该被视为社会的福利与公共产品，相关的投入应该大量来自公共领域。再从长远的发展来看，老年教育工作亦应在社会影响与经济效益之间进行平衡与考量。简言之，社会效益是首要的，经济效益次之。

总之，老年人某种程度归属社会弱势人群，而公共教育资源的配置本应遵循最优化原则及实现最大程度的社会公平。在各地的实际操作中，一定的人均终身教育经费均被列入了学习型社会建设的考核指标，其中老年教育理应占有重要的一席之地。

四、打通教育边界，完善具有老年特色的教育体系

（一）打破资源整合边界，形成推进合力

综上所述，老年教育是教育现代化与终身教育的重要组成部分，也是人口老龄化与老龄事业的重要组成部分，同时也是党和政府提出构建学习型社会和学习型城市建设方针的重要组成部分。对此，老年教育政策必须充分体现终身教育的原则，并融入老龄事业和学习型城市建设的整体框架，进行资源整合与资金支持。当下的紧要课题是在政策制定层面实现借力使力、统一归口并形成合力。

一方面，终身教育政策在国家层面应表现为积极发展学校外的社会教育，大力倡导旨在提升文化生活品质及人的精神状态的终身学习。对此，以老年教育为切入点推进终身教育视野下的社区教育和学习型城市的建设就显得非常重要。我们建议在顶层设计上，社区教育、终身教育和学习型城市的政策均应向老年人倾斜，同时以老年人为突破口，由此形成家庭学习氛围，进而带动社区和城市的学习潮流。另一方面，在开放大学领域，也应该积极推进老年教育，完善以市开放大学为龙头，市辖区开放大学（社区学院）为骨干、镇（街道）社区教育中心和村（社区）居民学校为主阵地的四级老年教育办学网络。其中对于未设开放大学的辖区，可以通过建设社区学院的方法统一管理。由此就可以形成覆盖城乡的全国老年教育一盘棋、一体化的良好布局，从而为老年教育构筑良好的平台。

（二）打破学习内容边界，变专用为通用

推进老年教育还可以与学习型社会的构建进行整合与对接，即将老年教育的课程内容变得更具通用性。如老年教育中的休闲教育、代际沟通教育等内容就可以和"社区教育"进行整合，并进一步发展为通用型的课程资源。我们建议老年教育课程应遵循"无边界教育""通用性教育""无障碍教育"的原则，同时将老年教育的课程从"专用"转变为"通用"。即把针对特殊阶段（"退休阶段""临终阶段"）的老年专门课程植入面向全年龄阶段的社区学习。同时可以考虑在义务教育体系中嵌入与"生命教育"相关的内容。

（三）打破技术手段边界，推进老年教育平台的亲民化

再就技术而言，其越是发展就越会减少技术使用的壁垒，而越是面向普通大众，就越是减少了技术的存在感，所以针对技术不敏感的老年群体，老年教育尤其需要吸收最先进的技术手段，搭建技术平台、凸显技术特点。

教育需要增加乐趣，老年教育尤其强调教育的娱乐性。对此，选择低陌生感的技术平台，增加学习的内生动力，则是促使老年教育可持续发展的重要因素与动机。故而充分利用已有的全民参与的学习平台，特别是乡镇村民喜欢的短视频平台等，定制专门性的课程将可发挥重要作用。具体策略是加强和短视频企业的合作，并以政府购买服务的形式进行教育内容的精心选择与精准推送。尤其可以从民间挖掘原创内容，并将教育内涵和教育内容融入简短且易重复的短视频中。简言之，充分利用技术手段，降低老年教育成本，并将学习资源与课程设计、师资培训等进行整体组合，由此实现较好的教学效果。

（四）打破人员流动边界，开发老年人力资源

任何一种教育的发展都需要专业队伍的支持，老年教育也不例外。为了加强老年教育的专业性，一是需要组建老年教育管理团队，以为老年教育提供政策和业务支持；二是注重老年教育师资队伍的建设，健全老年教育师资库；三是培养志愿者队伍，扩大老年教育人力资源的广度；四是与街道社区结合，拓宽老年教育社会公益的路径。

具体来说，一是在对老年人进行教育或服务的机构中，应按比例设置老年人的工作岗位及志愿者岗位，并作为机构考核的标准之一。这一举措可以从源头上鼓励老年人参与服务自身的公益性工作，同时保障老年人的话语权。

二是在普通中小学等各级各类学校中，应鼓励教职员工对家中老年人提供教育服务，如制定优惠政策，对于为家中老年人提供学习机会的教职工给予税收减免或其他适当奖励。而从家人做起，可以带动代与代之间的沟通和生活的融合，从而通过学习活动的开展形成良好的教育环境。

三是应该充分利用老年人力资源，为老年教育设计合理出口，降低老年教育成本。现在很多老年大学一座难求，其原因是很多老年人入学以后就不愿再离开，换言之，老年人在老年教育里没有一个合理的出口，所以有限的老年教育资源被相对固定的老年人永久占用。对此可以设置老年人力资源开发项目，大力发挥老年人在老年教育及相关社区教育等领域中的志愿者作用，同时拓展老年人在班级组织、辅导教学、老年教育教学点管理等工作领域中的作用。此举可以通过动用较少的人力资源而获得最大化的学习效果。

五、新型老年大学实践案例分析

在现有的老年教育体系中，我国传统的老年大学结构框架单一，教育资源有限，人群覆盖率低且发展失衡，早已不能满足现有老龄社会日益增长与日趋多元化的老年教育需求。因此新型老年大学应以合作、普惠、乐学、"互联网+"以及交流互动等为内涵关键词，同时通过延伸办学路径、创新办学体制机制、吸引不同类型伙伴合作办学等举措，去积极推动老年教育体系的完善与升级。在这一领域，国家开放大学的老年大学（以下简称"国开老年大学"）作为新型老年大学之一，自2015年正式诞生以来，即在突破困境、拓展资源以及体制机制改革等方面作了一定的探索和尝试，以下即以国开老年大学为例进行重点阐述。

（一）合作办学，构建办学组织体系

1. 共建老年大学

2015年1月28日，国家开放大学正式挂牌成立老年大学。国开老年大学是国家开放大学联合全国老龄工作委员会办公室、民政部中国社会福利协会、人力资源和社会保障部职业技能鉴定中心等单位合作共建而成。新成立的老年大学联合共建单位相关领导与负责人共同组成理事会、校务委员会、专家委员会等，旨在通过共管共赢的路径去探索一种新的管理机制，即依托自身与合作共建单位的条件与优势，同时整合政府、行业和社会优质资源，实现相关单位机构的充分合作与协同发展，以此成为有别于传统老年教育机构的新型老年大学。

2. 构建全新办学体系

国开老年大学的成立，有效构建了覆盖全国城乡的老年教育办学组织及体系。一是在开大（电大）系统鼓励各单位依托自身继续教育与社区教育基础，有序建立远程老年教育办学机构，目前已有29家省级单位成立

了老年开放大学或老年教育机构。二是拓展老年大学规模，加强与各老年大学的合作，并加入高校第三年龄大学联盟，即通过各方优势互补，扩大老年教育的覆盖率。三是完善发展养老机构以及养老协会等为老服务企业体系，研发并运营面向老年人及为老服务从业人员的教育培训项目，以为各类为老服务机构或企业输送教育产品与提供教育服务。四是与政府、协会、企业等合作共建国家开放大学直属老年大学。

通过以上方式，国家开放大学将原有构成单一的老年教育体系，逐渐转变成了四通八达的老年教育全新办学网络，并以老年大学为实施主体，探索各类院校、老年大学、社区学院、养老机构、为老服务企业之间的多元合作模式，以使老年教育立体化、多层级创新融合发展成为可能。

（二）开放教育，学历与非学历融通发展

1. 老年人学习支持服务

国开老年大学坚持以现代信息技术为支撑，推行线上线下一体化相结合的教学模式。一是依托国家开放大学远程教育优势与海量视频课程资源优势，同时基于老年大学学习网、移动端小程序、新媒体以及线下社区各教学点，为老年群体提供线上线下一体化的学习支持服务，并开设更为现代化、技能化的特色课程，如英语、智能手机、电脑应用、瑜伽、老年心理、老年游学等，使老年教育不再局限于书法、绘画、摄影、广场舞等传统内容，从而吸引更多的老年人走进"银发课堂"进行学习。二是为满足老年人深入学习以及学历圆梦的需求，国开老年大学于 2019 年下半年起陆续推出了老年书法等专业，即通过学分银行的学分积累，逐步满足有学历要求的学员最终将获得国家开放大学颁发的荣誉学历证书。

2. 从业人员培养培训体系

一是在学历教育方面，国开老年大学依托国家开放大学各教学学部建设了老年服务与管理、老年社会工作等两个高职专业，并于 2014 年 10 月

起开始招生,以线上线下一体化的模式培养为老服务的专业人才。二是与社会上开展从业人员培训较好的企业合作研发培训项目,以为养老服务从业人员提供一体化、全流程的培训服务。目前已合作开展了"居家老年人照料岗位技能培训""医养照护师培训""反射疗法师培训"等项目,同时还策划了"中医健康咨询指导师""老年乐游指导师"等新职业培训项目,完善从业人员培训课程体系。三是培养专门的老年教育师资与教学服务团队,以更好地支撑老年教育教学服务。

3. 依托学分银行形成证书体系

国开老年大学在成立之初,就依托国家开放大学教学管理规定和学分银行系统,为学习者按照既定规则进行学分积累,即通过学分积累的路径,最终形成课程结业证书、岗位培训证书、职业技能证书与学历荣誉文凭证书一体化、相衔接的特别证书体系。这不仅为老年人与为老服务从业人员提供了证书取得的具体路径与标准,而且也为老年教育体系的完善奠定了坚实的支撑基础。

(三)移动互联,拓展老年教育实施路径

1. 信息化服务打通学习"最后一公里"

《老年教育发展规划(2016—2020年)》提出"促进各类教育机构开放,运用互联网等科技手段开展老年教育"。国开老年大学以远程教育为切入点,目前已建设并运营了为老年人与为老服务从业人员提供远程学习服务支持的老年大学学习网、移动端小程序、运营新媒体矩阵等项目,由此推进了信息化学习体验的环境建设,创新了老年教育的形式和手段,并规范了老年教育的管理机制,提高了老年教育的整体服务水平,最终形成了"线上统一平台+线下学习中心+移动学习终端+个性化服务定制"的一体化业务模式和远程教育体系,从而实现了老年人及为老服务从业人员这两类群体"时时能学,处处可学"的愿想。

2. 以课程为核心汇聚数字化学习资源

国开老年大学还开发了以课程为核心汇聚数字化学习资源的路径与机制。一是通过多种途径汇聚近38万分钟的优质数字化学习资源，并建设大型教学资源平台，由此将碎片化的资源设计整合成主题式的模块课程，同时持续推进"老年安全合理用药"等紧缺特色课程的开发与建设。他们还研发"年轮记""四季手册"等原创性的教学内容与教育栏目，以充实老年教育的课程体系。二是通过老年教育超级课程表，为老年人与养老服务机构输送定制化的精准教育产品与服务，以实现课程的分布存储与统一配送，通过对信息化平台的建设，拓展了老年教育深化的实施路径。

（四）示范基地，打造"教育养老综合体"

《老年教育发展规划(2016—2020年)》还明确提出："探索以开放大学和广播电视大学为主体建设老年开放大学，开发整合远程老年教育多媒体课程资源。支持国家开放大学率先建设在全国发挥示范作用的老年健康艺术教育体验基地。推动有条件的省（区、市）老年大学、开放大学和广播电视大学建设具有地方特色的示范性老年教育体验基地。"

为了贯彻与落实以上文件精神，国家开放大学率先建设在全国发挥示范作用的国家开放大学（魏公村）实体老年大学，同时并通过围绕学习培训、技能培训、健身养生、艺术体验等主线设计教学目标，并制定可供借鉴的规范化管理模式，尤其是在体系建设的基础上整合各类教学基地，并继而通过输送服务平台、共建共享资源及互通共赢项目的设计和建设，研发出适合老年教育需求，融合先进教育理念及技术的"教育养老综合体"，并使其成为信息化、可复制、可推广的标准化产品，最终实现教育与养老融合的目标。

综上所述，国开老年大学充分利用先进的信息技术手段与开放教育的理念，并通过与各合作单位共同构建老年教育新体系的路径，将老年教育作为国家开放大学促进终身教育体系建设,推进全民学习、终身学习学习型社会形成的重要组成部分,而为老年群体及为老服务从业人员提供了享受继续教育、终身学习的资源平台与精准化服务。

第七章
我国适应老龄社会教育体系完善的对策与建议

2020年10月,在北京召开的中国共产党第十九届中央委员会第五次全体会议郑重提出了"实施积极应对人口老龄化"的国家战略,[①]而根据习近平总书记在教育文化卫生体育领域专家代表座谈会上的讲话,以及中共中央、国务院印发的《中国教育现代化2035》的方针,构建方式更加灵活、资源更加丰富、学习更加便捷的终身学习体系,并完善全民终身学习的推进机制,更是已经被确立为新时代中国特色社会主义教育发展的重大战略任务。[②]要实现以上宏伟目标,推进适应老龄社会教育体系的完善研究,以填补终身学习体系的空白,并积极应对人口老龄化的趋势,在当下已经成为一个十分必要且紧迫的重要课题。

根据对新时代我国社会老龄化的特征分析,以及对国际社会老年教育发展经验的借鉴,要推进适应老龄社会教育体系的完善,还需要着重思考两个方面的问题。一是必须转变对老年人的认识和陈腐观念,即从"消极老龄化"转为"积极老龄化",从"消费老龄化"转向"生产老龄化",并由"福利老龄化"升级为"成功老龄化";二是构建完善老年教育的体系,

---

[①] 新华网:《中国共产党第十九届中央委员会第五次全体会议公报》,2020年10月29日,http://www.xinhuanet.com/politics/2020-10/29/c_1126674147.htm,访问日期:2021年4月3日。

[②] 中华人民共和国教育部:《中共中央、国务院印发〈中国教育现代化2035〉》,2019年2月23日,http://www.moe.gov.cn/jyb_xwfb/gzdt_gzdt/201902/t20190223_370857.html,访问日期:2021年4月3日。

国内迄今还没有构建专门面向老年人的老年教育体系,因此其不仅不能满足"积极老龄化""生产老龄化"和"成功老龄化"提出的新要求与新功能,甚至也不能满足"消费老龄化""福利老龄化"的基本要求,因此在转化教育理念的同时,还必须进一步拓展并完善老年教育体系,优化老年教育的办学品质。①

2020年11月,国务院办公厅印发了《关于切实解决老年人运用智能技术困难的实施方案》,提出要从国家层面帮助解决老年人在互联网、大数据、人工智能等信息技术时代背景下面临的"数字鸿沟"问题。②上述文件精神意味着国家在"十四五"期间将汇集起全社会更多的资源,并形成行动合力,以积极提升老年人的幸福指数。实践证明,教育是促进个体持续个性化、社会化发展的重要条件与因素。因此,在"十四五"期间,中央及各地方政府应当采取更加积极主动、科学持续的行动举措,并着重解决两个方面的基本问题:一是要在长期目标上转变认识、重塑理念,并围绕适应老龄社会的特征、切实满足老年人的需求,同时对教育体系进行"深度改革"与"再次完善";二是应该进一步优化老年教育功能,扩大老年教育供给,完善老年教育的办学机制,以有效推进适应老龄社会教育体系的完善,并让老年人享有真正的幸福生活。

一、应对老龄社会的人口政策调适建议

就当下而言,我国虽已达成全面建成小康社会的战略目标,但整个社

---

① 吴遵民、邓璐、黄家乐:《从"老化"到"优化"——新时代老年教育的新思考与新路径》,《现代远距离教育》2019年第4期。
② 国务院办公厅:《关于切实解决老年人运用智能技术困难的实施方案》,2020年1月15日,http://www.gov.cn/zhengce/content/2020-11/24/content_5563804.htm,访问日期:2021年4月3日。

会却"未富先老"、"人口红利"减弱,发展不均衡的现象突显,这很有可能成为我国实现社会主义现代化强国目标的严重阻碍。对此,适时调整生育政策,优化人口空间布局,大幅度地提升人力资源的开发水平,这对于在全社会进一步强化教育、促进人力资源的开发及提升都将起到战略性、基础性与全局性的作用。

(一)适应人口变动的矛盾,适时调整人口政策

鉴于以上对老年化问题的分析,目前应采取一些有效措施,一是尽快调整生育政策,让生育决策权重回家庭。我国人口早已进入低增长阶段(约0.5%),在未来十年左右的时间内,将转向人口负增长和人口总量逐步萎缩的阶段。人口的变化有很大的惯性,人口老龄化与负增长的趋势一旦形成,在很短时期内将难以改变,因此应适时调整人口政策,允许和鼓励家庭自主选择生育数量。而调整生育政策,不会导致生育数量的"颠覆性反弹"。如2016年总和生育率提升至1.7以上,[①]但仍低于2.1的更替生育水平,亦比美国2016年总和生育率低10.5%。让生育权利回归家庭以使生育恢复家庭行为的本意,成为人类社会自然属性的一部分,其有利于社会平稳运行。此外,调整生育政策,国家也可以大大缩减计划生育管控队伍,并节省一笔巨大的管理成本。

二是在以往计划生育基本国策的基础上,赋予计生政策新的内涵。过去四十多年的经济社会发展带来了中国人口总量的有效控制和居民生育意愿的彻底转向,由此使我国以最快的速度解除了"人口爆炸"的风险,计划生育政策亦实现了中国人从多生到优生的观念转变,如此才奠定了今天小康社会的基础,中国的计划生育也为全球生育控制创造了经验。近年来

---

① 国家卫生和计划生育委员会:《2016年我国卫生和计划生育事业发展统计公报》,2017年8月18日,http://www.nhc.gov.cn/guihuaxxs/s10748/201708/d82fa7141696407abb4ef764f3edf095.shtml,访问日期:2021年4月5日。

随着出生率的大幅度降低,我国政府及时调整了生育政策,但其并不意味着彻底取消计划生育的限制,更不能因为政策调整就全盘否定以前实施计划生育政策取得的成效。进入新时代以后,以控制生育数量为重点的计划生育政策已经完成了阶段性的历史使命,当下的"计划生育"概念已经更加贴近"family planning"的本意,即计划生育的主体应是家庭,新组建的国家卫生与健康委员会亦应该对今后的计划生育政策赋予新的内涵。我们认为,今后的工作重点应该是为家庭自主及有计划的生育提供优质服务,业务内涵也应更多地转向宣传普及优生优育和医学领域。具体包括:完善母婴健康服务,降低婴儿出生缺陷率,切实提高人口素质,降低孕产妇死亡率;帮助育龄夫妇自愿选择避孕措施以实现自己的生育计划,避免意外怀孕并降低人工流产对女性造成的伤害;适当帮助不孕不育夫妇通过辅助生育技术实现生育意愿;进一步解决出生人口性别比的失衡问题;完善计划生育家庭的特别扶助制度,对实施计划生育造成的失独家庭、重残家庭应健全有效帮扶的救助举措;等等。由此提高人民群众的获得感和幸福感。

(二)依据区域多样化特征,制定和实施各大区域因地制宜的人口发展战略

一是关注人口总量与人口结构变化的内在协调,优化人口分布。人口变动的过程从来不是单纯的人口总数变化的过程,而是伴随着人口结构演变的复合过程,因此人口区划的研究必须深化到结构层次。在区域之间存在活跃的迁移流时,迁移者往往以中青年男性居多,长期发展下去就会放大迁出地人口快速老化而迁入地保持年轻化的区域差序格局,这显然不是人口可持续发展追求的目标。因此,必须在依据人口分布的特点进行人口综合区划的基础上,关注区域人口总量增长与人口结构变化的内在协调,在实现人口总量目标的同时,优化人口分布,减缓人口老龄化。

二是创新以市场导向、政府干预的区域人口协调机制,实现空间的相

对均衡。区际人口协调有不同层次，首先是人口大区之间的协调，其次是人口大区内各子区域之间的协调，通过协调实现空间相对均衡。人口是经济活动的参与者，也是经济过程的基本要素（劳动力和人力资本），因此市场应该成为引导和调控人口变化的重要力量，有效的人口区域协调机制应当调动这股市场力量。但是市场力量的基本逻辑是经济利益导向，在大城市地区，人口集聚是提升规模效益、增强外部经济性的主要途径，完全听凭市场力量势必加大人口发展的不均衡性，导致大城市人口集聚并劣化大城市的病理性现象，因此着眼于综合效益最大化的人口区域协调还需要政府力量的干预。重要的是政府在人口区域协调发展中必须坚持正确的价值判断和政策导向，由此才能在市场力量面前保持正确的方向，并与市场力量相得益彰。

（三）实施老龄化背景下的人力资源强国新战略，构建与之相适应的面向全民的终身教育体系

党的十九大报告指出"实施区域协调发展战略"，"优先发展教育事业"，"办好继续教育，加快建设学习型社会，大力提高国民素质"，"加快建设人才强国"。根据以上方针，就亟须改革和创新我国现有的以学校教育为主体的教育体系结构，并构建与老龄化社会相适应的终身教育体系，以促进全民终身学习、服务于每一国民"全生命周期"发展为教育改革与发展的新价值取向，通过优质教育更好地释放全社会的人力资本潜能，从而快速提升人力资源的整体质量水平，以此补偿人口红利消失的负面影响。为此，我们提出以下政策建议。

一是研究编制国家层面的区域教育和人力资源发展规划，以及面向全民的终身教育体系。人口老龄化进入及到达高峰的时间存在城乡及区域差异，研究制定国家区域总体的教育和人力资源发展战略，编制各区域发展规划,建立规划实施的动态调整和工作推进机制十分必要。建议由教育部、

发改委、人力资源和社会保障部等牵头建立规划工作的持续推进和区域协同发展的机制。而构建面向全民的终身教育体系，则应由相互衔接、协调发展的各级各类学校教育系统与继续教育系统有机构成。学校教育系统改革的重点是大力培养学生的终身学习态度与能力，优化各级各类学校的人才培养质量。继续教育系统整体较为薄弱，但却是开发人力资源、提升国家技能竞争力最为直接的途径。应该认识到，没有现代继续教育系统，终身教育体系不可能建成，教育现代化的目标也不可能实现。为此，应加强顶层设计、宏观统筹、政策保障、制度创新，夯实继续教育基础，激发继续教育办学机构的活力，花大力气做好继续教育质量保障，大力开发从业人员与老年人力资源，以将人口劣势转化为人力资本红利，并于2035年进入全球人力资源强国行列，从而为全面实现社会主义现代化强国的建设目标提供坚实有力的人才支撑。同时，明确各类继续教育机构的教育属性与功能定位，促进继续教育与其他各级各类教育之间的协调发展，以构建具有中国特色、强力支撑国家现代化的终身教育体系。我们还需借鉴欧美、日韩等地的经验，建立适应知识社会所需的继续教育从业者队伍的专业化体系，以使他们获得应有的职业尊严和社会保障。而加快扭转与终身教育、继续教育发展密切相关的学科建设、理论研究与专门人才培养匮乏的局面，也可以为办好继续教育、加快建设学习型社会提供必不可少的人才支撑。

二是构建工作场所教育体系，大力提升年轻劳动人口群体的就业能力与创新、创业能力。工作场所是提升岗位工作能力最为直接、最为有效，也是最为重要的途径，是每个人人生出彩、实现自我和奉献社会的最为重要的途径。为此，要做大做强我国的工作场所教育体系，通过政策推进引导有条件的行业企业举办好企业大学等教育培训基地。同时，也要注重公共职业培训机构的建设，以为新兴行业、中小企业人力资源开发提供专业服务。其中尤其要通过教育部门、各类办学机构与人社等部门及行业企业的联动，加强对经济转型与产业更新亟须的重点人才群体、紧缺人才群体及特殊群体的人力资源开发，提升其就业能力与双创能力，以高水准的人力资源质量作为人力资本红利，由此消解人口老龄化、少子化可能给未来中国经济社会发展带来的负面影响，以实现我国社会从"老化"向"优化"的跨越式发展。

三是构建普惠性老年教育体系，有效发挥老年人力资本在知识服务、社区创新、家庭服务等领域的巨大潜能。老年人拥有丰富的人生经验与生活智慧，是家庭和社会的重要人力资源。建议在全社会各级各类学校开展人口老龄化的国情教育，使全社会认识到未来人口老龄化的基本趋势，科学认识老年教育与人力资源开发的重要价值，在老年人中积极倡导老有所学、老有所为的价值追求，并使其树立长者风范，转变老年人口是社会负担的片面观点。由于老年教育是提升老年人口素质，开发老年人力资源的有效途径，因此应将普惠性社区老年教育列入教育基本公共服务范畴。与此同时还要促进老年大学转型发展，并充分发挥老年大学的资源优势，积极服务、扶持地方老年教育的发展，以基本满足2020—2035年期间提升2亿—3亿老年人素质的庞大需求。简言之，要充分释放全社会力量举办老年教育，并将教育作为积极老龄化的重要举措，去有效提升老年人生理和心理的健康水平，同时，通过政策创新，鼓励老年人学有所用、老有所为，并通过机制创新，帮助老年人更好地以志愿者等方式实现自我，回馈社会。

四是延长义务教育年限，以"教育红利"替代"人口红利"。人口老龄化、劳动适龄人口下降所引起的"人口红利"的减少引起了社会广泛关注。实际上，人口红利包括了两个方面的含义：其一是数量上，主要表现为劳动适龄人口的数量；其二是质量上，主要表现为人力资源或者人力资本的水平。教育（包括培训）则是提升劳动力素质的最主要方式，通过发展教育提升人力资源红利，抵消人口数量红利下降的影响，进而形成"升级版"人口质量红利，是我们应对人口老龄化的最主要手段。与OECD国家的人力资源质量指标相比，我国不仅在高等教育毛入学率、百万人口中大学生数和工程师数等指标上存在较大差距,在劳动年龄人口受过高中教育的比例上差距也十分明显。为此义务教育向高中学段延伸,这一选择将有助于提高我国整体教育发展水平,缩小区域教育发展差异,并整体提高我国人口的受教育水平,以追赶发达国家的人力资源开发水平。

(四)利用人口老龄化的区域差异,推进跨区域的教育与人力资源发展合作

加快适应、加快缩小我国人力资源开发水平与发达国家之间的差距,是国家推进现代化发展以及国家成功实施一系列重大战略和全面建成小康社会后国家持续发展的一项基本任务。这要求我国必须从建设人力资源强国的战略高度,坚持理念与制度并重,同时,追求理念创新、着力创新制度、谋求创新发展。对此建议如下:

一是推进跨区域的教育与人力资源发展合作。在提升人力资源整体水平上,继续发展高中阶段教育和高等教育,优化职业教育和高等教育结构,提升高等教育的科技创新能力,大力发展继续教育。我国地域辽阔,各地区的自然、经济等条件差异显著,区域发展不平衡是我国的基本国情。由于区域经济发展及生育情况的差异,导致中国人口老龄化程度的阶段性差异及空间分布的区域性差异,也使得人口老龄化对经济社会的影响变得更为错综复杂。劳动适龄人口下降也存在区域上的时间差,东北下降最快,西部地区缓慢。因此,应推进跨区域的教育与人力资源的发展合作。

二是建立跨区域的教育与人力资源发展合作联动的新机制,建立以国家项目引导的推进新机制,建立互利发展的良性合作新机制,以及建立区域内外合作联动的教育和人力资源发展新机制。由此可以充分发挥区域增长极的战略引领和支撑功能,加大高层次优质人才培养、科技服务、学科建设、教师队伍建设等方面的辐射服务,以促进跨区域教育和人力资源的发展与交流。

三是推动高等教育发展政策向西部倾斜。高等学校布局的重心适度西进和下移，同时在新设置高校的审批上向中西部地区倾斜，以鼓励高等教育薄弱的中西部地区培育和做强若干个有特色、面向地方服务的本科院校。这对于满足根据地区经济社会发展水平和劳动力需求，基本实现地级市普遍设置高等学校，大部分地级市设有本地实用的本科、专科等应用专业以满足区域发展对人力资源和人才的需求十分必要。

四是建立产学研一体化的区域协同推进机制，建设若干学科专业建设的区域合作高地，及建立产学研一体化的跨区域协同创新中心和区域教育与产业深度合作机制。这是打通企业与学校之间的制度性障碍，便于相互职业岗位转换、专业资格认证和薪酬福利换算的人力资源管理的有效举措。

五是制定切实措施鼓励低龄老年人异地发挥余热。借助经济转型期经济结构调整、市场细分等契机，通过政府扶持与市场化运作相结合的方式，积极发展老年教育、老年旅游、异地养老等老龄产业，建立老龄事业的管理体制和机制；同时通过税收及政策优惠鼓励低龄老年人异地发挥余热，构建就业信息服务和保障机制，以为低龄老年人在居住地开展跨区域服务及异地养老的老年人在养老地参与当地建设发展提供方便及合法权益的保障。

（五）完善我国社会养老服务体系和老年群体健康支持体系

针对我国社会养老服务体系当前及未来较长时期内将面临城乡之间如何协调发展、区域之间如何均衡发展，以及如何让老年人具有真正的获得感等挑战，老年群体健康支持体系仍存在"轻预防"、缺乏连续性医疗卫生服务等突出问题，特提出以下政策建议：

一是有效提升未来我国城乡协调和区域均衡发展的社区居家养老服务质量。建议增加社区居家养老服务机构，在城乡之间、区域之间合理分布社区居家养老服务机构与设施；大力发展社区嵌入式、多功能、小型化设施；通过服务预约保证定制化、便捷化的社区居家养老服务；建立长效的家庭扶持机制，实施家庭照护者培训项目，建立"喘息式服务"机制，对家庭照护者实行经济扶持；逐步构建社区居家养老服务"三级梯次"的补贴制度。

二是在"积极老龄化"战略指导下促进更多低龄老年人适度参与社会活动。"积极老龄化"是在 2002 年联合国第二届老龄问题世界大会上被国际社会广泛接受并作为应对人口老龄化战略的新理念，它以"对老年人的认可和对他们充分参与的促进"为主要内容。世界卫生组织在《积极老龄化政策框架》的"导言"中明确指出："从一个广阔的视角，对健康进行了研究，并承认这一事实，即健康只有通过多方面的参与，才能增进和保持。"2022—2035 年我国将出现空前的 60—69 岁低龄老年人口迅速增长期，应引导和鼓励更多低龄老年人继续适度参与社会劳动、志愿服务和各种文化体育活动，达到既有利于促进 2020—2035 年我国经济和社会发展，又有利于降低 2035—2050 年我国中高龄老年人患病率和失能失智率的双重社会效益。建议积极研究和出台低龄老年人参与社会活动的相关政策，计划到 2035 年，城市地区低龄老年人参与社会活动比例超过 80%，农村地区超过 50%；到 2050 年，城市和农村地区该比例均应超过 85%。

（六）建立我国多机构跨界协同个性化智慧养老服务体系

本研究根据党的十九大报告强调"加快建设创新型国家"，及为建设"数字中国、智慧社会提供有力支撑"的精神，在全球网络化、专业社会化、跨界融合化的大背景下，针对我国健康养老服务业数据资源散乱、设施设备短缺、服务质量低下等问题，将科技创造与改革创新作为智慧健康养老产业的强大驱动力，推动医疗卫生服务延伸至社区、家庭，规范和推动"互联网 + 健康医疗"服务，扩展养老产业目标群体，快速建立"全生命周期"和"全时空"概念的智慧养老服务体系，提出以下政策建议：

一是运用科技创新搞好养老服务多部门机构的数据和资源整合。在全球网络化、专业社会化、跨界融合化背景下的健康养老产业链不仅指养老产业，更囊括医疗、护理、监管、保险等多个部门和机构，甚至需要连接支付、教育、文娱、旅游等第三方服务机构。由于众多机构的数据和资源格式标准不同，内容互有重叠、断层或冲突，服务机制和结构亦各有差异，故会带来机构间信息孤岛多、数据融合难、协同服务效率低等问题，因此养老服务多部门机构的数据和资源整合是关键之一。运用多源异构大数据融合与重构技术，将医疗、养老、护理、监管、保险等多部门机构数据进行整合，能够实现高效的消息集成与数据协同，可为提供全生命周期高效协同的持续性医养健服务奠定坚实的数据基础。目前国内智慧养老产品种类繁多，尤其是面向数字家庭领域的健康监护产品，如可穿戴式健康监测产品、便携式电子产品、固定式监控照护设备、智能家居等，这些设备均能在一定程度上采集健康数据，包括日常生理特征、睡眠数据、环境数据等，但后续的数据分析、健康评估、健康管理等服务明显不足，且不具备长周期持续性，各种不同设备之间数据难以互通，不能构成统一标准，从而难以达到对老年群体进行全方位健康监测的目的。因此，将物联网广泛应用于各类健康监测监护设备，集成便携式、移动式、健康小屋、智能康复仪等健康监测、智能家居类设备并建立全方位的健康监测物联网，实时监测老年人健康生理指标，从而实现全面健康信息的收集和利用，由此将居家养老、社区养老和机构养老三种模式与医疗、护理、监管、保险等多机构在智慧养老服务层次上实现资源整合，并形成一个完整的多机构跨界协同且个性化的养老服务体系。

二是研发提高智慧养老服务水平的关键设备设施。目前，国内相关领域对智慧养老服务水平的关注度仍有欠缺，研发能够提高智慧养老服务水平的关键设备设施是我国智慧养老事业发展的关键方向之一。针对多机构间跨界协同机制缺乏、知识资源分散、服务机构重叠、异构系统多而杂等问题，即便运用大数据多源异构融合重构技术能够对各个机构的数据和资源进行整合，但现有机构间的协同服务、平台连接和数据互通也难以一蹴而就，其中关键的纽带部分即协同集成中间件和数据接口适配工具等尚未齐备。因此，研发协同集成技术和机构间、平台间数据接口适配工具以实现数据协同，才能够实现高效的消息集成与数据协同，并提供全生命周期高效协同的持续性智慧养老服务。集成芯片具备体积小、耗能低、可靠性高、成本低等优点，可以说它是智慧型智能化养老的硬件底座，在2035年通过量子计算机即可望实现，之后现行的解密手段等都将形同虚设。量子加密技术可以用于保护个人用户的健康信息，因此运用集成芯片及量子加密技术打造安全及低成本数据采集系统，并应用于数据采集点或陪伴机器人等智慧养老设备设施，可以起到保障健康数据采集的准确性、稳定性和传输安全性的重要作用。

三是为空巢失能老人提供主动、精准、个性化、全生命周期的智能服务。目前国内养老平台众多，为老年群体提供的服务亦多种多样，但由于区域差别、城乡差别、贫富差别、不同老年群体需求差别等情况，在智能养老服务的主动性、精准性、个性化、全方位等方面还颇有欠缺。尤其是空巢失能老人中的高龄、孤寡（指无配偶、无子女的老年人）和失能老人，除自身有健康养老服务的需求外，还有陪伴聊天等服务需求。失能老人即丧失自理能力的老年群体，此类老人一部分处于长期居家且24小时有护工的状态，另一部分处于社区机构养老模式下，需要一些人工智能的设备来协助护工或机构为老人提供精准、个性化、全生命周期的智能服务。通过人工智能技术的支撑，还可以根据不同受众进行细化，如在服务推荐技术和智能匹配上进行更深入的研究和创新，从而通过线上线下联动，实现任何老年人在任何时间、任何地点均可通过各种形式获取所需的各类精准服务，如个性化智能家居设备、家政机器人、陪伴机器人等。

二、强化体系构建的问题意识

当前,在面对老龄社会的到来之际,我国原有教育体系的"未备先老"特征十分明显。基础教育、职业教育、高等教育等教育领域的现代化建设任务仍十分艰巨,而社区教育、老年教育、职业培训等校外教育形态的发展则非常滞后,尤其体现在各教育形态之间的融合与沟通十分薄弱。在此背景下,要推进适应老龄社会教育体系的完善,就不能单纯从一个局部的层面通过制定专项政策或举措去完成,而是需要从整体上对原有的教育体系进行深度改革与顶层设计,如要推动新教育体系对老年价值的重新认识与界定,以及从终身发展的视角去重新明晰老年教育的作用与功能,并形成对老年社会的正确理解与定位。

(一)基本问题的确立

就我国教育体系的发展与演变来看,教育的每一次重大改革大都是伴随着社会改革的重大使命与任务而发展起来的;老年教育作为国家教育体系的一个组成部分,是伴随着社会老龄化的形成而逐渐受到重视和关注。当社会面临各种迫切而重要的现实课题之际,各种形式的教育实践往往会领先于基础理论的研究,反之,因为系统而完善的理论研究的匮乏,又往往会给社会造成由于认识的不充分、理念立场的偏差而使实践活动难以深入并持久推进的困惑与问题。那么,面对老年化社会的问题,老年教育又需明晰哪些基本理论问题?我们认为,以下两个问题必须在认识层面达成共识。

1. 面向老年人的教育应重新明确其在国家教育体系中的地位与职能

既然应对老龄化问题已经成为国家的基本战略,那么积极发挥老年教育的作用以解决老龄社会面临的各种问题就非常必要。对此,国家教育体系就应在老年期教育、老年人教育、老龄化国情教育、为老服务人员的养成教育等多个领域做出必要的分类与调整。

首先,对以青少年、公务人员及普通民众为主要对象进行的应是老龄化国情教育和老年期教育,对此就应该对应义务教育、干部教育和社区教育等领域。而对于以老年人为服务对象的专业工作者或志愿者而言,则应在职业教育和继续教育等领域加强专业性的技能教育与服务意识。至于老年教育的推进主管部门更应在办好老年教育的同时,横向建立并扩展推动老年教育与其他各种教育形态之间的融合与沟通的协作关系。

其次,需要将老年教育置于终身学习的视角,对其发展与推进的着力点予以精准评估与思考,力求把老年教育建设成一个开放的、务实的综合框架与系统,即在纵向层面,老年教育应确立为继续教育的重要组成板块;而在横向层面,其又应与基础教育、社区教育、成人教育等进行有机链接与深度融合。

2. 需要形成对老年教育的全面认识与重新定位

相对老年教育的具体实践而言,目前我国在理论层面的研究相对滞后,迄今为止,既没有对老年教育的理念形成统一的认识,也没有充分彰显老年教育的重要功能。

为此,首先在理念层面需要进一步深化研究,以加速形成统一的观念与理解。目前我国在理论研究层面滞后,主要是对老年教育的内涵及本质缺乏论证,以致至今没有形成统一的认识。如:有人认为我国老年教育的基本内涵就是"健康教育、适应教育、参与教育与快乐文化教育";也有人认为老年教育就是向老年人施加的有目的、有计划和有组织的影响活动;还有一种观点则认为老年教育应是以老年人为对象的教育体系,它融普通教育、高等教育与职业教育于一体,不仅是成人教育的组成部分,同时也是终身教育的最终阶段。[①] 从上述所罗列的若干观点来看,目前对老年教

---

① 吴遵民、邓璐、黄家乐:《从"老化"到"优化"——新时代老年教育的新思考与新路径》,《现代远距离教育》2019 年第 4 期。

育的内涵把握仍然还处在模糊不清、肤浅表面的状态，由于对老龄社会的本质特征及其深层问题依然缺乏清晰的认识与整体的把握，以致对老年教育的本质究竟是一种社会福利，还是继续促进人的生命成长的教育活动，仍然没有达成共识。虽然有学者指出老年教育对个体发展及终身教育体系的构建具有推动作用，但学界既没有从更深层次去分析老年教育对个体生命成长与社会发展的价值及意义，也未能对老年教育的独特性和发展性予以明确的把握，这在很大程度上与我国传统的思维定式有关，即把老年教育看成是由社会提供的养老服务与福利事业。

其次，对老年教育的价值取向应予以重新思考与定位，尤其需要进一步完善老年教育的各项功能。关于老年教育的价值取向，就当下的认识而言，无论是在理论层面，还是实践层面，都普遍认为老年教育主要就是提供休闲娱乐和健康养生的活动，并以丰富老年人的闲暇生活和增进老年人的身心健康为宗旨，由此在老年教育的课程编排及内容设计上也基本以居家养老、保健养生和休闲娱乐为主。但老年教育作为我国教育事业的重要组成部分，尤其是终身教育的终极阶段，其生产性、发展性的功能同样不可忽视。与普通教育一样，老年教育同样具有促进社会发展和提升个体生命品质的重要功能。前者体现在老年人一辈子积累的生产经验与人生智慧可以而且应该继续为年轻一代的成长与发展贡献力量；后者则凸显为老有所学、老有所用的时代需求，即老年人为了自己人生的品质提升亦需要与时俱进，并通过不断学习而锐意进取。

（二）主要任务的思考

如上所述，认知与理念的更新是最根本的问题，如果没有理论的指引，老年教育的实践必定会走入歧路。那么，怎么去提升全社会对老年教育的本质认识与理解呢？其中政府的"立交桥"搭建与作用尤为重要。如引导学界推进对老年教育的深度讨论与研究，同时在达成共识的基础上及时制定政策、颁布文件、提供导向、引领方向等。简言之，在制定应对老年社会的政策之际需同时推进老年教育的政策化进程。当前随着中国社会老龄化现象日益突出，大力推进老年教育事业的发展已然进入了各级地方政府的重要议事日程。而伴随老龄化社会形成的老年教育虽然引起了各地行政部门的高度重视，但是如何更好地把握老龄社会的特征，了解老年教育事业的发展规律，并由此发挥老年教育在应对老龄社会发展过程中的重要作用，在当下仍然是需要给予重点关注的重要任务与事项。

（三）具体对策的设定

在今后具体贯彻落实"十四五"规划目标期间，中央及各地方政府都必将围绕老年教育的发展去制定更为详尽的规划，并完善更多具体的政策与举措。以下各项对策与建议可供参考与借鉴。

1. 为老年人提供教育服务应成为义不容辞的社会责任

早在1997年，贵州省就将老年教育事业纳入了五年发展计划，并发布了《贵州省"九五"期间老年教育事业发展规划》文件，这也是国内最早制定的专门以老年教育为对象的"五年计划"。2010年7月，指导我国新世纪教育发展的纲领性文件——《国家中长期教育改革和发展规划纲要（2010—2020年）》发布，明确提出要"构建体系完备的终身教育"，要"重视老年教育"，并"广泛开展城乡社区教育"，以"加快建设各类学习型组织建设，基本形成全民学习、终身学习的学习型社会"。[1]受纲要精神的指引与推动，当时各地方政府在制定本地区中长期教育改革和发展规划纲要时开始纷纷将老年教育纳入发展规划。尔后，在"十二五"期间，许多省、直辖市，以及一些地级市政府为了更好地贯彻纲要精神，亦把老年教育纳

---

[1] 中华人民共和国教育部：《国家中长期教育改革和发展规划纲要（2010—2020年）》，2010年7月29日，http://www.moe.gov.cn/jyb_xwfb/s6052/moe-838/201008/t20100802-93704.html，访问日期：2020年4月5日。

入了本地区的五年规划，包括上海市、山东省、安徽省、浙江省、贵州省、四川省、湖南省、福建省、长春市等。2016年10月，国务院又印发了《老年教育发展规划（2016—2020年）》，借此东风，老年教育在"十三五"期间再次得到了广泛重视与快速普及。①

纵观各省区市在中长期教育规划中对老年教育的表述，可以发现，大部分地区对老年教育的重视程度还仅处在"跟随"的程度，仅上海、福建和江苏等老年教育发展较为领先的地区做出了较为具体和可行的规划。反观各省区市之前出台的"十二五""十三五"老年教育发展规划，虽均已十分认可老年教育对老龄事业及社会发展的重要意义，并强调应该将其纳入经济社会发展的宏图，且保持与国民经济和社会发展的协调，但具体的统筹安排，为老年人提供精准服务，构建与老龄工作发展相协调的老年教育体系等，却仍然处于空白或初始的阶段。

基于以上现状，我们建议在"十四五"期间应把全面提升构建适合老年社会教育体系的理念与水平提到重要的议事日程。在国家制定的关于老年教育的发展规划中，应该始终坚持"党委领导、政府主导、社会参与、全民行动"的老龄工作方针，并以扩大老年教育的供给作为首要任务。换言之，在今后一个较长的发展时期，我们都要始终坚持把为老年人提供教育服务看作社会不可推卸及义不容辞的责任。我们应以创新老年教育的制度建设为关键，以提升老年人的生命和生活品质为推进目标，同时整合各种社会资源、充分激发社会活力，并通过提升老年教育的现代化水平，让老年人能够共享社会改革发展的红利。总之，进一步实现老有所教、老有所学、老有所为、老有所乐的奋斗目标，努力形成具有中国特色的老年教育发展新格局，才能更加彰显老年教育的社会性、教育性、民生性、服务性，凸显以人为本、公平普惠、品质提升、社会共举等重要的价值内涵与

---

① 国务院办公厅：《老年教育发展规划（2016—2020年）》，2016年10月5日，http://www.gov.cn/zhengce/content/2016-10/19/content_5121344.htm，访问日期：2020年4月5日。

先进理念。

2. 坚持确立满足老年人精神需求的发展目标

纵观各地制定的老年教育规划，除了数量规模的扩大之外，内容也有了一些实质性的变化。如各省区市的老年教育事业发展规划，不仅在指导思想上强调老年教育事业应当坚持中国社会的特色，并以国家法律法规作为指导，同时还强调应遵循老年教育事业的基本规律与基本原则，其中包括强调以提高老年人的综合素质及生命生活质量为目标，不断满足老年人日益增长的精神文化需求；强调老年学员在城市建设与和谐社会中的作用，鼓励他们继续服务社会的进步和发展，以及在学习型城市建设中的积极作用等。

总而言之，就国家教育体系的构建与完善来看，未来的老年教育规划在发展目标上还应注意以下几个方面：

一是应始终坚持终身教育和大教育观的视野。

近年来，党中央已经明确提出了"构筑终身教育体系，创建学习型社会"的战略方针。现代终身教育理念体现的是大教育的观念。由于老年教育归属成人教育的领域，亦是教育的一种特殊形态，其不仅构成了学习型社会的重要组成部分，也是终身教育的最终阶段，因此在发展老年教育事业之际，首先必须立足于宏观的大教育视角，同时把老年教育置于社会发展的大背景、大环境中去考量，并确立以人为本的观念，注意形成全社会、多方面关注老年教育的局面，以及坚持从老年人终身发展的视角去提供教育上的精准服务，并把它视为老年人的一种权利。

因此，应该把对老年教育的推进纳入社会发展的事业之中，即将推动老年教育事业的发展视为各级政府义不容辞的责任，并通过改善民生、为民服务的理念去保证对老年教育的政府投入与法律保障。除此之外，还应该高度认可老年教育对国民经济发展的积极作用，即通过有效发挥老年人人力资源的优势，去着力提高老年人的社会价值，以缓解人口老龄化对社会造成的负面影响,并切实落实"老有所为"的教育宗旨。

二是应重视体制改革,理顺老年教育的推进机制。

老年教育的受众一般都是消费能力相对薄弱的老年群体,因此老年教育必须坚持不以营利为目的的原则。为了发挥老年教育作为社会公共福利事业的作用与功能,理顺老年教育的推进路径,并形成"政府主导、社会参与"的良好局面,达成各方协调支持的共识十分重要。这就需要整合必备的人力、物力和财力,并大力统筹社会各方的力量,尤其是动员"社会力量"的参与,以形成老年教育资源的规模化与体系化,这也是推进老年教育可持续发展的重要对策之一。

为此,建议将老年教育纳入政府的教育体制序列,同时从终身教育体系构建的视角助推老年教育的发展。而从教育行政的角度看,老年教育可以纳入成人教育范畴,并接受同级政府部门的管理与指导。换言之,理顺老年教育的管理体制非常重要,因为老年教育的推进同样需要遵循教育的规律与原则,同样需要得到政府财政的支持,由此才能不断完善和提高老年教育的质量与水平。关于老年教育的财政预算,可以按每年教育经费的百分比投入额度,并按照行政区域内老年人口的实际状况实现老年教育办学经费的持续增长。

三是遵循立法原则,确保老年群体的基本学习权利。

我国《宪法》第46条规定:"中华人民共和国公民有受教育的权利和义务。"公民当然包括老年公民,学习则是包括老年人在内的每个人的基本权利。发展老年教育事业,首先需要确保老年教育的福利性、服务性与普惠性,强调提高老年教育的普及率并扩大其覆盖面。举措之一是构建市、区县、街道村委三级老年教育系统,其中尤其需要关注社会弱势人群中的老年群体的学习需求,并满足全体老年人对精神文化的需求与期待。

对此,坚持老年教育提高与普及相结合,并以普及为主,分层次办好各级老年大学,发展各级各类老年学校,尤其是突出老年教育重点在基层,积极推动老年教育向乡镇、社区等基层延伸,同时以就近、便捷、方便为原则,构建完善的老年教育办学体系;对于"参与率"和"入学率"需要加以区分,并提出量化的发展目标,以扩大接受老年远程或线下教育的人口总量与具体参与人数。

四是搭建社区老年教育公共服务"双平台"。

老年教育开展的主要阵地在社区,故围绕老年教育统一调配社区各种资源,融通各种教育形态至关重要。其中搭建社区教育及社区公共服务的"双平台",鼓励多种教育机构参与老年教育,尤其是基层社区教育的机构,如街道(乡镇)的市民学校和居委会(行政村)的社区教育学习点等,均可成为城乡老年人家门口的"学堂"。

故此,应将社区作为推进老年人终身学习的重要平台,并大力整合区域内各类教育资源,积极探索区域内老年教育的新思路。具体对策是:提倡"平台联动、资源共建、管理自主、成果分享"的发展理念,倡导依托地区终身学习网等优质资源,整合社区内各种教育资源模式,同时与地区社区学院、社区学校等实体单位的网站构筑起"一站式"的双向链接平台,并鼓励利用网站平台去带动实体资源的整合,由此发挥资源的组合优势,形成社区教育和公共服务的双向平台。

五是推进实验基地的构建,完善老年教育的发展理念。

老年教育的实践离不开理论的具体引领与指导,由于老年教育不同于普通教育,也不同于成人教育,因此从实际出发,加强对老年教育的本质、目标、宗旨及基本规律的研究十分重要。建议推行实验基地的工作,即通过具体实践加强地区之间的经验总结与交流,同时加快法规制度建设,以尽快提升老年教育的办学质量,保证老年教育的快速、持续与健康的发展。

为此,建议在全国重点建设若干所设施好、功能全、特色鲜明的老年教育实验基地,并以标志性、规范性与示范性的基地建设作为推进标杆,同时在此基础上起到交流、示范、辅导与引领的作用。除此以外,还应形成专业的研究队伍,加强对老年教育的深入探讨,并逐步建立起老年人教育的专业化标准,理顺老年学校办学体制与管理机制,完善老年教育教师团队的培育与培训制度,以及系列特色教材的开发与课程编制,并通过保证办学质量、积极利用现代技术,鼓励开发老年教育的在线课程系列、广播课程系列和网络课程系列等现代技术与手段,为老年教育的积极创新贡献力量。

3. 落实发展任务,提高老年教育的社会覆盖率

我国老年教育最初系由离休老干部大学的建设而兴起,后来伴随社会老龄化的加剧而逐渐扩展为社会性的老年教育。故而,健全老年学校的办学格局、扩大老年教育的覆盖率应该成为各省区市老年教育规划的重要目标。除此之外,鉴于老年大学在兴办之初处于无编制、无场所、无经费的困境,也缺乏成熟的办学经验与办学模式,且基本处在自谋发展的状态,因此,针对未来教育体系的建设与完善,老年教育规划的重要任务应重点关注以下几个方面。

一是需要更加重视学习机会平等、教育权利公平的问题。尊重并保障每个老年人的学习权利,体现的是我国社会主义制度的优越性。由于老年教育归类于公益性事业,故而促进学习机会平等应成为我国老年教育的重要价值取向。对此建议政府应坚持依法治教的方针,并通过制定老年教育发展规划、创新政策制度体系、健全跨部门协调合作的常态机制,去完善公共财政制度、提高教育资源效益,并努力让不同年龄层次、不同文化程度、不同收入水平、不同宗教信仰、不同健康状况的老年人均有接受平等教育的机会,以更好地满足老年人的实际学习需求。

二是特别需要关注弱势老年群体。老年人中的弱势群体,指的是那些生活在底层,仍然在为生活温饱奔忙的老年人。他们不仅没有金钱,也没有充裕的时间参与老年教育,因此关注并服务于弱势老年人,不仅是以人为本的社会主义核心价值观的集中展现,同时也是中华民族尊老敬老、扶弱济贫优良传统的体现。众所周知,教育的崇高目的是促进人的全面发展,

如上所述，坚持政府主导，鼓励社会多方参与，积极整合各方资源，拓宽学习服务渠道，并让更多有学习需求尤其是处于弱势地位的老年人都能"老有所属""老有所教""老有所学"，即既要为能够来校（站点）的老年人提供有质量的教育服务，也要为尚未来校（站点）或来校有困难的老年人提供适合的学习条件，同时更要努力为不能来校（站点）的残疾或孤寡老年人提供个性化的教育服务。

三是需要注重老年人的学习品质。提升老年人的个性化学习与教育体验的获得感，应该成为我国老年教育的重要方向，因此建议激发并保持每个老年人的学习兴趣，注重他们学习的过程体验，以使更多的老年人能够将"学有所成"与"老有所为"相结合，同时鼓励他们融入社会，发挥力所能及的作用，以促进和谐社区和幸福家庭的建设。需要注意的是，老年教育推进者需要注意积极开发适合不同老年人学习的"适需性"和"引领性"的学习资源，由此形成内容丰富、形式多样、具有区域特色的老年教育体系，并将老年教育的可持续发展融入创建学习型城市的过程之中。

总体来说，对于未来教育体系的顶层设计，关键还在于各地方政府能够切实为兴办老年教育提供必需的扶持与保障，其中强有力的政策支持、顺畅高效的管理体制、健全完善的运行机制则是推进的基础与保障。

三、老龄社会教育体系的完善与内容优化

一个高度老龄化的社会如何通过教育体系的完善与改革，去对老年人实施更加开放包容的政策，并加快深化改革步骤，优化适应老年社会教育体系的内容，对积极贯彻应对社会老龄化、实现教育现代化等国家战略具有重要意义。简言之，老年教育发展的核心任务就是让更多老年人有充分机会参与适老型教育，并突破只"为少数人服务"的困惑问题，以最大限度地实现老年教育的供需平衡。这亦是当下老年教育必须聚焦的基本问题

与推进的路径策略。

（一）基本问题的确立

如上所述，完善适合老年社会的教育体系，有必要从两个方面加大推进与完善力度：一是供给规模的扩大，二是服务内容的适需。

首先，就老年教育的规模来看，有必要通过供给模式的改变来扩大供给资源的规模。

当前老年教育资源的供给主体，主要为政府兴办的各种老年学校，其资源主要来自政府的财政投入。但从目前全国各地的实际状况来看，完全依靠政府投入的模式，基本无法满足快速老龄化的社会需求。对此亦可以发现单纯由政府作为唯一提供主体的发展模式不仅不充分，而且无法持续，这也是当前完善适应老龄社会教育体系所面临的重大挑战。

再就老年教育资源供给的现状来看，当前主要面临两大困境。

一是我国老年教育办学缺乏持续有效的政策支撑。当下国家层面甚至没有统一管理推进老年教育的业务主管部门，老年教育机构的开办及审批亦无明确的政策依据，缺乏统一的要求与基准。现在各地举办的老年教育机构基本都是由当地政府自发举办，尚处在摸索阶段。这一状况极易导致一系列问题的产生，如：从整体上看，将直接导致老年教育在地区之间分布的不均衡，并且与政府的财政能力也不完全匹配，由此会加剧老年教育发展整体失衡的状况；再从地区内部的情况来看，由于政府的财政投入大多数集中于"高端大校"，导致基层老年教育推进的力度不足，尤其是乡镇以下老年教育发展迟缓、薄弱，以及基层街镇、乡村老年人的学习需求基本无法满足。由于老年教育的办学体系是提供老年教育服务的重要载体，而不健全、不完善的办学机制，将会直接影响老年教育资源供给的总体运作，并严重阻碍适老教育体系的形成。

二是社会力量的参与贫乏，由此导致老年教育通过社会获得的资源极其有限。当前老年教育的规模扩展明显存在"瓶颈",而且达到"峰值"之后,也极易出现"萎缩"的状况,持续发展的动力缺乏。尤其是政府、市场、社会组织和学习者个人等多主体分担的经费筹措机制尚未形成,加之国家政策还没有建立起老年教育经费投入的相关保障举措,大多数地方政府尚未设立老年教育发展的专项经费,以至于老年教育的经费长期处于自筹无源、他筹无力的两难境地。而没有充足的经费保障,老年教育事业的持续推进和品质提升也必然力不从心。更为重要的是,老年学校如果要提供优质丰富的教育服务,需要的还不仅仅是充足的财政资金作为支撑,其更多的是需要师资、课程、科研、管理等各个环节的联动资源。目前由政府提供单一支持的模式,以及现有的老年教育机构普遍存在办学规模不大、办学场地不够、办学条件简陋、规范程度不高、硬件设施陈旧等问题,无疑都会成为制约老年教育事业发展的负面因素。

其次,就老年教育的内容来看,又必须以适合满足老年人的个体需求来提升供给服务的能力。

老年人参与老年教育的"个体主观意愿"比较突出,因此教育组织者有必要从老年人的自身需求出发去考虑教育内容的提供。未来的适老教育体系应该随时吸纳最新教育信息,并对不同学习个体提供具有个性化特征的教育服务。

因此,还应对以下两个问题予以高度关注与考量:一是老年学员对老年教育机构的选择会有客观考虑,其中包括到达目的地——老年学校——的便捷程度,缴纳学费的可接受程度,所提供设施的丰富程度及质量水平。换言之,老年人在接受教育服务之际会经过一番考量,并排除一些障碍。这些障碍可能来自家庭、经济收入、文化背景和行动能力等方方面面,由此也形成了老年学员的不同背景特征。充分关注并尊重上述个性化特征,对于完善适老教育体系意义重大。因为这反映了不同老年群体的内在学习动机,同时也为组织者提供形式多样的教育服务奠定了客观基础。二是老年学员对适老教育提供的学习内容一般都有着比较宽泛但却十分明确的内在要求,其中包括老年教育能否提升个体的知识技能、能否触发个人浓厚的兴趣爱好、能否改善个体健康水平,以及授课教师的能力与教学质量是否达标等。由于老年教育与普通教育不同,其有着很大的个体差异性,因此对教育服务选择的异质化水平要求非常高,参与的课程门类也各不相同,而且不管老年学员如何选择课程门类和参加班级,都希望能够通过学习提升自我,改善生活品质,满足各自不同的个性需求。对此,只有尽力完善适老教育体系的教学内容与个性化教育服务,并在提升教学质量的同时,提高教育服务内容的丰富程度,老年教育才能受到老年学员的欢迎。

(二)主要任务的思考

要达成供给规模扩大、服务内容适需的目标,推进老年教育体系的完善,就必须进一步摆脱传统的发展模式,并在资源供给上改变以往事事依赖政府办学的方式,开始考虑引入社会资源与力量;同时在教育服务上要改变传统的以教学为主的模式,即从老年人的学习特点出发,创新更多的学习范式。

对此应设定以下若干主要任务。

其一,充分利用已有基础,有效整合各方资源的任务。从我国目前社会发展的整体水平与程度来看,要解决供给不足,就需要向着老年教育体系完善的方向不断迈进,而其中的关键举措就在于通过融通去连接各类社会资源,实现服务规模的扩展与扩大。换言之,我们不能将老年教育办成一个单独的、垂直的、有等级的体系,或使之成为教育体系或社会组织中的一个独立"个体";而应该让社会中的各种行业、协会、地方团体和社会组织等共同参与并承担起老年教育的责任,并为老年人提供学习服务,以使其逐步发展成为一个开放的"系统"。值得注意的是,促进其他各类资源一起承担老年教育的责任,并不意味着要求其单独兴校办学,而是期待他们从自身文化资源的特点出发，提供各种可供老年个体选择的学习资源，并通过平台共享，让老年人通过对丰富资源的利用而逐步开展个体自学、团队互学、集体共学的活动，从而有效解决资源扩大供给的问题。

其二，因"人"而异，创新老年学习模式的任务。《中国教育现代化2035》提出了构建服务全民终身学习教育体系的方针，这就涉及未来的教育体系应为每一个有终身学习需求的公民提供内容适需的精准服务问题。具体来说，就是要针对不同地区、不同年龄、不同性别、不同职业，以及不同经济收入水平和兴趣爱好的老年人，提供具有针对性的老年教育。而要实现这一目标，其核心任务就是需要不断创新老年学习模式，尤其是充分发展非正规、非正式的学习方式，如网上学习、移动学习、团队学习、体验学习等各种灵活多样的学习形式，从而有效降低老年人参与学习的客观障碍，并真正实现老年人"时时、处处、人人"可学的理念。

（三）具体对策的设定

为了应对我国老年教育发展过程中存在的各种问题，国务院办公厅曾专门出台了《老年教育发展规划（2016—2020年）》，具体提出了老年教育的指导思想、目标任务和发展举措，归结来看，其涉及以下具体的对策与建议。

1. 营造激发老年人广泛参与老年教育的氛围

首先，各地政府应该积极鼓励和支持采用多种传播渠道或宣传方式，在全社会特别是老年人中，倡导终身学习的思想，推介优质学习资源，同时通过推广的方法积极传播有益的学习体验，宣传身边的终身学习典范，推动形成全社会参与终身学习的文化氛围。

其次，要坚持适老为本的原则，让更多的老年人实现享有受教育的权利。同时在老年教育的管理上，应推进民主管理的模式，强调过程学习，注重讨论和参与，尤其需要让老年人通过学习直观感受终身学习对于提高自身生命品质、增强生活质量、丰富社会阅历的重要性和积极意义，从而更广泛地自觉投入到终身学习之中，并享受学习带来的教育红利。

最后，要以教学与科研相结合的视角，去开展探索老年人智力特征和开发途径的研究，同时以研究成果指导课程实践、改进教学方法。要关注老年教育"校园"文化的建设，并以此确立老年学员的核心价值观，激发他们参与社会活动的潜能，最终引导老年人达成"价值自我实现"的精神境界。

2. 推进老年教育管理体制和工作机制的健全与完善

为了满足越来越多老年人接受教育的需求，应逐步扩大老年大学（老年学校）的资源供给，健全完善老年教育管理体制和工作机制，并形成多部门协同合作、齐抓共管的良好态势。

首先，需要明晰老年教育的管理体制。对此，国家层面应该出台明文规定，明确老年教育的发展要求和管理机制。如在国家、省、市层面，成立由教育、民政、文化、老龄等部门牵头的老年教育领导机构，定期以联席会议等形式研究解决老年教育发展中的重点、难点与热点问题；又如各地方政府应建立相应的老年教育统筹协调部门，明确相关职能部门的工作职责，并从顶层设计的层面强化老年教育工作的领导体制，推进老年教育的贯彻实施。

其次，需充分发挥政府、市场、社会在发展老年教育过程中的作用，并形成职责明确、主体多元、平等参与、管办分离的老年教育治理体系和运行机制。

最后，需要充分发挥老年教育现有的多样化形式及作用与功能。各相关部门应按各自职能及原有分管职责积极推进老年教育，并共同负责政策制定、教育督导、研讨问题等事项。各级政府还应积极支持各部门、行业企业等举办的老年大学、老年学校的建设和发展，并在现有行政隶属关系、经费来源渠道不变的情况下，不断提高现有老年教育机构的办学质量和增强其服务意识,以推动老年教育事业的持续与稳定发展。

3. 加大投入把老年教育逐步纳入地方公共服务体系

要加大投入,让老年教育资源得到普及,同时也让老年教育逐渐成为公共服务的惠民事业。

对此,首先应把老年教育列入社会发展规划,即将老年教育归属于终身教育体系和老龄工作建设规划,并制定老年教育发展目标任务和指标评价体系。有条件的地区还应把老年教育与社会现代化和教育现代化的发展同步予以推进与考察。

其次是要完善经费投入机制,即建立以各级政府的财政投入为主,各老年教育服务举办单位、受教育者合理分担成本,企业、社团、个人投资或捐赠等多渠道筹措经费的投入机制。其中政府投入的主渠道作用十分重要,对此应将老年教育的经费投入纳入各级政府的年度教育财政预算,同时建立健全老年教育的支出与财政收入相匹配的动态增长机制,用以支持服务老年教育的重大项目建设,包括完善老年学习服务体系、有效扩大老年教育的设施建设。当然民间资本的参与也需要得到鼓励,其中包括企业、社会组织和个人建立的老年教育发展基金等。

最后是要扩大老年教育的资源供给,加强对社会公共资源开放的指导、协调和完善,建立社会公共资源开放的供给机制,同时大力倡导文化、教学、卫生、体育与科技等行业的场馆设施设备面向老年人开放。

4. 扩大供给范围,提供多层次、多内容、多形式的学习资源

要扩大老年教育的资源供给,就需要在全国各地区形成全面覆盖、形式多样的老年学习网络,同时提供不同门类、不同形式的教育服务,以方便广大老年学习者就近学习、便捷入学。

对此,首先应加大城乡社区老年学校的建设力度,从外延层面扩大老年教育的设施建设,以使老年人能够就近入学。地区办得较好的老年大学应该发挥示范作用,即可以通过加盟和分校等形式,联合社区建设老年学

校，并扩大老年教育的影响力和辐射面。

其次需要丰富老年教育的内容，并坚持"适需性"与"引领性"相结合的原则，创造条件努力开发适合各种年龄阶段老年人需求的老年教育课程，同时制定课程、教材等各类学习资源的内容审定标准。

再次是应该鼓励和支持各级老年学校、老年活动站（中心、室）紧密结合区域内老年人口的实际需求开展面授、体验性学习和自主网络学习相结合的多种教育服务。鼓励和支持社会文化教育机构以及各类老年社团依托其已形成的组织网络，更大范围地开展内容丰富、形式多样的老年教育活动。同时鼓励和支持社区老年活动站（中心、室）组织老年人的社区活动、邻里活动、短期学习活动等，亦鼓励和支持老年人居家自学。

最后应加大社会办学的力度，应尽可能地吸引社会资本，鼓励社会力量参与老年教育，由此形成政府主导、社会多元主体参与的办学格局。而搭建社会组织参与建设的老年教育服务平台，充分发挥老年协会等社会组织在提供学习服务、承担实验项目、提供场地资源、参与政策制定、规范自律行为等方面的作用，亦非常重要。

5. 创新教育形式，丰富活动形式

老年群体的学习需求因地域、职业、阶层、学历的不同而迥异，因此老年教育需要创新形式，积极面对老年人的差异化需要，丰富老年教育的学习形态。

首先就老年教育的方式来看，可以通过推动老年人网上学习、移动学习、团队学习、体验学习等多种学习形式，以及培育网上学习圈、移动学习群等各类新型学习组织的方式，加强对不同老年人对象的指导和研究，以提高学习效果。

其次是充分利用现代信息技术为老年人提供多元化的学习途径和学习体验，提升老年人处理信息技术的能力，以共享老年教育数字资源的成果。具体方法是拓展老年教育的信息化服务功能，搭建老年教育成果网上展示

平台，同时汇聚各类老年教育机构的学习资源，形成数字化学习资源库，以供老年教育机构免费利用，并有组织地开发具有地方特色的课件资源，开展远程老年教育的能力培训，以提高管理人员和老年人处理信息技术的应用能力，由此努力实现教育教学资源的数字化管理，加快老年教育工作的信息化进程。

四、老年教育办学的优化与创新

优化老年教育办学，以及通过实践不断创新，重要的是调动各方资源和推进要素，以让更多的老年人参与学习并实现广覆盖和深普惠。

（一）基本问题的确立

优化老年教育办学，就当下来看，最主要的是要解决两个基本问题："一座难求"和"千人一面"。

1. 以多元化的办学策略解决"一座难求"的困境

当前老年教育体系的供给主体，主要是各地政府兴办的各级老年学校，资金的主要来源也是政府的财政投入。因此，政府如果财政比较宽裕，且对老年教育的重要性又有比较充分的认识，那么老年学校的发展就会较有规模，参与人数亦会呈现规模的状态，而反之就会处于"自生自灭"的困境。无疑上述这一发展模式问题很多、弊端很大，不够充分、不能持续则是目前老年教育面临的重大挑战。

造成上述困境的原因有以下几点。

一是缺乏刚性政策的支撑，老年教育的发展也完全取决于政府的积极性与能动性，由此也造成了地区之间发展的不平衡。如：国家层面目前为止老年教育尚无明确的业务主管部门，老年教育机构的开办审批亦无政策依据、规范标准，而几乎全靠政府自发与摸索办学。更令人忧心的是，老年教育的发展需求与政府的财政投入并不匹配,如一些经济发达地区的老年教育发展滞后,加之政府投入主要集中于"高端大校",导致基层老年学校不仅推进力度不足,而且乡镇以下老年教育发展乏力。而办学体系的不健全、不完善,则直接制约了老年教育资源供给的总量,并阻碍了老年教育体系的完善与发展。

二是老年教育由于无法确保资源的获得,因此发展瓶颈明显。目前国家并无明确的经费投入渠道,大多数省区市亦未设立专项经费投入机制,预算列入与支出没有明晰的口径,加之老年教育的收费缺乏统一标准和政策依据,其持续推进与品质提升必然力不从心。更为重要的是,老年教育如果要提供优质服务,更多的是需要建立师资、课程、科研和管理等人才资源库,亦需要得到全社会的支持。而目前单纯依靠政府单一支持的模式,则导致现有老年教育机构普遍存在办学规模不大、场地不足、条件简陋、规范程度不高、硬件设施陈旧等棘手问题,这无疑制约了老年教育事业的发展。

而解困的方法则是当前老年教育已经萌生的一些新形式与新模式,虽然规模不大,但发展迅速。其关键是不依赖于政府的财政投入,而是利用既有资源面向老年人开放,或者是依靠老年群体自身力量的发挥,故而潜力很大。

2. 因"人"而异拓宽精准服务范围

自2013年起,全国老年教育的学员数、办学规模及服务参与率等都呈现缓慢增长的趋势。而与之相对的则是老年教育对象的"固化"与"僵化"。这些问题又出现以下倾向:

一是老年学员参与老年教育具有客观的选择性,如交通的便捷程度、缴纳费用的适宜度、老年教育设施提供学习活动的丰富程度及质量水平等。上述考量也证明了老年教育切实存在着某些客观障碍,而障碍又可能来自家庭、经济收入、文化背景或个人的行动能力等,由此导致老年学员的背景特征趋于"同质化"。需要指出的是，由于老年学员获取老年教育的信息途径与渠道有限，因而选择做出更改的可能性非常小，故而老年教育对象的"固化"（老面孔多）及办学设施"僵化"（不思改进）现象严重。因而在完善老年教育体系之际，充分考虑老年对象的不同学习条件、不同学习需求，并尽量提供精准的多样化教育服务至关重要。

二是老年教育对象对教育服务的要求既宽泛又明确，其需求主要包括知识技能的提升、个人兴趣的激发、健康水平的改善等。而能否满足上述需求又取决于教师的水平与教学的质量。需要指出的是，其中"宽泛"指的是老年学员之间的教育选择异质化水平非常高，因而参与课程门类的差异性亦非常大；所谓"明确"，指的是无论老年学员选择何种课程门类或参加何种学习活动，都是希望能够通过学习达到提升自我、改善生活品质的目的。因此在完善老年教育体系之际就需要在丰富教学内容、提高教学质量上下功夫。

三是需要在关注老年个体参与老年教育"主观能动性"的同时，切实关心那些学习动机较弱、学习条件匮乏的老年群体。换言之，在为大多数的老年教育对象提供普遍性教育服务的同时，还需要特别关注那些学习存在障碍乃至处于社会边缘的弱势老年群体的学习需求。故而加强调查、了解实际，并不断拓展老年教育的学习形式，如网上学习、移动学习、团队学习、体验学习等多种方式的采用，都将对上述问题的解决具有重要作用。

（二）主要任务的思考

为实现老年教育办学的优化与创新，需要思考以下问题：

1. 围绕个性化的需求改变课堂教学内容与方法

伴随老年教育的普及与推广，老年学员数量与层次的不断提升，终身学习需求的个性化、多样化与普及化终将成为常态。这就要求课堂教学必须体现差异性，以达到"适需"的目的。一方面,老年学员的来源日益广泛，学习能力的差异也越来越大。为了确保每个学员都能"学有所乐、学有所获、学有所为",课程设置就应以学员的个性化发展为本,并尽力体现其精品性、自主性特征。另一方面,老年学校的"老面孔"现象亟须改变,如何坚持普及与高端同时推进的原则,对扩大老年教育规模、提升老年教育层次具有不容忽视的作用。为此,当前的课堂教学应强调让老年人有更多的学习获得感,并着眼于老年学员的可持续发展,以及保障在学老年人能够接受最适合的教育,由此才能吸引更多居家老年人的教育参与。

2. 围绕"个体"推进团队学习

为了使更多的老年人主动参与终身学习,近年来,各地老年教育不断更新老年教育形式、创建老年教育载体、转变老年教育模式,其中颇有成效的就是支持发展老年学习社团,大力发展团队学习的样态。如:上海市就有近30万老年人组成了1.2万余个不同类型的老年学习团队,同时,还通过制度建设以培育团队领衔人为主体的工作坊、以典型示范为代表的优秀团队、以自主学习为特征的团队建设。

3. 围绕"参与"探索体验学习

随着老年教育的深入开展,不断开拓灵活便捷的学习途径,打造丰富多样的学习形式,已经成为满足老年人日益增长的学习需求的重要手段。近年来,各地根据自己区域的实际,在依托文化、教育、体育、科技等设施和资源的基础上,分别建设了一批不同主题、不同特色的老年教育学习体验基地,并且与社区教育机构密切合作,定期组织老年人开展体验式教育活动。如:北京最早开展的红酒体验基地(动手+学习),上海建成的十大市民终身学习体验基地(场馆参观+学习),浙江创建的系列终身学习体验基地,四川成都设计的系列游学线路(教育与旅游的结合),湖南的茶艺体验基地,等等。体验式的学习形式不仅新颖而且寓学于乐,故而参与感、获得感、满意度均达到较高的水平,受到老年学习者的热烈欢迎。总之,老年人的体验式学习已经成为我国老年教育的一种新形式与新样态。

（三）具体对策的设定

在实践推进的过程中，设定使单一的老年学校教育逐步扩展为老年学校教育、老年社区教育与老年社会教育等多种教育形式相结合的对策十分重要。

1. 巩固老年学校的教育主阵地地位

目前我国老年教育的主要形式是专门为老年人开设的老年大学和老年学校。这种教学形式通常有固定的场所、稳定的教学时间，集学习、活动和娱乐于一体，真正做到让老年人老有所学、老有所乐。自从1983年山东开办全国第一所老年大学以来，广东、北京、上海、长沙、哈尔滨、贵阳、南京等许多地区相继创办老年大学。在国家有关部门的充分肯定下，1988年中国老年大学协会成立。随着全国各级区县以上的政府纷纷创办老年大学，一时间老年教育发展壮大的速度很快，学员的数量也逐年递增。但除了老年大学，一些地区的部分街道、乡镇、村（居）还利用已有的村委会、居委会、社区老年人日间照料中心、老年活动中心（室）、文化（艺术）中心、文化馆（站）等场所开展老年教育。尤其是通过开设老年学校（有的称为老年教学点）的形式，来为本地区的老年人提供学习阵地。据中国老年大学协会统计，1998年我国老年大学（学校）有13265所，在校学员1011445人。经过多年的发展，目前全国已建立各级各类老年大学（含教学点）62211所，老年学员8147410人。据不完全统计，以各种形式经常性地参与教育活动的老年人约已占到老年人口总数的5%。

2. 促进老年教育的重心下移

进入21世纪以后，随着国家对社区教育重视程度的不断提高，老年教育也随着社区教育办学网络的扩充而重心不断下移。目前，覆盖省、市、区（县）、街道（镇）、基层社区（村）的五级老年教育办学网络已经逐渐形成。社区层面的老年教育主要依托基层社区学校等机构开展，由于社区学校本身具有良好的办学条件，一般都有固定的办学场所和专职的教学管理人员，地区政府也有经费支持，因此社区教育规模不断扩大、参与学习的人数逐渐增多。就现状来看，基层社区教育及其设施已经成为开展老年教育的主要阵地。

3. 推动社会机构的积极参与

广义的社会教育是指凡走出家庭或学校所开展的所有有组织、有计划的教育活动，这也是我国老年教育的一种重要形式。随着全社会对老年教育的关注，老年教育的办学主体也日益多元化，目前已经有越来越多的企事业单位、社会机构或民间组织开始参与老年教育。在国家不断完善社会公共服务的过程中，图书馆、博物馆、美术馆、文化中心等公共文化部门也开始介入老年教育，如向老年人提供免费学习机会、向老年人免费开放公共设施等，由此为推进老年教育发挥了重要的积极作用。2001年，民政部还启动了"全国社区老年福利服务星光计划"，在城乡社区共新建和改建"星光老年之家"逾三万所。这些设施不仅提供文化娱乐、图书阅览、体育健身、医疗康复等基本服务，也为老年人在社区就近接受教育起到了重要作用。近年来，为了继续加强社区的服务工作，各地都在积极推进社区服务站的建设，资料显示，上述社区服务站大都设置了老年人活动室。总体来说，我国当下的老年教育呈现出多元化、多样态的发展态势，尤其是行业企业等机构的介入，已经为学校教育与学校外的社会教育、基础教育的有机融合与开放提供了丰富的办学经验。

4. 重视线上线下教育的交互相融

我国老年教育的现实困境是参与者众多、热情高涨，但设施数量有限，无法满足老年人日趋增长的学习需求。解决当下供需矛盾的困惑应积极利用现代传媒的手段与网络信息的技术，即通过远程教育去拓展老年教育的规模与空间。1995年10月，上海首创了"空中老年人大学"，当时的收视总人数达150多万人次。北京老年电视大学建立于1997年4月，每逢期末，老年学员均可自愿参加由北京老年电视大学组织的考试，积满60学分则可获得由北京老年电视大学颁发的老年教育学业证书。1999年，江苏省亦批准建立空中老年大学。2012年，福建省电大和省老年大学又合作建设和开通了"福建老年学习网"，依托各老年大学、老年学校、社区教育教学点等在社区和乡村建设收视点。2016年，宁夏正式开通宁夏老年大学微信公众号并上线运行。随着科技的普及，之后更多的省区市加入了创办空中老年大学、网上老年大学或远程老年大学的行列，并积极开发老年网络学习平台。截至目前，全国已有浙江、山东、上海、天津、重庆等多个省区市开办了各具特色的老年远程教育，参加老年电大和远程教育的老年学员也有数百万人之多。上述老年远程教育机构已经成为我国老年教育的新生力量，而随着网络技术在我国的普及，网络信息甚至已经深入到乡镇一级，在没有老年大学的乡村以及更为边远的地区，老年人通过网络同样可以参与学习活动。尤其对于体弱多病的老者而言，参加老年教育已经不再是可望而不可即的事情。当下的老年教育已经可以基本实现足不出户即可享受教育的理想。可以预见，网络教育在未来将是关注弱势老年群体的有效途径，而在"互联网+"的时代，数字化老年教育必将成为我国老年教育体系的一个重要组成部分。

5. 发扬团队学习的精神

近年，老年教育的一种新的形态——老年学习团队正在蓬勃兴起。这些团队或活跃于街头巷尾，或奔走于广场绿地，或蹲点于老年学校和文化中心，并由此吸引了越来越多的老年人参与其中。就目前发展及形成的老年学习团队来看，其分为几大类型，如：读书、时政等的文化类；音乐、舞蹈、影视等的艺术类；养生、健身操等的健身类；手工编织、时装等的其他类。其中最受老年人欢迎的是艺术类和文化类的团队。其形成的原因与老年人的参与目的与兴趣有关，如兴趣爱好型、陶冶情操型、保健养生型、职业发展型、个人成长型、交友联谊型、群体生活型、服务社会型、文化传承型、社会治理型、代际沟通型与中西交融型等。其中兴趣型团体在老年学习团队中所占比例最大。如：从2008年起，杭州就推动并引导创建了各类社区学习共同体（其中以老年学习团队为主），同时还编制了学习型社团地图，并向社会公布社团特色、主要对象及活动时间与地点、负责人的联系电话等信息，以便于普通群众参与。经过几年的培育，到2013年，杭州已形成了2000多个学习共同体并遍布城乡。近年来，上海组成了1.2万余个不同类型的老年学习团队，有30余万老年人参加，通过开展"千个新型学习组织"和"万名团队领袖"的活动，打造了一批"五星级"老年学习团队，对老年教育的推动和发展起到了积极作用。目前，我国老年学习团队的参与人数众多，发展迅速，具有自发组织、自愿参与、自主教育、自我管理、自我服务、自得其乐等特征，已逐渐成为我国老年教育的一种新型的重要样态。

6. 重视寓学于乐的体验式学习

体验式学习是联合国教科文组织倡导的21世纪最重要的学习方式之一。随着老年教育的深入开展，为了满足老年人日益增长的对美好学习生活的需求，需要不断开拓更为灵活便捷的学习途径，打造更加丰富多样的学习资源。近年来，各地根据自己的区域特征，同时依托文化、教育、体育、科技等机构提供的设施和资源，开发并建设了一批不同主题、不同特色的老年教育学习体验基地，其与社区教育机构密切合作、定期组织老年人开展新型教育活动的形式受到了广大老年人的热烈欢迎。北京是国内最早将体验学习的理论应用到老年教育的地区，其鼓励学员以"动手+体验"的学习方式参与教育活动，并以此带动"市民终身学习圈"的建构。上海也于2013年6月创建了红色文化、科普教育、文化艺术、海派文化、智慧生活、陶艺创作、服饰文化和创意手工等八个"上海市民终身学习体验基地"，主要采用的是"场馆参观+体验学习"的形式。浙江温州及湖南等地通过挖掘本地特色资源，建设了许多终身学习体验基地，吸引了很多老年人参与其中。四川成都则将旅游和体验学习相结合，通过设计系列市民游学线路,吸引了众多老年人的自主参与。近年,上海又推出了"终身学习人文行走"的方式,吸引喜欢健身的老年群体加入人文行走的活动中来。体验式学习形式新颖,寓学于乐,参与学习体验的老年人获得了丰富的感受,满意度居高不下,其作为我国老年教育的又一种新型的学习方式而备受社会各界的关注。

7. 提倡养教结合的优质老年教育服务

老年教育的一大重要功能就是养老的服务功能,而开展养教结合的优质服务,则是提高老年人的生命品质和生活质量的重要手段。就现状来看,我国普遍实行的养老形式有三种:一是居家养老,二是社区养老,三是机构养老。而开展养教结合的方式又主要有以下几种:养老机构举办的老年教育,养老机构和老年教育机构合办的送教上门的老年教育,养老机构和社区结对举办的老年教育,利用托老所等养老场所举办的老年教育等。2013年成都市开始"养教结合"的实践探索,通过资源整合,把教育、养老、志愿服务等三方面的功能有机地结合起来,同时以"长者通"呼援中心、街道(社区)"为老助残关爱中心(站)"和专业敬老院为主阵地,构筑了立体化、多元化、个性化的养老教育服务体系,尝试在"老有所养、老有所依"的基础上实现"老有所学、老有所为"的理想与目标。成都市锦江区作为全国唯一的"智能化养老实验区",在完善养老服务体系的同时,确立了"养教结合、学养互为、融合发展"的思路,并实施了"养教结合"的终身学习工程。目前全国各地都在积极开展养教结合的实践,如在社区老年人日间照料中心、托老所等各类社区居家养老服务设施,在老年养护院、城市社会福利院、农村敬老院等各级养老机构中均设立了固定或流动的学习场所,同时配备必要的教学设施设备,因地制宜地开展形式多样的老年教育。上述养教结合理念的落地,不仅有利于帮助老年人积极应对老龄化、形成健康养老的意识,而且也有利于我国老年教育品质的进一步完善与提升。

结束语

老年教育的本质与其他教育一样，是关于生命的教育。老年问题是现代社会的一种症候群，诚如本研究在第一章中所述，它是从价值与事实统一的古典世界图景到价值与事实二分的现代机械论的世界图景中去呈现、去表征。在机械论的图景中，人的价值在于力量的大小，这一力量尤其体现在知识层面。但老年人却恰恰在身体和心灵两个方面都失去了力量，于是老龄化就不是现象，而成为问题。重审古典世界图景中的老年形象，发挥实践或道德能力之知的概念，对重新为老年人赋予力量，并为广义的老年人教育提供哲学辩护具有重要意义。因此在老龄化问题上，应当从"消极老龄化"转变到"积极老龄化"，并从原来的以娱乐、保健、福利为主的消极老年教育，转向发挥老年人积极主动的创造性、发挥其经验和德性内容的老年教育。为此，构建适应老年社会的教育体系，就应将老龄化过程的社会抚养和社会负担的模式转变为老龄化本身继续推动社会进步并成为动力源泉的模式。具体而言，就是结合我国教育发展的方向，以"构建服务全民终身学习的教育体系"为目标，[①]并立足于"融合"和"精准服务"的立场，转化终身教育体系的制度资源，构建普惠性的老年教育体系和服务老年群体的终身学习制度。

2021年3月发布的《中华人民共和国国民经济和社会发展第十四个

---

① 中共中央、国务院：《中国教育现代化2035》，2019年2月23日，http://www.gov.cn/xinwen/2019-02/23/content_5367987.htm，访问日期：2021年4月10日。

五年规划和 2035 年远景目标纲要》中再次强调要深化教育改革。① 深化教育改革就要积极发挥成人教育、终身教育在构建服务全民终身学习现代化教育体系和建设学习型社会中的作用，还要积极应对国家人口老龄化的现状，做好对老年群体的教育服务。具体而言，我们还需在转变观念、完善制度、实现各类资源的协同合作等三个方面② 做出努力。

1. 转变观念——树立全民终身学习、积极老龄化的价值观

首先，就当前我国教育体系的进一步改革与完善来看，其目的就是加快并助推社会主义现代化建设的步伐，并实现对每一位公民终身学习权利的保障，这也是社会主义现代化的意蕴在教育中的最具体体现。因此新教育体系的构建，就需要率先树立一种全民终身学习的价值观和"人人皆学"的社会风尚，而上述价值观的基础，则更彰显了"教育将不再仅仅是为了培养'才'，而将更注重培养'人'"，即突显所谓"立德树人、教育为先"的方针。同时，教育也不再以学校为唯一形式，它将贯穿人的生命始终，并保障每一位公民终身学习的权利，其中老年人的教育权利应该尤其受到关注和重视。而要树立以上全民终身学习的价值观，就需要国家制定相应政策，并对普通公民进行日常宣传，以加深人们对终身教育、终身学习理念的理解，同时还需结合我国的育人目标，弘扬具有中国社会主义特色的全民终身持续学习与发展的价值观，以使其在潜移默化的过程中深入人心。简言之，只有在整个社会中牢固地树立起全民终身学习和为民提供终身教育服务的价值理念，我们才能转变对人才"物化"的认识，老年人的价值也才能得到充分的尊重和认识，老年人亦不再是社会的问题症候，

---

① 中华人民共和国中央人民政府：《中华人民共和国国民经济和社会发展第十四个五年规划和 2035 年远景目标纲要》，2021 年 3 月 13 日，http://www.gov.cn/xinwen/2021-03/13/content_5592681.htm，访问日期：2021 年 4 月 10 日。

② 吴遵民：《服务于全民终身学习的现代化教育体系构建的研究与思考》，《北京宣武红旗业余大学学报》2020 年第 1 期。

而是具有生命尊严与人格的普通人群。

2. 完善制度——老年教育融入现代教育体系的构建

为了满足老年群体对终身学习日益增长的美好愿望与需求，在构建现代教育体系的同时，还需要国家在政策制度层面加大扶持力度，即通过出台完整与健全的顶层设计给予配套支持，其中尤其需要各级政府加深由教育的"提供者"向学习的"服务者"的转型思考。由于教育体系的构建必然涉及制度的重建，其不仅关乎人力、物力、财力的调配，同时也更关乎不同教育机构与教育组织之间的有机链接与融合。由于我国幅员辽阔、人口众多，教育的体量与规模也特别庞大，因此如何缩小不同地区之间的差距，尤其是西部偏远地区教育滞后，以及横亘在体系构建过程中各种教育形态与教育机构之间"纵向阻断、横向割裂"的现状，都是必须予以克服与解决的问题。换言之，未来的现代教育体系应该在质量上趋于一致性、资源上呈现融通性、体制上实现贯通性，并且横向可以对接校内与校外、纵向可以贯通人的一生。对此远景规划，我们应立足当前我国的基本国情民情，同时充分汲取国际终身教育理念在推进和创建学习型社会方面的经验，以培养德才兼备的社会主义合格公民为目标，通过顶层设计建立起符合我国社会主义现代化发展道路的、具有本土鲜明特征的终身教育系统。其中老年教育在这一现代教育体系的构建中，具有重要地位，因为老年人不仅是体系的受益者，同时也是资源的重要提供者。老年人在引导年轻一代价值观教育、提供实践智慧等方面均应发挥重要的作用。

3. 多方合作——社会协同提供终身学习服务

构建一国之教育体系，尤其是涉及服务全民终身学习的教育体系，必须由社会多方力量支持和参与。就当前来看，我国教育事业发展的主要矛盾已经转变为"人民日益增长的优质教育需要和优质教育不平衡、不充分发展之间的矛盾"，其中特别表现为各级各类教育之间的发展不平衡。因此，社会需要持续关注不同生活背景中的公民所具有的不同终身学习需求，同时在老龄社会到来之际，关注和满足越来越多老年人的精神生活与学习需求。换言之，新教育体系需要根据每个个体的年龄、兴趣、职业等不同条件，以零距离对接的姿态去精准地为公民个体提供多层次、个性化、高质量的终身教育服务。对此仅靠社区教育提供的资源，未免过于薄弱，尤其是在西部和农村地区，原本的社区教育资源就较为匮乏，则更需要整合学校教育、企业教育、职业技术教育等的资源，并形成多方参与及融合的合力，如可以为农村老年人开设家庭教育、农业技术教育、生命健康教育等方面的系列课程及实践活动，提供较为稳定的活动内容和活动场所。总之，应从整体的角度联合社会多方力量，发掘社会的多样教育资源，形成社会的多元教育合力，由此来为服务全民终身学习教育体系的构建做出贡献。

有句老话：年轻人请不要嘲笑老年人，因为你所要走的路正是老年人曾经走过的路；老年人也请不要责备年轻人，因为年轻人要走的路正是你已经走过的路。

综上所述，为了积极应对老龄社会的到来，就需要正确认识老年人在社会中的作用、地位与价值，这也是化解老龄社会问题的重要前提。在这一思考与背景之下，教育不仅可以有所作为，也应该有所为之，而这也回应了《中国教育现代化2035》在构建服务全民终身学习教育体系目标时所提出的发展要求，即老年人是全民的组成部分，是不应被忽视的重要群体；教育体系的设计与完善应该充分考虑老年人的学习需求与期待，同时通过促进老年人的发展，去继续为社会做出贡献。这不仅是现代化的教育应该追求的理想与目标，同时也是现代化的社会应该具有的人生观、使命感与发展观。

参考文献

一、著作

[1] 洪小良，尹德挺，马小红. 北京人口发展研究报告（2018）[M]. 北京：社会科学文献出版社，2018.

[2] 黄燕东. 老年教育与老年福利[M]. 杭州：浙江工商大学出版社，2015.

[3] 廖申白. 亚里士多德友爱论研究[M]. 郑州：河南人民出版社，2000.

[4] 林元和,王友农. 中国老年教育理论研究与国际对接（2019）[M]. 广州：广东人民出版社，2020.

[5] 马伟娜，戎庭伟. 中国老年教育新论[M]. 杭州：浙江大学出版社，2019.

[6] 齐伟均. 海外老年教育[M]. 上海：同济大学出版社，2014.

[7] 施祖美. 老年教育策论[M]. 北京：社会科学文献出版社，2011.

[8] 田艳平. 三维人口红利、人口政策与经济增长[M]. 武汉:武汉大学出版社，2016.

[9] 邬沧萍，姜向群. 老年学概论[M]. 北京：中国人民大学出版社，2006.

[10] 吴遵民. 终身教育发展的中国经验[M]. 上海：上海人民出版社，2018.

[11] 吴遵民. 现代终身教育体系论[M]. 上海：上海人民出版社，2019.

[12] 杨德广. 老年教育学[M]. 北京：人民教育出版社，2016.

[13] 叶忠海，张东平. 老年教育社会学[M]. 上海：同济大学出版社，2014.

[14] 叶忠海. 中国当代老年教育发展研究[M]. 上海:华东师范大学出版社，2019.

[15] 郁振华. 人类知识的默会维度 [M]. 北京：北京大学出版社，2012.

[16] 张永. 老年教育心理学 [M]. 上海：同济大学出版社，2014.

[17] 赵红亚. 迈向学习社会：美国成人教育思想与实践的传统和变革 [M]. 北京：中国社会科学出版社，2004.

[18] 郑华. 老年教育空间设计指南——基于"成功老龄化理论" [M]. 上海：上海人民出版社，2017.

[19] 中国老年大学协会课题组. 发展社区老年教育与建设学习型城市研究 [M]. 上海：复旦大学出版社，2012.

[20] P. 阿利埃斯.《儿童》的诞生——旧封建社会制度的儿童和家庭生活 [M]. 东京：みすず書房，1980（原著 1960 年）.

[21] 皮埃尔·布迪厄，华康德. 实践与反思——反思社会学导引 [M]. 李康，李猛，译. 北京：中央编译出版社，1998.

[22] E.J. 戴克斯特霍伊斯. 世界图景的机械化 [M]. 张卜天，译. 长沙：湖南科学技术出版社，2010.

[23] 埃德温·阿瑟·伯特. 近代物理科学的形而上学基础 [M]. 张卜天，译. 长沙：湖南科学技术出版社，2012.

[24] 大前研一. 低欲望社会：人口老龄化的经济危机与破解之道 [M]. 郭超敏，译. 北京：机械工业出版社，2018.

[25] 秦由美子. 英国的大学——由对位线的位置变化带来的质的转换 [M]. 东京：東信堂，2014.

[26] 菲力浦·阿利埃斯. 儿童的世纪 [M]. 沈坚，朱晓罕，译. 北京：北京大学出版社，2013.

[27] 迈克尔·欧克肖特. 政治中的理性主义 [M]. 张汝伦，译. 上海：上海译文出版社，2004.

[28] 柏拉图. 会饮篇 [M]. 王太庆，译. 北京：商务印书馆，2013.

[29] 西塞罗. 论老年　论友谊 [M]. 王焕生，译. 上海：上海人民出版

社，2011.

[30] 亚里士多德. 尼各马可伦理学 [M]. 廖申白，译. 北京：商务印书馆，2017.

二、论文

[1] 陈灵泉，杨凯丽. 国外老年孤独感防御的经验借鉴 [J]. 重庆科技学院学报（社会科学版），2014（2）.

[2] 陈乃林，孙孔懿. 终身教育的一项紧迫课题——关于我国老年教育的若干思考 [J]. 教育研究，1998（3）.

[3] 陈卫. 国际视野下的中国人口老龄化 [J]. 北京大学学报（哲学社会科学版），2016（6）.

[4] 程迪. 上海老年人学习需求与参与意愿的研究 [D]. 上海：上海师范大学，2011.

[5] 丁倩梅，陈标，向斌，等. 四川省老年教育发展现状调查及政策建议 [J]. 现代远程教育研究，2019（4）.

[6] 董香君. 国际老年教育：演进逻辑、演进特征与价值向度——基于联合国老年教育文本的审视 [J]. 现代远距离教育，2020（1）.

[7] 杜鹏，谢立黎. 以社会可持续发展战略应对人口老龄化——芬兰老龄政策的经验及启示 [J]. 人口学刊，2013（6）.

[8] 杜鹏，杨慧. "未富先老"是现阶段中国人口老龄化的特点 [J]. 人口研究，2006（6）.

[9] 冯鸿滔. 我国终身教育立法取向研究 [J]. 中国远程教育（综合版），2020（2）.

[10] 傅蕾，吴思孝，程仙平. 老年教育政策价值研究：基于政策文本的审视 [J]. 现代教育管理，2018（4）.

[11] 顾严. 中国还是"未富先老"吗？——基于"老"—"富"关系模式

的判断[J]. 社会政策研究, 2019（1）.

[12] 郭金华. 中国老龄化的全球定位和中国老龄化研究的问题与出路[J]. 学术研究, 2016（2）.

[13] 韩伟, 郭晗, 郑新. 老年教育需求动机研究——针对老年大学层面[J]. 人口与发展, 2018（5）.

[14] 侯怀银, 尚瑞茜. 学习型社会研究的现实图景与中国特色[J]. 现代远程教育研究, 2020（6）.

[15] 黄欣, 杨婷. 解构与重建：老年教育立法问题探究[J]. 教育发展研究, 2020（17）.

[16] 江颖, 欧阳婷, 夏海鹰. 我国老年教育政策变迁的影响因素、路径依赖与价值取向[J]. 中国远程教育, 2020（12）.

[17] 蒋志学, 秦岭, 武萍. 老年教育产业现状与前景分析[J]. 市场与人口分析, 2001（4）.

[18] 李红梅, 王明峰, 丁汀, 等. 别让老人空"巢"又空"心"[N]. 人民日报, 2014-02-14（19）.

[19] 李建民. "未富先老"不是中国老龄化的本质特征[J]. 当代中国人口（英文版）, 2008（1）.

[20] 李建新. 国际比较中的中国人口老龄化变动特征[J]. 学海, 2005（6）.

[21] 李洁. 老年教育理论的反思与重构——基于西方现代老龄化理论视野[J]. 开放教育研究, 2015（3）.

[22] 李洁. 美国老年教育立法及其启示[J]. 河北师范大学学报（教育科学版）, 2015（1）.

[23] 李若建. 迁移与滞留：广东省人口老化的区域特征研究[J]. 南方人口, 2006（4）.

[24] 李学书. 中外老年教育发展和研究的反思与借鉴[J]. 比较教育研究, 2014（11）.

[25] 李宗华. 近30年来关于老年人社会参与研究的综述[J]. 东岳论丛,

2009（8）.

[26] 连明伟. 终身教育体系中的老年教育问题探讨 [J]. 教育评论，2008（5）.

[27] 刘丹. 人口老龄化背景下实现老有所为的现状及对策研究：以南京为例 [J]. 理论观察，2010（2）.

[28] 刘菲. 芬兰终身学习战略框架下的成人教育研究 [D]. 杭州：浙江师范大学，2014.

[29] 刘洪林. 丹麦农村老年教育的成功经验及启示 [J]. 成人教育，2015（11）.

[30] 刘雅婷，黄健. 空间分析哲学视角下老年教育资源的空间均衡性探析——以上海市为例 [J]. 教育发展研究，2020（17）.

[31] 马丽华，叶忠海. 中国老年教育的嬗变逻辑与未来走向 [J]. 南京社会科学，2018（9）.

[32] 马丽华. 我国老年教育转型发展：理论重构与策略选择 [J]. 教育发展研究，2020（17）.

[33] 马良生. 探索远程教育服务老年人群新模式——开放大学发展老年教育的实践 [J]. 中国远程教育，2015（9）.

[34] 穆光宗. "未富先老"与"边富边老"：对立还是统一 [J]. 当代中国人口（英文版），2008（1）.

[35] 欧阳忠明. 国际视域下的老年学习研究：现状、特点与发展思考 [J]. 现代远距离教育，2019（5）.

[36] 齐藤修. 彼得·拉斯莱特和剑桥小组 [J]. 人口学研究，2002（30）.

[37] 生津知子. 对英国 U3A（The University of the Third Age）相关人员的访谈记录 [J]. 京都大学终身教育学·图书馆情报学研究，2003（2）.

[38] 孙鹃娟，高秀文. 国际比较中的中国人口老龄化：趋势、特点及建议 [J]. 教学与研究，2018（5）.

[39] 孙立新，乐传永. 嬗变与思考：成人教育理论研究 70 年 [J]. 教育研究，2019（5）.

[40] 陶冶. 丹麦社会福利制度运行机制对中国的启示 [J]. 现代商贸工业，

2012（9）.

[41] 田雪原. "未富先老"：机遇与挑战 [N]. 人民日报，2004-11-16（14）.

[42] 万蓉. 社区教育与老年教育的融合：以开放教育机构参与老年教育为突破 [J]. 教育发展研究，2020（17）.

[43] 王三秀. 积极老龄化理念的我国教育养老服务模式初探 [J]. 中共浙江省委党校学报，2017（1）.

[44] 王旭. 定位成人教育与老年教育　推进终身教育立法的实施 [J]. 高等继续教育学报，2014（4）.

[45] 王英，谭琳. 赋权增能：中国老年教育的发展与反思 [J]. 人口学刊，2011（1）.

[46] 王英，谭琳. "非正规"老年教育与老年人社会参与 [J]. 人口学刊，2009（4）.

[47] 王英. 中国社区老年教育研究 [D]. 天津：南开大学，2009.

[48] 王志宝，孙铁山，李国平. 近20年来中国人口老龄化的区域差异及其演化 [J]. 人口研究，2013（1）.

[49] 韦朕韬. 中国人口老龄化现状、趋势的国际比较研究 [J]. 经营者，2015（4）.

[50] 吴雪萍，陈雪芬. 蓬勃发展中的丹麦成人教育 [J]. 教育与职业，2002（10）.

[51] 吴遵民，邓璐，黄家乐. 从"老化"到"优化"——新时代老年教育的新思考与新路径 [J]. 现代远距离教育，2019（4）.

[52] 吴遵民. 服务全民终身学习教育体系构建的若干思考——基于服务与融合的视角 [J]. 中国远程教育，2020（7）.

[53] 吴遵民. 服务于全民终身学习的现代化教育体系构建的研究与思考 [J]. 北京宣武红旗业余大学学报，2020（1）.

[54] 吴遵民. 中国终身教育体系为何难以构建 [J]. 现代远程教育研究，2014（3）.

[55] 吴遵民. 终身教育的国际视野与中国经验 [J]. 终身教育研究, 2018（4）.

[56] 夏良玉, 官玉琴. 论老年受教育权实现问题 [J]. 闽江学院学报, 2008（4）.

[57] 谢宇. 公共服务均等化视角下我国老年教育发展策略 [J]. 现代远程教育研究, 2020（1）.

[58] 熊春文, 张彩华. 西方老龄社会学：渊源、演进与流派 [J]. 云南师范大学学报（哲学社会科学版）, 2016（5）.

[59] 徐辉, 韦吉飞. 人口红利、人口年龄结构与中国人口老龄化 [J]. 生态经济, 2014（3）.

[60] 许竞, 李雅慧. 我国老年教育供给与中高龄人群学习需求匹配状况调查——基于部分省市抽样数据 [J]. 现代远程教育研究, 2016（6）.

[61] 阎光才. 年长教师：不良资产还是被闲置的资源 [J]. 北京大学教育评论, 2015（2）.

[62] 杨波. 如何破解老年教育政策执行困境：基于政策网络理论视角 [J]. 现代远程教育研究, 2020（6）.

[63] 杨德广. 建立老年教育学刍议 [J]. 教育研究, 2018（6）.

[64] 杨菊华. 生育政策与人口老龄化的国际比较 [J]. 探索与争鸣, 2009（7）.

[65] 杨启村. 景德镇老年大学校长杨启村在 AIUTA·APA 国际会议上的报告 [R]. 2016-10-11.

[66] 杨志超. 北欧老年就业政策对我国延迟退休制度的启示 [J]. 学术界, 2013（7）.

[67] 叶忠海. 老年教育若干基本理论问题 [J]. 现代远程教育研究, 2013（6）.

[68] 於学军. 中国人口转变与"战略机遇期" [J]. 中国人口科学, 2003（1）.

[69] 郁振华. 论道德—形上学的能力之知——基于赖尔与王阳明的探讨 [J]. 中国社会科学, 2014（12）.

[70] 原艳. 养教结合的城市社区老年教育模式构建研究 [D]. 福州：福建农

林大学，2018.

[71] 翟振武，陈佳鞠，李龙. 中国人口老龄化的大趋势、新特点及相应养老政策 [J]. 山东大学学报（哲学社会科学版），2016（3）.

[72] 张晓青. 新世纪以来中国人口老龄化研究的新动向 [J]. 人口与发展，2009（3）.

[73] 张戌凡. 老年人力资源开发的结构动因、困境及消解路径 [J]. 南京师大学报（社会科学版），2011（6）.

[74] 张志欣. 丹麦终身学习的发展与实践 [J]. 世界教育信息，2016（13）.

[75] 张竹英. 国内老年教育的规范性文件分析与立法建议 [J]. 福建广播电视大学学报，2016（5）.

[76] 赵东霞，韩增林，王利. 中国老年人口分布的集疏格局及其形成机制 [J]. 地理学报，2017（10）.

[77] 赵儒煜，刘畅，张锋. 中国人口老龄化区域溢出与分布差异的空间计量经济学研究 [J]. 人口研究，2012（2）.

[78] 朱晓雯，吴遵民. 老龄化背景下国际适老性高等教育的发展特征及启示 [J]. 成人教育，2019（2）.

[79] 朱尧耿. 老年发展的伦理考量 [J]. 伦理学研究，2009（1）.

三、网页资料

[1] 关于印发《北京市关于加快发展老年教育的实施意见》的通知 [EB/OL]. （2019-02-14）[2021-04-24]. http://www.gov.cn/xinwen/2019-02/14/content_5365661.htm#1.

[2] 广西壮族自治区人民政府办公厅. 广西壮族自治区人民政府办公厅关于印发广西老年教育发展规划（2017—2020年）的通知 [EB/OL]. （2017-12-09）[2020-06-08]. http://www.gxzf.gov.cn/zwgk/zfwj/20171226-670135.shtml.

[3] 国家卫生和计划生育委员会. 2016年我国卫生和计划生育事业发展统计公报[EB/OL].（2017-08-18）[2021-04-05]. http://www.nhc.gov.cn/guihuaxxs/s10748/201708/d82fa7141696407abb4ef764f3edf095.shtml.

[4] 国家中长期教育改革和发展规划纲要工作小组办公室. 国家中长期教育改革和发展规划纲要（2010—2020年）[EB/OL].（2010-07-29）[2020-04-05]. http://www.moe.gov.cn/srcsite/A01/s7048/201007/t20100729_171904.html.

[5] 联合国教科文组织. 世界人口老龄化：1950—2050[R/OL].（2017-09-07）[2020-03-12]. https://www.un.org/chinese/esa/ageing/trends.htm.

[6] 内阁府. 平成三十年版高龄化社会白皮书（全体版）[R/OL]. [2019-02-09]https://www8.cao.go.jp/kourei/whitepaper/w-2018/html/zenbun/s1_1_2.html.

[7] 上海市教育委员会. 上海市老年教育发展"十三五"规划解读[EB/OL].（2016-10-28）[2021-04-24]. https://www.shou.org.cn/2017/0215/c3835a16793/page.htm.

[8] 上海市老龄工作委员会办公室. 各区户籍老年人口年龄构成[EB/OL].（2018-12）[2021-04-24]. http://tjj.sh.gov.cn/tjnj/nj19.htm?d1=2019tjnj/C0207.htm.

[9] 四川省人民政府. 四川省人民政府办公厅《关于印发四川省老年教育发展规划（2017—2020年）的通知》解读一[EB/OL].（2017-07-27）[2021-04-24]. http://www.sc.gov.cn/10462/10464/13298/13301/2017/7/27/10429095.shtml.

[10] 新华网. 中国共产党第十九届中央委员会第五次全体会议公报[EB/OL].（2020-10-29）[2021-04-03]. http://www.xinhuanet.com/politics/2020-10/29/c_1126674147.htm.

[11] 中共中央、国务院印发《中国教育现代化2035》[EB/OL].（2019-02-23）[2021-04-10]. http://www.gov.cn/xinwen/2019-02/23/

content_5367987.htm.

[12] 国务院办公厅关于印发老年教育发展规划（2016—2020 年）的通知 [EB/OL]. （2016 - 10 - 05）[2020 - 05 - 24]. http://www.gov.cn/zhengce/content/2016-10/19/content_5121344.htm.

[13] 中共中央国务院办公厅. 关于切实解决老年人运用智能技术困难的实施方案 [EB/OL]. （2020 - 01 - 15）[2021 - 04 - 03]. http://www.gov.cn/zhengce/content/2020-11/24/content_5563804.htm.

[14] 中共中央国务院办公厅. 国务院办公厅关于印发老年教育发展规划（2016—2020 年）的通知 [EB/OL]. （2016 - 10 - 19）[2021 - 03 - 31]. http://www.gov.cn/zhengce/content/2016-10/19/content_5121344.htm.

[15] 中国高职高专教育网（现名：现代高等职业技术教育网）. 落实　落实　再落实——在 2019 年全国教育工作会议上的讲话 [EB/OL]. https://www.tech.net.cn/news/show-73436.html.

[16] 中国社会科学网. 四川省统计局发布 2018 年四川省人口统计公报 [EB/OL]. （2019 - 03 - 20）[2021 - 04 - 24]. http://ex.cssn.cn/dq/sc/201903/t20190320_4850412.shtml.

[17] 中国统计出版社. 广西统计年鉴·2019[EB/OL]. （2020 - 04 - 15）[2020 - 06 - 08]. http://tjj.gxzf.gov.cn/tjsj/tjnj/material/tjnj20200415/2019/zk/html/02-09.jpg.

[18] 中华人民共和国教育部. 北京：2018 年 18 所高职增 36 个专业 [EB/OL]. http://www.moe.gov.cn/jyb_zwfw/zwfw_gdfw/gdfw_bjs/201803/t20180315_330066.html.

[19] 中华人民共和国教育部. 关于政协十二届全国委员会第五次会议第 0714 号（教育类 076 号）提案答复的函 [EB/OL]. http://www.moe.gov.cn/jyb_xxgk/xxgk_jyta/jyta_zcs/201803/t20180302_328528.html.

[20] 中华人民共和国教育部. 关于政协十二届全国委员会第五次会议第 0794 号（B 类 082 号）提案答复的函 [EB/OL]. http://www.moe.gov.cn/jyb_

xxgk/xxgk_jyta/jyta_zcs/201802/t20180228_328161.html.

[21] 中华人民共和国教育部. 2018 年教育改革发展主攻方向 [EB/OL]. http://www.moe.gov.cn/jyb_xwfb/s5147/201801/t20180125_325498.html.

[22] 中华人民共和国教育部. 关于印发《教育部 2018 年工作要点》的通知 [EB/OL]. http://www.moe.gov.cn/srcsite/A02/s7049/201802/t20180206_326950.html.

[23] 中华人民共和国教育部. 关于政协十三届全国委员会第一次会议第 2955 号（教育类 284 号）提案答复的函 [EB/OL]. http://www.moe.gov.cn/jyb_xxgk/xxgk_jyta/jyta_gaojiaosi/201901/t20190129_368486.html.

[24] 中华人民共和国教育部. 国家督学, 青岛市委常委、市教育局局长邓云锋：加快教育现代化, 办人民满意的教育 [EB/OL]. http://www.moe.gov.cn/jyb_xwfb/moe_2082/zl_2017n/2017_zl76/201804/t20180418_333521.html.

[25] 中华人民共和国教育部. 国家开放大学党委书记李凌、国家开放大学校长杨志坚：促进国家开放大学建设再上新台阶 [EB/OL]. http://www.moe.gov.cn/jyb_xwfb/moe_2082/zl_2018n/2018_zl05/201802/t20180212_327304.html.

[26] 中华人民共和国教育部. 全民终身学习活动周将于 10 月启动 [EB/OL]. http://www.moe.gov.cn/jyb_xwfb/s5147/201808/t20180823_345892.html.

[27] 中华人民共和国教育部. 重庆市沙坪坝区大力推动民办教育规范优质发展 [EB/OL]. http://www.moe.gov.cn/jyb_xwfb/s6192/s222/moe_1754/201812/t20181224_364523.html.

[28] 中华人民共和国教育部. 关于政协十三届全国委员会第一次会议第 4130 号（教育类 389 号）提案答复的函 [EB/OL]. http://www.moe.gov.cn/jyb_xxgk/xxgk_jyta/jyta_zcs/201901/t20190129_368492.html.

[29] 中华人民共和国教育部. 对十三届全国人大二次会议第 3090 号建议的答复 [EB/OL]. http://www.moe.gov.cn/jyb_xxgk/xxgk_jyta/jyta_zcs/201912/t20191204_410811.html.

[30] 中华人民共和国教育部. 对十三届全国人大二次会议第 5720 号建议的答复 [EB/OL]. http://www.moe.gov.cn/jyb_xxgk/xxgk_jyta/jyta_jiaocaiju/201909/t20190903_397212.html.

[31] 中华人民共和国教育部. 关于报送 2019 年度全国职业教育与继续教育工作会议相关材料的通知 [EB/OL]. http://www.moe.gov.cn/s78/A07/A07_gggs/A07_sjhj/201902/t20190226_371183.html.

[32] 中华人民共和国教育部. 关于政协十三届全国委员会第二次会议第 1700 号（社会管理类 133 号）提案答复的函 [EB/OL]. http://www.moe.gov.cn/jyb_xxgk/xxgk_jyta/jyta_xueshengsi/201912/t20191205_410995.html.

[33] 中华人民共和国教育部. 海南省人民政府印发《关于支持海南深化教育改革开放实施方案》的通知 [EB/OL]. http://www.moe.gov.cn/srcsite/A03/moe_1892/moe_630/201907/t20190702_388674.html.

[34] 中华人民共和国教育部. 湖南出台老年教育发展规划到 2022 年建 100 所以上老年大学 [EB/OL]. http://www.moe.gov.cn/jyb_xwfb/s5147/201903/t20190326_375257.html.

[35] 中华人民共和国教育部. 教育部长陈宝生参加全国政协十三届二次会议教育界别联组会，向委员"交账"，听取意见建议——吸纳委员智慧 共谋教育发展 [EB/OL]. http://www.moe.gov.cn/jyb_xwfb/gzdt_gzdt/moe_1485/201903/t20190308_372642.html.

[36] 中华人民共和国教育部. 上海：构建市民终身学习"大课堂" [EB/OL]. http://www.moe.gov.cn/s78/A27/s8544/201912/t20191210_411479.html.

[37] 中华人民共和国教育部. 中共中央办公厅、国务院办公厅印发《加快推进教育现代化实施方案（2018—2022 年）》[EB/OL]. http://www.moe.gov.cn/jyb_xwfb/s6052/moe_838/201902/t20190223_370859.html.

[38] 中华人民共和国教育部. 关于印发《国家开放大学综合改革方案》的通知 [EB/OL]. http://www.moe.gov.cn/srcsite/A07/zcs_zhgg/202009/t20200907_486014.html.

[39] 中华人民共和国教育部. 关于政协十三届全国委员会第三次会议第 1254 号（社会管理类 90 号）提案答复的函 [EB/OL]. http://www.moe.gov.cn/jyb_xxgk/xxgk_jyta/jyta_zcs/202010/t20201022_496129.html.

[40] 中华人民共和国教育部. 关于政协十三届全国委员会第三次会议第 2843 号（教育类 267 号）提案答复的函 [EB/OL]. http://www.moe.gov.cn/jyb_xxgk/xxgk_jyta/jyta_zcs/202011/t20201125_501570.html.

[41] 中华人民共和国教育部. 关于政协十三届全国委员会第三次会议第 4600 号（教育类 437 号）提案答复的函 [EB/OL]. http://www.moe.gov.cn/jyb_xxgk/xxgk_jyta/jyta_zcs/202010/t20201022_496131.html.

[42] 中华人民共和国教育部. 教育部 2021 年工作要点 [EB/OL]. http://www.moe.gov.cn/jyb_sjzl/moe_164/202102/t20210203_512419.html.

[43] 中华人民共和国教育部. 老年教育发展如何？教育部：已建成 28 所省级老年开放大学 [EB/OL]. http://www.moe.gov.cn/fbh/live/2020/52735/mtbd/202012/t20201209_504284.html.

[44] 中华人民共和国教育部. 宁波市构建终身教育网络助力社区综合治理 [EB/OL]. http://www.moe.gov.cn/jyb_xwfb/s6192/s222/moe_1770/202010/t20201013_494283.html.

[45] 中华人民共和国教育部. 中共中央国务院印发国家积极应对人口老龄化中长期规划 [EB/OL]. http://www.moe.gov.cn/s78/A01/s4561/jgfwzx_xxtd/201911/t20191128_409947.html.

[46] 中华人民共和国教育部. 重庆有家"学分银行" [EB/OL]. http://www.moe.gov.cn/jyb_xwfb/s5147/202004/t20200410_442069.html.

[47] 中华人民共和国教育部. 教育部党组书记、部长陈宝生在 2021 年全国教育工作会议上的讲话 [EB/OL]. http://www.moe.gov.cn/jyb_xwfb/moe_176/202102/t20210203_512420.html.

[48] 中华人民共和国民政部. 2017 年社会服务发展统计公报 [EB/OL]. （2018－08－02）[2019－04－11]. http://www.mca.gov.cn/article/sj/tjgb/.

[49] 中华人民共和国中央人民政府. 国务院关于印发"十三五"国家老龄事业发展和养老体系建设规划的通知[EB/OL].（2017 - 02 - 28）[2021 - 05 - 31]. http://www.cncaprc.gov.cn/contents/2/179240.html.

[50] 中华人民共和国中央人民政府. 中华人民共和国国民经济和社会发展第十四个五年规划和2035年远景目标纲要[EB/OL].（2021 - 03 - 13）[2021 - 04 - 10]. http://www.gov.cn/xinwen/2021-03/13/content_5592681.htm.

四、外文文献

[1]Судьба России и её историческая перспектива зависят от того, сколько нас будет: 15 главных тезисов Послания президента[EB/OL].https://www.vologda.kp.ru/daily/27079.4/4149971/.

[2]World Health Organization. Ageing and Health[EB/OL].(2018-02-05)[2019-10-21].https://www.who.int/news-room/fact-sheets/detail/ageing-and-health.

[3]Рустем Фаляхов. В нацпроект не вписываются: мужчины не нужны России? Средняя продолжительность жизни за 2018 год выросла всего на 73 дня[EB/OL].[2019-04-29].https://www.gazeta.ru/business/2019/04/29/12329983.shtml.

[4]Ahmad L., Sawley E., Creasey H.. Do informal interviews improve medical student empathy with the elderly?[J]. Medical Education, 2010(10).

[5]Arizona State University. Intergenerational Learning Service Scholarship[EB/OL].[2020-05-21].https://scholarships.asu.edu/scholarship/114764.

[6]Boulton-Lewis G., Tam M.. Active ageing, active learning: policy

and provision in Hong Kong[M]. Berlin:Springer Netherlands, 2012.

[7]Boulton-Lewisa, Gillian M.. Education and Learning for the Elderly: Why, How, What[J]. Educational Gerontology, 2010(3).

[8]Cattaneo, Mattia, Malighetti, et al.. The impact of University of the Third Age courses on ICT adoption[J]. Computers in Human Behavior, 2016（63）.

[9]Choi I. , Hori S. . A comparative study on the governance of education for older people in Japan and Korea[J]. Educational Gerontology, 2016(10).

[10]Dahan-Oliel N., Gelinas I., Mazer B.. Social Participation in the Elderly: What Does the Literature Tell Us?[J]. Critical Reviews in Physical & Rehabilitation Medicine, 2008(2).

[11]Donder L. D. , Brosens D. , Witte N. D. , et al.. Lifelong Learning in Old Age: Results from the Belgian Ageing Studies[J]. Procedia - Social and Behavioral Sciences, 2014(116).

[12]Duff, K. et al.. Age- and Education-Corrected Independent Normative Data for the RBANS in a Community Dwelling Elderly Sample[J]. Clinical Neuropsychologist, 2003(3).

[13]Findsen B. , Formosa M. . International perspectives on older adult education: Research, policy and practice[M]. Springer International Publishing, 2016.

[14]Finnish National Agency for Education. Finnish VET in a Nutshell[EB/OL].[2020-05-02].https://www.oph.fi/en.

[15]Funds S.. A Summary of the 2009 Annual Social Security and Medicare Trust Fund Reports[J]. Social Security Solvency: Issues and Projections, 2010.

[16]Ryle, Gilbert. Knowing How and Knowing that: The Presidential

Address[J]. Proceedings of the Aristotelian Society, 1946(1).

[17]Glendenning F.. Teaching and Learning in Later Life: Theoretical Implications[M]. Ashgate Publishing Company, 2000.

[18]Goncalves, Acc . Sex Education for The Elderly[J]. Journal of Sexual Medicine, 2013(10).

[19]González A., Ramírez M. P., Viadel V.. Attitudes of the elderly toward information and communications technologies[J]. Educational Gerontology, 2012(9).

[20]Hardwicke S. , Sproule M. . Physical Education for the Elderly[J]. Journal of Teaching in Physical Education, 2010(2).

[21]Hori S. , Cusack S. . Third-Age Education in Canada and Japan: Attitudes Toward Aging and Participation in Learning[J]. Educational Gerontology, 2006(6).

[22]Hsieh, T. H.. Association between obesity and education level among the elderly in Taipei, Taiwan between 2013 and 2015: a cross-sectional study[J]. Scientific Reports, 2020(1).

[23]Hsu H. C.. Does social participation by the elderly reduce mortality and cognitive impairment?[J]. Aging & mental health, 2007(6).

[24]Formosa M.. Policies for older adult learning: The case of the European Union[J]. The SAGE Handbook of Aging, Work and Society, 2013.

[25]Laslett P.. A fresh map of life : the emergence of the third age. Présentation de l'ouvrage et entretien avec l'auteur[J]. sociétés contemporaines, 1992.

[26]Long, Huey B.. Educational gerontology: Trends and developments in 2000-2010[J]. Educational Gerontology, 1990(4).

[27]Manheimer. New paradigms for old: Trends and developments

in later life learning in North America[EB/OL].[2009-05-24].https://www.lancaster.ac.uk/depts/conted/AEAconference.htm.

[28]Manheimer R. J. . Older Adult Education: A Guide to Research, Programs, and Policies.[M]. Greenwood Press, 1995.

[29]Marshall. The construction of children as an object of international relations: The Declaration of Children's Rights and the Child Welfare Committee of League of Nations, 1900--1924[J]. The International Journal of Children's Rights, 1999(2).

[30]Ministry of Education. Hakutulos - Ajantasainen lainsäädäntö[EB/OL].[2020-04-11].https://finlex.fi/fi/laki/haku/?search%5Btype%5D=pika&search%5Bpika%5D=Elinik%C3%A4inen+oppiminen&submit=Hae+%E2%80%BA.

[31]Newman S., Hatton-Yeo A.. Intergenerational learning and the contributions of older people[J]. Ageing horizons, 2008(10).

[32]Newton J. P. . The benefits of education for the elderly and about the elderly[J]. Gerodontology, 2006(3).

[33]Organization W. H. . Active ageing: a policy framework[J]. The Aging Male, 2003(5).

[34]International Journal of Lifelong Education. Lifelong learning policy in two national contexts International Journal of Lifelong Education[EB/OL].(2014-03-24)[2020-03-11].https://doi.org/10.1080/02601370.2014.896088.

[35]Peter, Laslett. The Emergence of the Third Age[J]. Ageing & Society, 1987.

[36]D.A. Peterson. Educational gerontology: The State of the Art[J]. Educational Gerontology, 1976.

[37]D.A. Peterson. Who are the Educational Gerontologists?[J].

Educational Gerontology, 1980.

[38]Petronovich J., Wade T. J., Denson K., et al.. Elderly Surgical Patients: Are There Gaps in Residency Education?[J]. Journal of Surgical Education, 2014(6).

[39]C.J. Phillipson . Active ageing and universities: engaging older learners[J]. Universities UK, 2010.

[40]Purdie N., Boulton-Lewis G.. The learning needs of older adults[J]. Educational gerontology, 2003(2).

[41]Hopkins D., Reynolds D.. The Past, Present and Future of School Improvement: Towards the Third Age[J]. British Educational Research Journal, 2013(4).

[42]Richmond D., Mccracken H.. Health Promotion and Education for the Elderly: Experience in an Academic Department of Geriatric Medicine[J]. Australasian Journal on Ageing, 2010.

[43]Rivinen S.. Media education for older people-views of stakeholders[J]. Educational Gerontology, 2020(4).

[44]Tom, SchullerAnne, Marie, et al.. Education and training for the third age in the UK: A preliminary report from the Carnegie Inquiry[J]. International Review of Education, 1992.

[45]Scott P. . The death of mass higher education and the birth of lifelong learning[J]. Routledgefalmer, 2000.

[46]Siedle R. . Principles and Practices of Mature-Age Education at U3As.[J]. Australian Journal of Adult Learning, 2011(3).

[47]Woodward D., Slack P.. Poverty and policy in Tudor and Stuart England[J]. Economic History Review, 1988(2).

[48]Statistikcentralen. Förhandsuppgifter om befolkningen[EB/OL]. (2020-04-16)[2020-05-11].http://www.stat.fi/index_en.html.

[49]Szucs F. K. , Daniels M. J. , Mcguire F. A. . Motivations of Elderhostel Participants in Selected United States and European Educational Travel Programs[J]. Journal of Hospitality & Leisure Marketing, 2002(1).

[50]A. R. Tarbox, , G. J. Connors , L. A. Faillace . Freshman and senior medical students' attitudes toward the elderly[J]. Academic Medicine, 1987(7).

[51]Tsai H.M.. The challenges of population ageing and seniors' lifelong learning in Taiwan[EB/OL]. (2018-04-25)[2019-06-21].https://taiwaninsight.org/2018/04/25/the-challenges-of-population-ageing-and-seniors-lifelong-learning-in-taiwan/.

[52]United States Department of Labor. Occupational Outlook Handbook (2006–2007): Social Workers[EB/OL].(2007-04-05)[2019-03-13]. https://www.bls.gov/ooh/.

[53]Worldwide Programs Providing a Better Way to Deal With Aging. OSHER LIFE-LONG LEARNING INSTITUTE (OLLI)[EB/OL].[2020-03-21]. http://www.programsforelderly.com/social-osher-life-long-learning-institute-senior-learning.php.

[54]Xi Q. , Zhang Q. , Cha G. . An exploration of senior education in Nanjing, China[J]. Educational Gerontology, 2019(12).

[55]Новости литературы.«…это одно из великих искусств — быть прекрасным стариком» 23 ноября родился первый нарком просвещения Анатолий Луначарский[EB/OL].(2012-11-23).https://novostiliteratury.ru/2012/11/literaturnyj-kalendar/eto-odno-iz-velikix-iskusstv-byt-prekrasnym-stariko.

[56]Владимир Путин. Путин рассказал о значимости

образования для будущего России[EB/OL].(2018-01-30).https://www.ntv.ru/novosti/1976700/.

[57]Выступление Президента России на заседании президиума Государственного совета о социальной политике в отношении граждан пожилого возраста и повышении качества их жизни[EB/OL].(2010-10-25).http://state.kremlin.ru/state_council/9330.

[58]Гамбургская декларация об обучении взрослых Электронный ресурс.[EB/OL].http://www.znanie.org/docs/Hdecl.html.

[59]Информационный бюллетень.СТАНОВЛЕНИЕ В РОССИИ НЕПРЕРЫВНОГО ОБРАЗОВАНИЯ: АНАЛИЗ НА ОСНОВЕ РЕЗУЛЬТАТОВ ОБЩЕРОССИЙСКИХ ОПРОСОВ ВЗРОСЛОГО НАСЕЛЕНИЯ СТРАНЫ[J/OL].(2017-03-22).https://www.hse.ru/data/2017/03/30/1168527235/%23104.pdf.

[60]Как учатся в России те, кому за 50 — Разбираемся с возмоностями непрерывного образования для пожилых россиян[EB/OL].(2018-02-07).https://newtonew.com/culture/kak-uchatsya-v-rossii-te-komu-za-50.

[61]Кононыгина Т.М. Концепция геронтообразования в Российской Федерации[J]. Орел, 2004.

[62]Лазуткина Е. Образование пожилых людей как путь нормализации межпоколенческих отношений в современном обществе[EB/OL].http://www.russkiymir.ru/russkiymir/ru/derzhava/ed_awards/awards0003.html.

[63]Минфин.Бюджет России 2017 в цифрах[EB/OL].https://investorschool.ru/byudzhet-rossii-2017-v-cifrax.

[64]На Канары через собес. Власти все чаще начинают думать

о досуге пенсионеров[EB/OL].(2010-11-10).https://rg.ru/2010/11/10/pensionery.html.

[65]Старение населения и цели социальной политики , Демографическое старение в России[EB/OL].https://studwood.ru/590711/sotsiologiya/demograficheskoe_starenie_rossii.

[66]Федеральная служба Государственной статистики. Демография[EB/OL].(2018-11-12).http//www.gks.ru/wps/wcm/connect/rosstat.main/rosstat/statistics/population/demography.

附录1
老年教育政策资料汇编
（根据教育部网站资料汇编整理）

2013年
《国务院关于加快发展养老服务业的若干意见》（国发〔2013〕35号）

教育、人力资源社会保障、民政部门要支持高等院校和中等职业学校增设养老服务相关专业和课程，扩大人才培养规模，加快培养老年医学、康复、护理、营养、心理和社会工作等方面的专门人才。

2017年
9月5日 教提案〔2017〕第30号"关于进一步加强社区教育工作的提案"答复中关于老年教育的部分[①]

（八）开展了终身学习立法调研。

2011年，教育部组织17个省（市）教育行政部门开展了终身学习立法调研工作。2012年，教育部将终身学习立法计划上报十二届人大立法委员会要求列入未来五年立法计划。2013年，教育部组织

[①] 中华人民共和国教育部：2017，《关于政协十二届全国委员会第五次会议第0794号（B类082号）提案答复的函》，http://www.moe.gov.cn/jyb_xxgk/xxgk_jyta/jyta_zcs/201802/t20180228_328161.html。

开展终身学习立法专题调研,形成了首个国家性的终身学习促进法建议草案。各省在终身教育立法方面先行探索,取得显著成果。目前,福建、河北、上海、太原、宁波等省(市)出台了《终身教育促进条例》,天津出台了《老年人教育条例》,成都出台了《社区教育促进条例》。

据统计,目前推进社区教育、老年教育、学习型城市建设、职工继续教育等领域发展的国家级制度文件有《老年教育发展规划(2016—2020年)》(国办发〔2016〕74号)、《教育部等九部门关于进一步推进社区教育发展的意见》(教职成〔2016〕4号)、《教育部、人力资源社会保障部关于推进职业院校服务经济转型升级面向行业企业开展职工继续教育的意见》(教职成〔2015〕3号)、《教育部等七部门关于推进学习型城市建设的意见》(教职成〔2014〕10号)。省(区、市)、计划单列市及重要城市发布的制度文件42部。157个地级市发布了有关推进社区教育、加快学习型社会建设的文件,占到全国333个地级市的近一半。各地因地制宜建立的地方性终身教育法规和制度,适应了当地终身教育发展,对满足全民终身学习需求、建设学习型社会发挥了积极推动作用,也为整个国家制定终身学习法律法规提供了经验和借鉴。

2018年
1月25日 《2018年教育改革发展主攻方向》中指出[①]

办好继续教育。要从投入上、制度建设上下更大功夫,提高教育体系的包容性、灵活性、可选择性。要加快发展老年教育,统筹发展城乡社区教育,推进学习型城市和各类学习型组织建设。健全继续教育、终身学习制度,建立学分认定转化积累制度,完善人人皆学、时

---
① 中华人民共和国教育部:2018,《2018年教育改革发展主攻方向》,http://www.moe.gov.cn/jyb_xwfb/s5147/201801/t20180125_325498.html。

时可学、处处能学的终身学习体系。

1月31日 《教育部2018年工作要点》中指出①

办好继续教育。指导开放大学建设与发展，总结推广继续教育学习成果认证、积累与转换试点经验。加快建设学习型社会，加快发展社区教育、老年教育，推动学习型城市和各类学习型组织创建。

2月12日 国家开放大学党委书记李凌、国家开放大学校长杨志坚在《促进国家开放大学建设再上新台阶》中指出②

加强老年教育，开设一批新的老年教育专业，开展适应老年人学习需要的教育服务项目，推动国家健康艺术养老体验示范项目立项建设工作。

3月5日 高等职业学校专业设置

（1）2015年10月，教育部公布了新修订的《普通高等学校高等职业教育（专科）专业目录（2015年）》，设置了老年服务与管理、老年保健与管理、社会工作等专业，增设了老年护理、养老护理与管理、养老产业经营管理、老年辅具应用等专业方向。

2012年，教育部发布《普通高等学校本科专业目录（2012年）》，设置了护理学、康复治疗学、心理学、应用心理学、社会工作等与养老服务相关的专业；2015、2016年，又新增了健康服务与管理、中医养生学等相关专业。根据国务院学位委员会、教育部发布的《学位授予和人才培养学科目录设置与管理办法》规定，二级学科由学位授予单位自主设置，教育部支持有条件的高校在相关一级学科下自主设置

---

① 中华人民共和国教育部：2018，《关于印发〈教育部2018年工作要点〉的通知》，http://www.moe.gov.cn/srcsite/A02/s7049/201802/t20180206_326950.html。

② 中华人民共和国教育部：2018，国家开放大学党委书记李凌、国家开放大学校长杨志坚，《促进国家开放大学建设再上新台阶》，http://www.moe.gov.cn/jyb_xwfb/moe_2082/zl_2018n/2018_zl05/201802/t20180212_327304.html。

老年医学、康复医学、医养护理等研究方向。

2016年，全国有143所高等职业学校开设老年服务与管理专业，招生4023人，较2015年增长46.2%。全国有257所高校开设本科护理学专业，年招生5.1万人；有143所高校开设本科康复治疗学专业，年招生9200人；有300余所高校开设本科心理学或应用心理学专业，年招生1.9万人；有300余所高校开设本科社会工作专业，年招生1.4万人；健康服务与管理、中医养生学等新增专业也陆续开始招生。2015—2016年度授予的临床医学老年医学、康复医学领域硕士专业学位人数分别为191人、189人。[1]

（2）北京经济技术职业学院增设老年服务与管理专业，2018年起可招生[2]

4月18日　加快教育现代化，办人民满意的教育[3]

着力发展继续教育和网络教育。当今时代，终身学习已成为社会共识，成为一种世界性的潮流和人民的一种基本生活方式。十九大报告中提出要办好继续教育、网络教育，这是党和政府的报告里第一次提出来网络教育，充分说明了中央对网络教育、全民学习的重视。要积极研究社区教育、老年教育发展趋势和需求，在建设终身学习社会方面推出新举措，推动学校教育向社会教育拓展，进一步构建起正规教育与非正规教育、普通教育与职业教育、职前教育与职后教育纵向

---

[1] 中华人民共和国教育部：2017，《关于政协十二届全国委员会第五次会议第0714号（教育类076号）提案答复的函》，http://www.moe.gov.cn/jyb_xxgk/xxgk_jyta/jyta_zcs/201803/t20180302_328528.html。

[2] 中华人民共和国教育部：2018，《北京：2018年18所高职增36个专业》，http://www.moe.gov.cn/jyb_zwfw/zwfw_gdfw/gdfw_bjs/201803/t20180315_330066.html。

[3] 中华人民共和国教育部：2018，《国家督学，青岛市委常委、市教育局局长邓云锋：加快教育现代化，办人民满意的教育》，http://www.moe.gov.cn/jyb_xwfb/moe_2082/zl_2017n/2017_zl76/201804/t20180418_333521.html。

衔接、横向贯通的终身学习体系，让教育覆盖人的整个生命周期。要高度重视教育信息化，全面推动信息技术与教育教学的融合创新，为构建网络化、数字化、个性化、终身化的教育体系，建设"人人皆学、处处能学、时时可学"的学习型社会助力。

6月7日　上海市虹口区打造终身教育网络

完善教育机制。组建老年教育工作小组，设立办公室，明确分工，细化职责，完善区老年教育工作体系。搭建老年教育资源集聚和共享平台，丰富老年教育活动。加强部门协调与资源整合，推进老年教育工作科学化和规范化。

加强课程建设。利用现有各类教育、文化、体育活动场所和设施，进一步完善街镇老年教育办学机构基础建设，丰富课程内容，开设特色课程，满足老年群体受教育需求。上海法语培训中心对区域老年群体开展中法环境月主题讲座，组织参加"上海法国周"活动。虹口区老年教育社会学习点开设油画班、旅游英语班、合唱班、摄影班等课程。

办好网络教育。通过微信公众号，结合时政开展专题教育，开展"两学一做"学习教育，组织收看十九大精神解读、军史系列讲座等。加强远程教育，每学期将课程安排及教材发放到老年人手中，利用"上海老年人学习网"组织老人参与学习，使老年人学习空间更加广阔，内容更加丰富。

推进教学点建设。建立五个由多元社会主体参与的老年教育社会学习点，业务范围涉及教育培训、物业管理、餐饮管理与服务等。

6月24日　专题培训班

教育部职业教育与成人教育司在杭州举办社区教育与老年教育工作专题培训班，讨论老年教育问题。

8月23日　全民终身学习活动周[①]

全国总开幕式定于10月第四周在浙江省宁波市举行。今年活动周的主题为"服务国家重大战略，推动全民终身学习"。各地活动周举办时间将结合当地实际，在全国总开幕式前后一个月内自行安排。

9月20日　《关于在普通高校设立老年服务管理本科专业的提案》的答复[②]

目前，在本科层次设置了健康服务与管理专业，布点高校达到56所，学生毕业后可以从事包括老年服务在内的健康服务管理工作。

在现行的本科专业目录中尚未设置老年服务管理专业。根据《普通高等学校本科专业设置管理规定（2012年）》的有关规定，新专业设置需经高校申报、高校主管部门召开专业设置评议专家组织会议审议、教育部学科发展和专业设置专家委员会评审通过后，由教育部正式批准设置。

教育部鼓励有条件的高校主动适应行业对老年服务管理专门人才的迫切需求，在充分研究论证的基础上，按有关程序申请开设老年服务管理专业，合理确定专业培养目标，加强相应师资队伍配备，制定适宜教学计划，编写实用教材，培养行业用得上的高素质老年服务管理人才。

[①] 中华人民共和国教育部：2018，《全民终身学习活动周将于10月启动》，http://www.moe.gov.cn/jyb_xwfb/s5147/201808/t20180823_345892.html。

[②] 中华人民共和国教育部：2018，《关于政协十三届全国委员会第一次会议第2955号（教育类284号）提案答复的函》，http://www.moe.gov.cn/jyb_xxgk/xxgk_jyta/jyta_gaojiaosi/201901/t20190129_368486.html。

9月27日 《关于提升老年大学建设规模和水平的提案》答复[①]

关于政协十三届全国委员会第一次会议第4130号（教育类389号）
提案答复的函

教提案〔2018〕第278号

您提出的《关于提升老年大学建设规模和水平的提案》收悉，经商中央组织部、财政部、全国老龄委办公室，现答复如下：

老年人是国家和社会的宝贵财富。老年教育是我国教育事业和老龄事业的重要组成部分。发展老年教育，是积极应对人口老龄化、实现教育现代化、建设学习型社会的重要举措，是满足老年人多样化学习需求、提升老年人生活品质、促进社会和谐的必然要求。教育部、全国老龄办、财政部、中央组织部等部门高度重视老年教育，发展老年教育。

一、营造老年教育浓厚氛围

一是教育部积极推动各地贯彻落实《老年教育发展规划（2016—2020年）》。《老年教育发展规划（2016—2020年）》（国办发〔2016〕74号）明确提出：各地区各部门要广泛宣传党和国家关于发展老年教育的方针政策，广泛宣传老年教育发展中的典型经验、案例、做法和成效，努力使全社会关心、支持和参与老年教育的氛围更加浓厚。教育部积极推动各地贯彻落实《老年教育发展规划（2016—2020年）》，据不完全统计，目前全国有31个省市（含计划单列市，不含港澳台）发布了老年教育政策，或是与老年教育相关的政策，增强老年教育社会共识度，将老年教育作为教育事业的重要组织部分。如浙江省发布了《关于扶持发展老年教育事业的若干意见》，山东省、海南省、重

[①] 中华人民共和国教育部：2018，《关于政协十三届全国委员会第一次会议第4130号（教育类389号）提案答复的函》，http://www.moe.gov.cn/jyb_xxgk/xxgk_jyta/jyta_zcs/201901/t20190129_368492.html。

庆市发布了《关于加快发展老年教育的实施意见》,贵州省发布了《老年教育发展"十三五"规划》,福建省、广西壮族自治区、河南省、辽宁省、广东省、四川省等发布了《老年教育发展规划(2017—2020年)》等等。

二是各有关部门合力推动老年教育发展,营造老年教育浓厚氛围。2017年2月,国务院印发《"十三五"国家老龄事业发展和养老体系建设规划》,提出:发展老年教育,到2020年,基本形成覆盖广泛、灵活多样、特色鲜明、规范有序的老年教育新格局。全国县级以上城市至少应有一所老年大学。2017年3月,国家卫生计生委等十三个部门印发的《"十三五"健康老龄化规划》,提出:积极发展社区老年教育,引导开展读书、讲座、学习共同体、游学、志愿服务等多种形式的老年教育活动,面向全社会宣传倡导健康老龄化的理念,营造老年友好的社会氛围。

三是有关部门联合开展人口老龄化国情教育。2018年1月,为增强全社会人口老龄化国情意识,贯彻落实习近平总书记关于加强老龄工作重要讲话和重要指示精神,营造全社会关心、支持、参与积极应对人口老龄化的良好氛围,激发全社会增强应对人口老龄化的主动性、针对性、自觉性,全国老龄办、中共中央组织部、教育部等13部门联合印发《关于开展人口老龄化国情教育的通知》(全国老龄办发〔2018〕6号)。提出面向全社会,重点面向党政干部、青少年和老年人开展人口老龄化国情教育,到2020年,人口老龄化的国情意识明显增强,关爱老年人的意识和老年人的自爱意识大幅提升。

二、推动老年大学建设,办好老年教育

一是推动各级各类学校发展老年教育。部分普通高等学校和职业院校通过创办老年大学、内设社区老年教育机构、开设老年课程班级等形式,面向社区开放,服务社区老年群体,参与老年教育工作。部分省市设立了省市级老年大学或老年教育管理机构，作为区域内老年教育服务指导机构，推动老年教育发展。部分省市依托开放大学（广播电视大学）办学体系，设立老年开放大学或内设社区老年教育服务机构，承担区域老年教育供服务职能。

二是推动老干部（老年）大学建设。2016年，中央办公厅、国务院办公厅印发《关于进一步加强和改进离退休干部工作的意见》（中办发〔2016〕3号），提出老干部（老年）活动中心、老干部（老年）大学建设要纳入公益类文化事业发展总体规划。中共中央组织部深入调研督查，大力推动各地贯彻落实文件精神，各地普遍将老年大学建设纳入公益类文化事业发展总体规划，加大经费投入，基础设施建设和服务管理水平明显提升。

三是依托中国老年大学协会推动老年大学建设。中国老年大学协会是在民政部备案的全国性社团，由全国老龄办业务主管，是组织全国各地老年大学（含地方老年大学协会和老年学校）开展协作与交流的全国性非营利社会组织。2016年，为进一步做好示范老年大学的推广工作，培育和树立一批办学规范、颇具规模，教学设施、设备现代化，教学水平和教学质量一流，在全国具有示范、带动作用的先进老年大学，中国老年大学协会在全国推荐了176所"全国示范老年大学"，并专门出台全国示范老年大学指导性评审意见，做好"全国示范老年大学"推广工作。

三、完善老年大学办学体系

一是推动各地完善老年教育多级网络布局。《老年教育发展规划（2016—2020年）》公布以来，全国各地老年教育多级网络逐渐形成，老年教育机构呈现出快速增长的趋势。据不完全统计，截至2017年底，全国共有老年教育机构74408个，呈现广泛分布的趋势，部分省市已经提前完成《老年教育发展规划（2016—2020年）》中提出的三级社区老年教育网络、县级以上城市原则上至少有一所老年大学、建有老年学校的乡镇（街道）比例需达到50%及以上、建有老年学习点的行政村（居委会）比例需达到30%以上的目标。

二是实施远程老年教育推进计划。《老年教育发展规划（2016—2020年）》提出探索以开放大学和广播电视大学为主体建设老年开放大学，开发整合远程老年教育多媒体课程资源。全国多数省市依托开放大学（广播电视大学）和老年大学等建设了老年远程学习平台，为老年人提供远程学习服务。如北京市的幸福养老大课堂、上海市的上海老年人学习网、安徽省全民终身学习网、辽宁省终身教育网、天津终身学习网等。其中山东省建立了覆盖网络、电视、移动终端（手机）等的远程老年教育体系，包括山东老年大学远程教育平台、山东终身学习在线、家庭电视老年大学、山东城市出版集团鲁教视通网等，针对老年人学习特点自主开发录制远教课程，建成集网站、APP、微课堂"三位一体"的山东老年大学远程教育平台。

三是加大老年教育投入力度。《老年教育发展规划（2016—2020年）》中提出"各地区要采取多种方式努力增加对老年教育的投入，切实拓宽老年教育经费投入渠道，形成政府、市场、社会组织和学习者等多主体分担和筹措老年教育经费的机制"。近年来，各地老年教育投入机制逐步完善，如：福建省明确"各级政府将老年教育经费列入财政预算，并采取多种方式加大对老年教育的投入"；安徽省财政厅出台《关于进一步做好老年教育发展经费保障工作的通知》（财社〔2018〕611号），健全老年教育经费保障机制；山东省委老干部局和省财政厅联合下发《关于支持部分财政困难县（市、区）老年大学、老干部活动中心基础设施建设的通知》（鲁老干〔2017〕24号），省财政设立9000万元专项经费，作为县级基本财力保障机制奖补资金，支持省内30个财政困难县（市、区）老年大学基础设施建设。

四是出台支持老年教育的税收优惠政策。近年来,为支持老年教育在内的教育事业发展,国家出台了一系列税收优惠政策。如:符合条件的非营利组织从事非营利性活动取得的收入为免征企业所得税;对国家拨付事业经费和企业办的各类学校处用的房产、土地,免征房产税、城镇土地使用税;对财产所有人将财产赠给学校所立的书据,免征印花税;国家机关、事业单位、社会团体、军事单位承受土地房屋权属用于教学,免征契税;由企业事业组织、社会团体及其他社会组织和公民个人利用非国家财政性教育经费面向社会举办的教育机构,符合条件的,其承受的土地、房屋权属用于教学的,免征契税;对学校经批准征用的耕地,免征耕地占用税。

五是开展《老年教育发展规划(2016—2020年)》实施情况中期评估。教育部为客观评价《老年教育发展规划(2016—2020年)》实施取得的成效和问题,更全面地了解全国各地老年教育发展情况,近期委托第三方单位,在全国范围内开展《老年教育发展规划(2016—2020年)》实施情况中期评估,为今后精准施策推动发展老年教育提供了评估基础。

下一步,我们将认真研究您提出的宝贵对策建议,并融入今后进一步发展老年大学有关工作研究中,以扩大老年教育供给为重点,以创新老年教育体制机制为关键,整合社会资源、激发社会活力,多措并举发展老年教育。

12月24日 重庆市沙坪坝区大力推动民办教育规范优质发展[①]

统筹规划,优化整体布局。制定"十三五"教育事业与培训产业融合发展规划、关于加快发展教育培训产业的意见,分区域规划建设民办中学。突出早教幼教服务、课外辅导与综合实践、艺术特长培养、

---

① 中华人民共和国教育部:2018,《重庆市沙坪坝区大力推动民办教育规范优质发展》,http://www.moe.gov.cn/jyb_xwfb/s6192/s222/moe_1754/201812/t20181224_364523.html。

职业技能培训、学历补偿教育、教育培训配套"互联网+"产业等六大领域，规划打造"一体三园五联盟"总体格局，构建从婴幼儿早教至老年健康休闲培训的现代终身教育培训体系。

2019年
1月8日　落实　落实　再落实——在2019年全国教育工作会议上的讲话[①]

五、克服"顽瘴痼疾"　破除体制机制障碍

要破解继续教育发展难题。在我国各类教育中，继续教育还属于薄弱环节，如期实现现代化的任务还很艰巨。适应新形势新变化，推动继续教育规范与创新，既要深度调整既有利益格局，做好"老城改造"；还要推动新的模式与路径建设，启动"新区建设"。学历继续教育历史脉络长、量大面广，属于"老城改造"，改革发展需要多方协同、稳妥推进。要持续做好高等学历继续教育专业建设工作，研究制定促进高校规范管理的政策措施，推进开放大学建设与发展，做好高等教育自学考试工作。非学历继续教育方兴未艾，社会需求量大，属于"新区建设"，要调动各方资源，满足学习者多元化、个性化学习需求。通过大力发展社区教育、老年教育、学习型城市建设、农民工"求学圆梦行动"等，让所有走出校门的学习者都能持续发展、幸福生活。总之，要跳出"老区"建"新区"、建好"新区"带"老区"，努力实现人人、时时、处处可学，努力让13亿人民享有更好更公平的教育。

---

① 中国高职高专教育网（现名：现代高等职业技术教育网）：2019，《落实　落实　再落实——在2019年全国教育工作会议上的讲话》，https://www.tech.net.cn/news/show-73436.html。

2月22日　即将召开的2019年度全国职业教育与继续教育工作会议①

其中包括2018年度职业教育与继续教育工作总结和2019年工作设想（其中继续教育工作应包括：高等学历与非学历继续教育以及社区教育、老年教育、职工继续教育培训、全民终身学习及活动周、学习型城市和各类学习型组织建设、农村职业教育和成人教育示范县建设等内容）。

2月23日　中共中央、国务院印发《中国教育现代化2035》②

（1）《中国教育现代化2035》提出了推进教育现代化的八大基本理念

更加注重以德为先，更加注重全面发展，更加注重面向人人，更加注重终身学习，更加注重因材施教，更加注重知行合一，更加注重融合发展，更加注重共建共享。

（2）2035年主要发展目标是建成服务全民终身学习的现代教育体系、普及有质量的学前教育、实现优质均衡的义务教育、全面普及高中阶段教育、职业教育服务能力显著提升、高等教育竞争力明显提升、残疾儿童少年享有适合的教育、形成全社会共同参与的教育治理新格局。

（3）《中国教育现代化2035》聚焦教育发展的突出问题和薄弱环节，立足当前，着眼长远，重点部署了面向教育现代化的十大战略任务：

五是构建服务全民的终身学习体系。构建更加开放畅通的人才成

---

① 中华人民共和国教育部：2019，《关于报送2019年度全国职业教育与继续教育工作会议相关材料的通知》，http://www.moe.gov.cn/s78/A07/A07_gggs/A07_sjhj/201902/t20190226_371183.html。

② 中华人民共和国教育部：2019，《中共中央、国务院印发〈中国教育现代化2035〉》，http://www.moe.gov.cn/jyb_xwfb/s6052/moe_838/201902/t20190223_370857.html。

长通道，完善招生入学、弹性学习及继续教育制度，畅通转换渠道。建立全民终身学习的制度环境，建立国家资历框架，建立跨部门跨行业的工作机制和专业化支持体系。建立健全国家学分银行制度和学习成果认证制度。强化职业学校和高等学校的继续教育与社会培训服务功能，开展多类型多形式的职工继续教育。扩大社区教育资源供给，加快发展城乡社区老年教育，推动各类学习型组织建设。

2月23日　中共中央办公厅、国务院办公厅印发《加快推进教育现代化实施方案（2018—2022年）》[①]

十是深化重点领域教育综合改革。加快构建终身学习制度体系，加强终身学习法律法规建设，搭建沟通各级各类教育、衔接多种学习成果的全民终身学习立交桥，加快发展社区教育、老年教育，深入推动学习型组织建设和学习型城市建设。

3月8日　陈宝生部长在全国政协教育界别联组会上的答复[②]

全国政协委员、上海市教委副主任倪闽景的发言有关老年教育。倪闽景提出，我国已明确，到2020年以各种形式经常性参与教育活动的老年人占老年人口总数的比例达到20%以上，"但完成这个目标困难巨大，老年教育推进面临多重压力"。

"客观地说，老年教育是教育部工作中的薄弱环节。"陈宝生坦诚地说，"老年人是一个特殊的教育群体，老年教育有自己的特殊规律，我们如何适应老龄化社会的需要，把老年教育做好，满足老年人的教育需求，是一个新课题。教育部要开展这方面的研究，把新课题完成好。"

[①] 中华人民共和国教育部：2019，《中共中央办公厅、国务院办公厅印发〈加快推进教育现代化实施方案（2018—2022年）〉》，http://www.moe.gov.cn/jyb_xwfb/s6052/moe_838/201902/t20190223_370859.html。

[②] 中华人民共和国教育部：2019，《教育部长陈宝生参加全国政协十三届二次会议教育界别联组会，向委员"交账"，听取意见建议——吸纳委员智慧　共谋教育发展》，http://www.moe.gov.cn/jyb_xwfb/gzdt_gzdt/moe_1485/201903/t20190308_372642.html。

3月26日　湖南出台老年教育发展规划——到2022年建100所以上老年大学①

《规划》明确，整合利用现有社区教育机构、县级职教中心等教育资源，以及社区文化活动中心、农村老年活动中心等资源开展老年教育活动，完善基层社区老年教育服务体系；鼓励综合类高校、师范类院校、职业院校开展老年教育相关专业，支持有条件的高校开展老年教育方向的研究生教育，加快培育老年教育教学、科研和管理人才。

《规划》提出，充分激发市场活力，推进举办主体、资金筹措渠道的多元化；支持老年教育领域社会组织和老年志愿服务团队发展；加强老年大学与社会教育机构的合作，组建老年教育联盟（集团）；初步建立起能支撑区域内老年教育发展的老年学习资源库；培育一批示范性学习活动团队和新型学习组织。

预计到2022年，湖南14个市（州）、122个县（市、区）建立一个以上老年教育学习体验基地，县级以上城市至少有一所老年大学，60%的乡镇（街道）建有老年学校，经常性参与教育活动的老年人占老年人口总数比例达30%以上。

6月20日　海南省人民政府印发《关于支持海南深化教育改革开放实施方案》的通知②

（三）探索建立海南新型资历框架体系。推动海南建设学分综合转换、学习成果互认互通的终身学习体系。支持海南建好开放大学。鼓励学校教育资源向社区、社会开放，扩大教育资源共享覆盖面。支

---

① 中华人民共和国教育部：2019，《湖南出台老年教育发展规划——到2022年建100所以上老年大学》，http://www.moe.gov.cn/jyb_xwfb/s5147/201903/t20190326_375257.html。
② 中华人民共和国教育部：2019，《海南省人民政府印发〈关于支持海南深化教育改革开放实施方案〉的通知》，http://www.moe.gov.cn/srcsite/A03/moe_1892/moe_630/201907/t20190702_388674.html。

持社会力量提供培训服务,率先将外语、法律、信息技术等纳入市民素质提升计划。丰富老年教育资源供给,实施老年养护教综合项目。(海南省人民政府、教育部、人力资源社会保障部)

8月19日 **《关于全面推进金融知识普及教育纳入国民教育体系的建议》的答复中关于"健全社区教育办学网络提高老年人的金融素养"的部分**[①]

积极推进成人金融知识的普及。一是发挥全国高校继续教育作用,截至2018年底,全国高校继续教育共开设金融类专业12个,专业点826个,招收金融类专业学生6万余人,培养了大批金融类专业职业性应用型人才,全年参与包含金融知识培训班在内的各级各类培训158.4万人次。促进优质教育资源共建共享,推进金融知识的普及教育,指导国家开放大学建设国家数字化学习资源中心,汇聚整合包含金融证券培训、国际金融、财务会计等在内的各类学历教育及非学历教育课程6万门,媒体资源36.5万条,资源总容量60.5TB。二是健全社区教育办学网络提高老年人的金融素养。教育部积极促进健全城乡一体的社区教育县(市、区)、乡镇(街道)、村(社区)三级社区教育办学网络,推动社区教育机构加强对老年人金融素养等方面教育。

9月30日 **《关于加快推进老年教育事业发展的建议》建议的答复**[②]

您提出的"关于加快推进老年教育事业发展的建议"收悉,经商民政部、财政部、国家卫生健康委,现答复如下:

老年人是国家和社会的宝贵财富。老年教育是我国教育事业和老龄事业的重要组成部分。发展老年教育,是积极应对人口老龄化、实

[①] 中华人民共和国教育部:2019,《对十三届全国人大二次会议第5720号建议的答复》,http://www.moe.gov.cn/jyb_xxgk/xxgk_jyta/jyta_jiaocaiju/201909/t20190903_397212.html。

[②] 中华人民共和国教育部:2019,《对十三届全国人大二次会议第3090号建议的答复》,http://www.moe.gov.cn/jyb_xxgk/xxgk_jyta/jyta_zcs/201912/t20191204_410811.html。

现教育现代化、建设学习型社会的重要举措，是满足老年人多样化学习需求、提升老年人生活品质、促进社会和谐的必然要求。老年大学是老年教育的主要载体，是实现"老有所教"和满足老年人多样化的教育、文化、健康养老等多样化需求的重要举措。老年大学已经成为引导老年人终身学习、积极向上、健康养老的生活方式。我国已经进入人口老龄化社会，截至2018年底，我国60岁以上老年人口已达到2.49亿，占总人口的17.9%。随着人口老龄化持续加剧，将会有越来越多的老年人进入老年大学或老年教育机构学习，成为健康养老的生活方式。为此，党中央、国务院高度重视发展老年教育、老年大学，教育部正在与中央组织部、民政部、国家卫生健康委等多部门加快发展老年教育，推进老年大学发展。

一、关于老年教育的政策和法规建设

（一）国家出台了一系列有关老年教育的规划和政策。

2016年10月，国务院印发《国务院办公厅关于印发老年教育发展规划（2016—2020年）的通知》（国办发〔2016〕74号，以下简称《规划》）。2017年2月，国务院印发《国务院关于印发"十三五"国家老龄事业发展和养老体系建设规划的通知》（国发〔2017〕13号）。2018年1月，全国老龄办印发《关于开展人口老龄化国情教育的通知》（全国老龄办发〔2018〕6号）。2019年3月，国务院印发《国务院办公厅关于推进养老服务发展的意见》（国办发〔2019〕5号）。2019年6月，《国家积极应对人口老龄化中长期规划》（中发〔2019〕25号）印发。当前，《中共中央国务院关于加强新时代老龄工作的若干意见》等文件即将出台。以上这些文件都对发展老年教育、老年大学提出了要求，并明确教育行政部门为牵头会同有关部门共同推进的职责分工。

（二）研制积极推进老年大学建设和发展的意见。

为有效扩大老年教育供给，积极推进老年大学建设与发展，教育部正在会同有关部门，深入基层调研，加紧研制《积极推进老年大学建设和发展的意见》（以下简称《意见》）。该《意见》将明确老年大学的发展定位、办学基本条件、设立审批管理、发展路径、内涵建设、体制机制和保障措施。特别是明确要建立健全社区老年大学三级办学网络，各类院校举办老年大学，部门、行业和企业举办的老年大学面向社会开放，社会力量参与举办老年大学，以及发展老年开放大学和网上老年大学、积极探索养教结合的新模式等方面政策措施；将明确老年大学要创新教学形式，将教学内容与旅游、艺术、体育以及各类文化体育活动相结合，开展面授学习、体验学习、网上学习、读书会、讲座、游学、志愿服务等多种形式的老年教育活动等一系列如何办好新时代老年大学的有关要求。

二、加强终身学习、老年教育的法规建设

目前，《宪法》《老年人权益保障法》《教育法》都明确了老年人的学习权利，这是老年教育发展的法律基础。2015年4月，有关部门开展了《老年人权益保障法》的修订工作，明确规定"国家发展老年教育，把老年教育纳入终身教育体系，鼓励社会办好各类老年学校"。

目前，天津市、福建省、上海市等九个省市、地市制定了《老年人教育条例》《终身教育促进条例》《社区教育促进条例》等法规，具体为：《天津市老年人教育条例》（2002年）、《福建省终身教育促进条例》（2005年）、《徐州市老年教育条例》（2007年）、《上海市终身教育促进条例》（2011年）、《太原市终身教育促进条例》（2012年）、《河北省终身教育促进条例》（2014年）、《宁波市终身教育促进条例》（2014年）、《成都市社区教育促进条例》（2016年）。2019年7月31日，《西安市社区教育促进条例》审议通过。这些地方条例都将老年教育作为法规的重要内容，为国家立法奠定了基础。教育部开展了终身学习立法的前期研究工作。

三、关于扩大老年教育资源供给

（一）积极推动各地发展老年教育。

为贯彻落实国家关于发展老年教育的相关文件精神，教育部采取了一系列举措。一是2016年《规划》出台后，教育部组织有关部门举行了全国老年教育研讨会，部署推动各地贯彻落实《规划》。目前，全国有26个省（市、区）出台了发展老年教育的相关规划和政策文件。二是每年举办全国社区教育与老年教育工作高级研修班，推动各省教育行政部门和相关院校加快发展社区教育和老年教育。三是大力推动各地加快发展社区教育，特别是城乡社区老年教育，办好老百姓家门口的学校，让老年教育惠及所有老年人。四是在全国范围内开展《规划》实施情况中期评估。五是支持中国老年大学协会和第三年龄大学联盟，引导推动部门、行业、企业、社会力量举办老年大学以及各类院校举办的老年大学创新发展。六是每年举办终身学习活动周，宣传推动各地社区教育、老年教育发展。七是组织开展社区教育、老年教育资源共享行动。将在2019年全民终身学习活动周期间，推动各地举办"教育资源进社区网上博览会""社区教育大讲堂"活动。八是组织专家开展老年大学、老年开放大学、社区大学办学网络政策性研究等。据不完全统计，目前，全国各地有老年大学和老年教育机构6.2万个，共有800多万老年学员。全国已有26家开放大学和广播电视大学成立了老年开放大学或老年学院。

（二）多路径扩大老年教育资源供给。

主要在六个方面扩大老年教育供给。一是优先发展城乡社区老年教育，建立健全社区老年大学三级办学网络，推动社区教育与社区治理融合发展。二是调动各类院校参与老年教育，推动各类院校举办或参与举办老年大学。三是推动部门、行业和企业办好老年大学，并面向社会开放。四是鼓励社会团体、其他社会组织及公民个人，依法独立举办或参与举办老年大学。五是加快推进开放大学和广播电视大学举办老年开放大学,老年大学要多形式开展在线老年教育和向社区(农村)提供老年教育数字资源服务。六是引导老年大学与养老机构、社区、企业等共同探索养教结合新模式,推进养教一体化等。

四、关于加大对老年教育的投入

(一)加强对老年教育、老年大学经费投入。

《意见》将明确要建立健全政府、市场、社会组织和学习者等多主体分担和筹措老年教育经费的投入机制。明确财政部门要采取多种方式,加大对各级老年大学基础设施和资源建设的投入,以及分类支持和激励的政策等。当前,按照党中央、国务院决策部署,中央财政在大力支持基础教育、职业教育、高等教育等学校教育的同时,积极支持老年教育发展。要求各地区要采取多种方式努力增加对老年教育的投入,切实拓宽老年教育经费投入渠道,形成政府、市场、社会组织和学习者等多主体分担和筹措老年教育经费的机制。鼓励和支持行业企业、社会组织和个人设立老年教育发展基金,企业和个人对老年教育的公益性捐赠支出按照税收法律法规规定享受所得税税前扣除政策。落实公益性捐赠税前扣除政策。其中,企业的公益性捐赠支出在年度利润总额12%以内的部分准予在税前扣除,超过年度利润总额12%的部分准予结转以后三年扣除;个人向公益事业的捐赠支出在应纳税所得额30%以内的部分,准予在计算应纳税所得额时扣除。此外,为鼓励教育事业发展,现行个人所得税政策规定,纳税人通过中国境内非营利的社会团体、国家机关向教育事业的捐赠,准予在个人所得税前全额扣除。符合条件的企业和个人对老年教育的公益性捐赠支出,可按规定享受所得税税前扣除政策。

(二)各地加大老年教育、老年大学的投入力度。

近年来,各地积极探索老年教育的投入机制,取得一定成效。如:

湖南省提出"各地要采取多种方式加大对老年教育的投入，按照'政府拨一点、社会筹一点、单位出一点、个人拿一点'的办法，形成政府、市场、社会组织和学习者等多主体分担和多渠道筹措老年教育经费的机制"。福建省明确"各级政府将老年教育经费列入财政预算，并采取多种方式加大对老年教育的投入"。山东省委老干部局和省财政厅联合下发《关于支持部分财政困难县（市、区）老年大学、老干部活动中心基础设施建设的通知》（鲁老干〔2017〕24号），提出省财政设立9000万元专项经费，作为县级基本财力保障机制奖补资金，支持省内30个财政困难县（市、区）老年大学基础设施建设。老年教育经费应主要用于老年教育公共服务。鼓励和支持行业企业、社会组织和个人设立老年教育发展基金，企业和个人对老年教育的公益性捐赠支出按照税收法律法规规定享受所得税税前扣除政策。

五、关于老年教育领导管理体制模式

（一）明确老年教育、老年大学的管理体制。

《规划》提出建立健全党委领导、政府统筹，教育、组织、民政、文化、老龄部门密切配合，其他相关部门共同参与的老年教育管理体制。近年来，党中央、国务院又出台了一系列教育、老龄事业、养老服务体系建设和社区治理等与老年教育相关的规划和政策性文件，都对发展老年教育、老年大学提出要求，并都明确教育行政部门牵头会同多部门共同推动落实老年教育的职责。各相关部门职责分工，加强沟通协调，通过规划编制、政策制定、指导监督，共同研究解决老年教育发展中的重大问题。老年教育工作要纳入对各级政府相关部门绩效考评内容。各省（区、市）要把老年教育纳入本地区经济社会发展规划和教育事业发展规划，结合实际，提出落实本规划、加快发展老年教育的具体实施方案和举措，分阶段、分步骤组织实施。对各地区在实施本规划中好的做法和经验，要及时总结推广。

（二）地方不断创新老年教育的管理体制。

地方各省市在出台的老年教育相关文件中，也对老年教育领导管理体制进行了探索。如《广西老年教育发展规划（2017—2020年）》提出：建立健全全区各级党委领导、政府统筹，教育、组织、民政、财政、人力资源社会保障、文化、卫生计生、旅游发展、老龄等相关部门密切配合，其他部门共同参与的老年教育管理体制。《福建省老年教育发展规划（2017—2020年）》提出：政府主导，多元参与。发挥政府在制定规划、营造环境、加大投入等方面的作用，统筹协调各部门老年教育工作。《湖南省老年教育发展规划（2019—2022年）》提出：按照党委领导、政府主导的原则，加强对老年教育工作的指导、协调和督查。教育、组织、老干、发改、财政、民政、卫健、人社、体育、文化旅游等部门共同参与，加强对全省老年教育的宏观指导、政策扶持和统筹协调，形成"党政统领、多方参与、分工负责、协同推进"的老年教育管理体制等。

六、关于营造老年教育良好的社会氛围

（一）部门联手共同加强人口老龄化国情教育。

2018年1月，全国老龄办、中央组织部等14部门发布了《关于开展人口老龄化国情教育的通知》（全国老龄办发〔2018〕6号），提出：人口老龄化国情教育要面向全社会，重点对象是党政干部、青少年和老年人。到2020年，人口老龄化的国情意识明显增强，关爱老年人的意识和老年人的自爱意识大幅提升，积极应对人口老龄化的社会氛围更加浓厚。推动老年教育发展，营造老年教育浓厚氛围。在《人口老龄化国情教育重点任务分工方案》中，提出了一系列的具体举措，如编写出版《人口老龄化国情教育知识读本》以及系列读物；组建由党政领导、专家学者、老龄工作者、老有所为先进典型人物等组成的国家人口老龄化国情教育宣讲团，在全国开展宣讲活动；开展人口老龄化国情教育进校园活动，把人口老龄化国情教育纳入大、中、小学教育教学内容等。

（二）加大对老年教育、老年大学的宣传力度。

在2019年全民终身学习活动周中，教育部将组织有关电视台、网站、手机直播平台、有关公共媒体共同开展"走进老年大学""走进社区教育""走进终身学习活动周""走进继续教育"系列主题展播活动，全面展示和宣传推广各地先进经验和典型案例等。推动各地区要广泛宣传党和国家关于发展老年教育的方针政策，广泛宣传老年教育发展中的典型经验、案例、做法和成效，努力使全社会关心、支持和参与老年教育的氛围更加浓厚。要充分调动老年人积极参与活动周开展的学习活动，积极培育老年学习文化，使学习风尚融入老年人生活，使老年教育成为增进老年人福祉的重要内容。

（三）推动社会参与开展全国社区教育老年教育资源共享行动。

教育部把开展全国社区教育老年教育资源共享行动列入2019年全民终身学习活动周主要内容，集聚资源并宣传展示，广泛动员社会参与，推动各地教育资源进社区、进农村、进社区教育和老年教育机构活动。组织各地联合举办"教育资源进社区网上博览会""社区教育大讲堂"活动，汇集适应于面向社区全体成员数字化学习的优质资源，分类向社会开放，并推动组织普通高校、开放大学或广播电视大学、社区教育指导中心、社区大学、老年大学、社区教育实验区（示范区）、相关教育培训机构、行业企业、出版传媒机构等单位积极参与该活动。建立全国社区教育和老年教育数字化学习资源、师资、工作志愿者共享库，开展志愿者共享行动等。

下一步，教育部将认真研究您提出的建议，在研制的《意见》中认真思考吸收，并融入今后进一步推进老年教育发展的工作实践中。教育部将联合多部门加快研制《意见》，组织开展终身学习、老年教育立法的调研。同时，根据职责分工，教育部将与有关部门密切配合，形成合力，以扩大供给为重点，创新体制机制，整合社会资源、激发社会活力，多措并举推动老年教育创新发展。

10月14日 《关于更好发挥保险业在推动我国养老产业中作用》的答复中养老服务人才培养的部分[①]

您提出的《关于更好发挥保险业在推动我国养老产业中作用的提案》收悉，现就涉及教育部业务部分答复如下：

教育部非常重视养老服务人才培养，在专业设置、考试招生、人才培养、学生资助方面采取多项措施，培养更多护理和健康管理人才服务国家老龄事业。

一是优化相关专业设置。《中等职业学校专业目录（2010年修订）》中设有老年人服务与管理、护理（老年护理方向）等专业，学生毕业后主要从事养老护理员、家政服务员和健康管理师等职业岗位。《普通高等学校高等职业教育（专科）专业目录（2015年）》设置了老年服务与管理、老年保健与管理、护理（老年护理方向）、康复治疗技术、中医康复技术、中医养生保健、社区健康、家政服务与管理、健康管理、社会福利事业管理、社区管理与服务等专业。2018年，全国高职院校共开设老年服务与管理等相关专业点数805个，招生约4.7万人。

二是畅通高等职业教育多样化升学通道。2013年，教育部印发《关于积极推进高等职业教育考试招生制度改革的指导意见》（教学〔2013〕3号），积极推进高等职业教育分类考试招生制度改革，建立健全了高职院校多种升学办法，为学生接受高等职业教育提供了多样化的升学渠道，其中对于护理、健康服务等培养周期长的专业，允许

[①] 中华人民共和国教育部：2019，《关于政协十三届全国委员会第二次会议1700号（社会管理类133号）提案答复的函》，http://www.moe.gov.cn/jyb_xxgk/xxgk_jyta/jyta_xueshengsi/201912/t20191205_410995.html。

高职院校面向初中毕业生开展三二分段制和五年一贯制招生。2019年，教育部印发《关于做好2019年高职扩招专项考试招生工作的通知》（教学厅〔2019〕6号），要求各地各校面向区域经济建设急需和社会民生领域紧缺的专业扩大高职分类招考规模，进一步改革完善考试形式和内容，为社会培养更多技术技能型人才，缓解包括养老服务等领域的"人才荒"问题。

三是推进复合型技术技能人才培养。2019年，教育部、国家发改委、财政部、市场监管总局四部门联合印发《关于在院校实施"学历证书+若干职业技能等级证书"制度试点方案》（教职成〔2019〕6号），在老年服务与管理等领域，启动"1+X证书"制度试点工作，以社会化机制遴选培训评价组织，指导开发相关职业技能等级证书，深化复合型技术技能人才培养培训模式和评价模式改革。

四是确保学生公平享受国家资助政策。党中央和国务院高度重视家庭经济困难学生上学问题，在高等教育阶段建立了国家奖学金、国家助学贷款、基层就业学费补偿贷款代偿、新生入学资助、勤工助学、校内奖助学金、困难补助、学费减免及新生入学"绿色通道"等相结合的资助政策，护理和健康管理专业学生可公平享受国家各类资助政策。关于学费减免问题，《高等教育法》第五十四条明确指出，高等学校的学生应当按照国家规定缴纳学费，家庭经济困难的学生，可以申请补助或者减免学费。

下一步，我们将围绕老年人健康服务发展需要，进一步优化专业设置，增补中职专业目录，增设职能养老服务等专业，充分发挥职业院校资源优势开展相关培训。

12月10日　上海：构建市民终身学习"大课堂"①

助力在岗人员提升学力，"技能＋学历"成为在岗人员学习新模式。

2016年，根据教育部、中华全国总工会印发的《农民工学历与能力提升行动计划——"求学圆梦行动"实施方案》的通知要求，上海市教委会同市总工会联合启动"百万在岗人员学力提升行动计划"，充分发挥开放大学和高校继续教育作用，为全市在岗人员参加学力提升提供教育服务。

架设职业教育立交桥，"中—高—本—研"开启高技能人才培养新通道。

2010年，上海开始试点中高职贯通，中职学生经过5年学习可获得高职学历证书和相关技能证书。2014年，上海首推"中本贯通"，学生经过3年中职学习和转段考核后升入4年本科学习，完成学业的学生可获取本科学历证书和技能证书。2017年，5年制"高本贯通"也进入试点。

以《上海现代职业教育体系建设规划（2015—2030年）》为基础，上海正在多渠道多形式打通"中职—专科高职—应用型本科—专业学位研究生"衔接融通的"立交桥"，为职业教育学生创造更加多元的学历晋升通道，为更好地培养各类创新创业人才和高素质技能型人才提供全面支持。

开通终身教育"学分银行"通存通兑终身学习成果。

在学校修读课程拿学分，在工作后凭一技之长拿证书，在社区学堂、老年大学学习提升文化艺术修养……在终身教育"学分银行"，这些先前的学历和非学历的学习成果经过认定，可在不同教育系统中进行转换。

---

① 中华人民共和国教育部：2019，《上海：构建市民终身学习"大课堂"》，http://www.moe.gov.cn/s78/A27/s8544/201912/t20191210_411479.html。

2013年,《中共中央关于全面深化改革若干重大问题的决定》明确提出,"试行普通高校、高职院校、成人高校之间学分转换,拓宽终身学习通道"。上海先行先试,率先建设并运行国内首家省市级学分银行。6年多来,已为376万名学习者建立了个人学习档案,为8.4万余人进行了学分转换。

2020年

4月10日　重庆有家"学分银行"[①]

课程学分的"兑换券"。

重庆市终身学习学分银行建立了职业教育和培训资历框架,借鉴银行的某些功能特点,对不同类型学习成果通过学分进行认证、积累、转换,在教育部"国家资历框架在职业教育领域的研究与实践"项目中负责西部地区的实践研究。2019年12月,由联合国教科文组织牵头,联合国教科文组织终身学习研究所、欧洲职业培训发展中心和欧洲培训基金会联合发布的《全球区域和国家资历框架目录》中,重庆广播电视大学在学习成果认证制度方面的探索被列入其中。

目前,重庆市终身学习学分银行平台已建立终身学习档案52万余个,登记、认证各类教育学习成果近170万个,完成包括非学历教育学习成果在内的各类学习成果的认证与转换1000余人次。

职业发展的"充电站"。

重庆广播电视大学建立了一套"资历框架",在学分银行积攒的学分,累积到规定总数后可"支取"相应的"资历证明"。这能在一定程度上满足个人职业发展的需求,同时激励人们采取多样化的方式参与职业培训。"资历框架"将所有学习成果的层次从低到高分别对

[①] 中华人民共和国教育部:2020,《重庆有家"学分银行"》,http://www.moe.gov.cn/jyb_xwfb/s5147/202004/t20200410_442069.html。

应1—4级，同时在横向上从"知识、技能、能力、态度和价值观"4个维度进行考察。

终身学习的"推进器"。

终身教育离不开学分银行的支撑，老年人热爱学习，能够为家庭学习、社区学习提供支点；年轻人自主学习，将为社会注入源源不断的动力。

学分银行建设是一项复杂、长期的工程，还需要多元学习成果的认证、互认和转换机制，以及能够显示个人职业兴趣、职业能力和发展潜力的动态化的学习发展记录，这样才能达到激励人们终身学习的目的。

8月31日　教育部《关于印发〈国家开放大学综合改革方案〉的通知》[①]

国家开放大学综合改革方案

国家开放大学是2012年6月在中央广播电视大学基础上建立的一所新型高等学校，是我国集中力量发展终身教育的一个创举。学校建立以来，在教育教学、管理服务、转型发展等方面取得了重要进展。但是，与"构建服务全民终身学习的教育体系"的部署相比，与建设学习型社会的要求相比，国家开放大学还存在着定位不清晰、体系不健全、质量不高等问题，影响了开放教育事业健康发展。为深入学习贯彻习近平总书记关于教育的重要论述，贯彻落实党的十九届四中全会和全国教育大会精神，进一步发挥制度优势，补齐"构建服务全民终身学习的教育体系"短板，理顺体制、创新机制、明确定位、加强统筹，用深化改革的办法破解制约发展的瓶颈问题，整体推进新时代国家开放大学转型发展，提高办学质量，提升学校治理体系和治理能力现代化水平，特制定本方案。

---

① 中华人民共和国教育部：2020，《关于印发〈国家开放大学综合改革方案〉的通知》，http://www.moe.gov.cn/srcsite/A07/zcs_zhgg/202009/t20200907_486014.html。

一、改革的背景

（一）巩固和发挥国家开放大学40年体系办学优势。国家开放大学的前身是邓小平同志于1978年亲自倡导并批准创办的中央广播电视大学。办学40多年来，国家开放大学和44所省级广播电视大学（地方开放大学）及市州分校（市州广播电视大学、开放大学）、区县工作站（区县广播电视大学、开放大学）共同组成了覆盖全国的开放教育一体化办学体系，累计招收学历教育学生2050万人，毕业学生1512万人，解决了50年代、60年代出生的两代人的学历补偿问题，走出了"先进传播手段+名师名教"的发展之路，形成了"敬学广惠、有教无类"的优良传统，开发了改革开放所需的人力资源，积累了低成本、高效益举办高等教育和面向在职人员开展职业教育的中国经验，彰显了中国特色社会主义"集中力量办大事"的制度优势。国家开放大学在全国范围内体系办学的体制创新、经验积累、实践探索，得到国内外认可。

（二）总结和推广"探索开放大学建设模式"试点经验。2010年，《国家中长期教育改革和发展规划纲要（2010—2020年）》（以下简称《教育规划纲要》）提出"健全宽进严出的学习制度，办好开放大学"。同年，《国务院办公厅关于开展国家教育体制改革试点的通知》明确北京市、上海市、江苏省、广东省、云南省、中央广播电视大学开展"探索开放大学建设模式"试点。2012年7月，国家开放大学在人民大会堂正式揭牌成立，全面推进试点建设。2020年是《教育规划纲要》收官之年，国家开放大学"探索开放大学建设模式"试点也已近十年，取得积极进展，办学质量稳步提高、办学定位更加明确、体系建设日益强化，初步形成了"互联网+教育"的新模式，建立了与社会广泛合作办学的新体制，促进了高等教育、职业教育与继续教育的融合发展，推动了教育公平，提升了我国终身教育的供给能力和服务水平，为学习型社会建设和终身学习体系构建提供了有力支撑。这些探索为开放大学适应教育现代化需要，在新一轮教育变革中进一步深化改革、集中力量办大事、整合办学资源、培育核心竞争力，更好承担全面"构建服务全民终身学习的教育体系"的新使命积累了实践经验。

（三）理顺和明晰开放教育一体化发展的体制机制。2012年，根据《国务院办公厅关于开展国家教育体制改革试点的通知》部署，教育部相继同意北京、上海、江苏、广东、云南5所省级广播电视大学更名为地方开放大学。但全国广播电视大学系统的整体转型思路尚未明确，国家开放大学体系中的其他39所（25个省、自治区、直辖市，新疆生产建设兵团和13个计划单列市或副省级城市）省级广播电视大学一直没有转型，体系呼声日甚，迫切希望实至名归，发挥更大作用。当前，39所省级广播电视大学均参加了国家开放大学"探索开放大学建设模式"试点，并以"国家开放大学分部"名义承担并实施国家开放大学在本区域的教育教学工作，以"广播电视大学"之名行"开放大学"之实的现状，给国家开放大学开放教育的一体化办学格局带来分化风险，给开放教育的过程管理和质量监控带来一定困难，也给办学体系凝聚力和竞争力带来较大影响。

当前，中国特色社会主义进入新时代，经济社会发展对人力资源开发提出新需求，5G（第五代移动通信技术）、大数据、人工智能等高新技术正在对教育产生革命性影响，我国高等教育正从大众化快速迈向普及化，全民学习、终身学习的学习型社会加速形成，国家开放大学迎来了新的历史性机遇。只有进一步解放思想、深化改革，才能补齐继续教育的发展短板，更好发挥国家开放大学在"构建服务全民终身学习的教育体系"中的应有作用。

二、改革的指导思想和总体思路

（四）指导思想：以习近平新时代中国特色社会主义思想为指导，

紧紧抓住线上教育快速发展的重大机遇，积极促进"构建服务全民终身学习的教育体系"，坚持问题导向和目标导向，推动广播电视大学在原有办学权保持不变的前提下整体转型，理顺国家开放大学与地方开放大学的关系，建立全国统一的终身教育服务管理机制，进一步提升开放大学的人才培养能力，优化高技能人才结构，提高办学质量效益，积极推动"互联网+教育"发展，形成支撑终身教育和学习型社会的强大合力，努力建成中国特色世界一流开放大学，成为世界开放教育领域中具有重要影响力的新型大学。

（五）基本原则：基于"构建服务全民终身学习的教育体系"，整体性推进国家开放大学改革发展。贯彻落实党的十九届四中全会精神，推动国家开放大学治理体系和治理能力现代化；发挥中国特色社会主义制度显著优势，切实体现"全国一盘棋"思想，立足全局、统筹兼顾；稳中求进，最大限度整合资源，以改革补短板、强弱项、堵漏洞，为建设教育强国作出更大贡献。

（六）目标：积极主动适应数字化、智能化、终身化、融合化教育发展趋势，经过5年左右时间，通过改革和优化开放教育办学体制机制，解决定位不清晰、体系不健全、质量不高等问题，使国家开放大学成为我国终身教育的主要平台、在线教育的主要平台和灵活教育的平台、对外合作的平台，成为服务全民终身学习的重要力量和技能社会的有力支撑。

到2025年，逐步实现以下目标：

——国家开放大学的高等学校属性更加明确，新型高校内涵更加清晰，高等学校的地位依据《中华人民共和国高等教育法》等法律法规得到保障，有关办学权和办学政策得到落实，党的领导和党的建设全面加强。

——国家开放大学的全国办学体系更加完善，省级广播电视大学转型为地方开放大学，按照"两级统筹、四级办学"体制运行，形成"全国一盘棋"的一体化办学格局。

——实现学历教育和非学历教育并重发展，信息技术与教育教学深度融合，教育教学质量得到稳步提升，在线教育水平居于国内前列，建成技术先进、功能强大、面向全民的终身教育平台，引领"互联网+教育"又好又快发展。

三、改革的具体任务和保障措施

（七）进一步明确国家开放大学的性质定位。国家开放大学是教育部直属的，以促进终身学习为使命、以现代信息技术为支撑、以"互联网+"为特征、面向全国开展开放教育的新型高等学校。国家开放大学在教育部领导下统筹全国开放教育体系建设，指导和服务全国开放教育办学业务，着力建设终身学习公共服务平台，面向全民提供终身教育及服务，促进"人人皆学、处处能学、时时可学"。教育部按高等学校管理和指导国家开放大学的教育教学工作。

（八）拓宽国家开放大学办学范围。国家开放大学开放教育包括学历教育和非学历教育，主要采用非全日制教育形式，实行注册入学、完全学分制。在教育部指导下自主开展专科、本科学历继续教育，基于开放教育和技能社会特点，紧贴市场、紧贴产业、紧贴职业自主设置应用型、技能型学科专业。主动服务国家战略，以职业需求为导向、以实践能力培养为重点、以产学研用结合为途径积极探索研究生教育，依法申请硕士学位授予权。不断满足社会需求，大力开展非学历教育，加大短期灵活教育，加强与社区教育、老年教育的对接、融合，拓展社区教育、扩大社会培训、办好老年教育，使社区教育成为国民学习新渠道、社会培训成为开放教育新品牌、老年教育成为教育领域新亮点。依法依规探索国际化办学，加强与"一带一路"沿线国家（地区）间的教育交流与合作。

（九）改革国家开放大学办学管理制度。进一步加强党对学校工作的全面领导，坚持和完善党委领导下的校长负责制，强化内部政治建设、思想建设、组织建设、作风建设、纪律建设。充分发挥共产党员先锋模范作用，使基层党组织成为学校改革发展的战斗堡垒。深化内部体制机制改革、用人制度及分配机制改革，建设高素质管理干部和师资队伍，调动广大干部、教师员工的积极性、主动性、创造性。

国家开放大学按照新型高校依法依规自主办学，根据实际需要和精简、效能的原则，依法依规确定教育教学部门、科学研究部门、社会服务部门、党政职能部门等内部机构设置和人员配备。按照国家有关规定建立健全规范有序的人事管理制度体系，在建立自我约束机制的基础上，教育部进一步加大对学校的简政放权力度。按照国家有关规定申请正高级职称评审权。

（十）推进现有广播电视大学转型为地方开放大学。推动有关省（区、市）人民政府及新疆生产建设兵团和有关计划单列市、副省级城市人民政府（以下简称地方政府）将所属的39所省级广播电视大学统一更名为××（省域名或城市名）开放大学，规范其市州、区县分支机构名称，于2020年12月底前报教育部备案。支持更名后的39所地方开放大学发展为国家开放大学的区域中心（分校或分部），统一纳入国家开放大学办学体系。39所省级广播电视大学转型为地方开放大学后，作为地方政府所属高等学校的隶属关系及管理体制保持不变，原有的学历及非学历教育办学权保持不变，以实施国家开放大学继续教育业务为主，通过共建共享方式适度开设体现区域特色、满足地方需求、服务当地经济社会发展、职业技能导向明确的专业、课程。

（十一）明晰地方开放大学管理体制。广播电视大学整体转型后，按照新的"两级统筹、四级办学"体制运行，即按国家、省（区、市）、市（地、州、盟）、县（区、市、旗）分级办学。地方开放大学作为地方政府所属高等学校，接受本级人民政府的领导和教育主管部门的管理，业务接受国家开放大学的指导和管理，主要承担服务本区域全民终身学习，推进本区域开放教育体系建设，探索高等教育、职业教育与继续教育融合发展的职责。地方教育主管部门在教育资源整合优化过程中，保障开放大学基层办学单位履行相应的办学和服务职能。各地方开放大学教育事业发展基本情况的统计，按照国家有关规定，遵循"属地统计"的原则进行。

（十二）探索国家开放大学"集团化"办学模式。加快完善覆盖全国的国家开放大学一体化办学体系，健全体系内各地方开放大学共建共享共发展的新机制，形成全国开放教育事业发展共同体，成为国家服务全民终身学习教育体系的重要支撑和战略保障。按照"集团化"办学架构，进一步优化体制机制，完善办学体系的治理结构，推动治理体系和治理能力现代化，促进集约共享和高效运行，发挥协同效应和规模效益，加快实现统一的办学质量标准。进一步加强对开放大学基层办学单位的支持力度，推动体系内各地方开放大学办出特色、办出水平。推动国家开放大学与5所试点独立办学的北京、上海、江苏、广东、云南开放大学建立新型指导、合作关系。

（十三）健全国家开放大学质量保障体系。国家开放大学要坚持立德树人根本任务，坚持用习近平新时代中国特色社会主义思想铸魂育人，加强思想政治理论课建设，整体推进课程思政，深入挖掘各学科门类专业课程蕴含的思想政治教育资源，形成各类课程与思政课同向同行、协同高效的课程育人体系。坚持以学习者为中心，运用现代信息技术手段持续改进学习者在线学习体验和效果，加快构建有利于学习者自主学习、协作学习的线上学习社区，便捷先进的线下学习（体验、服务）中心，以及基于互联网的智能化学习管理（服务）系统和考试测评系统等软硬件环境。制定"注册入学、宽进严出"的质量标准制度体系，严把教师标准、专业标准、课程标准、教学标准和学生毕业质量标准关口，完善体系办学规范管理的体制机制。积极培育特色学科，提升科研能力，优化专业建设，深化课程改革，增强实训实操环节。加强"双师型"师资队伍建设，创新多元教学模式，强化学习过程管理，改革考试评价方式，提高学习支持服务水平。加快学分银行建设，厘清与省级学分银行的关系，建立学分认定体系和标准，开展学分互认试点，实现学历教育与非学历教育学分的有机衔接。促进信息技术与教育教学深度融合，全面提升教育教学质量，努力培养德智体美劳全面发展的社会主义建设者和接班人。

（十四）加强开放教育办学质量督导评价。发挥标准和监控对提升开放教育质量的基础作用，立足开放教育实际、对接职业标准，制定国家统一的开放教育质量标准、开放教育一流学科和一流专业建设标准，破除唯论文、唯文凭、唯帽子等不合理的教育评价导向。将开放教育纳入国家教育质量督导评估体系。健全各级教育行政部门对开放大学的质量监控体系及监控流程，积极引入社会第三方评估。建立和完善定期教学检查和定期质量评价评估制度，强化企业等用人单位对人才培养质量的监督，多措并举为开放大学提升教育教学质量提供政策与制度保障。

（十五）建立服务全民终身学习的在线教育平台。依靠5G、人工智能、虚拟现实、区块链、大数据、云计算等新技术，加快建设服务全民终身学习的在线教育平台，构建纵向贯通、横向融通的学习网络，支撑信息技术与教育教学的深度融合，促进开放教育的数字化、智能化、终身化、融合化，提高教育现代化水平。为各级各类学校和社会培训机构以及各类社区教育、老年教育机构等提供接入通道，依托平台实现师资、课程、设施、数据等全方位共享，积极聚集、整合和推广国内外各类优质精品课程及学习资源,使开放大学教育平台成为全民终身学习领域的公共服务平台。

(十六)完善开放大学政策制度保障。逐步健全开放教育法律法规,以教育部规章形式发布《国家开放大学章程》,促进开放教育依法依规开展一体化办学。不断赋予和扩大国家开放大学办学自主权,保障国家开放大学与其他教育部直属高校公平地享有相关政策和项目。支持国家开放大学加强与行业企业合作办学,促进产教融合、校企合作。支持国家开放大学积极服务京津冀协同发展、雄安新区、粤港澳大湾区、海南自由贸易港、长三角一体化、乡村振兴等国家战略。依托国家开放大学设立终身教育创新基地,建设终身教育、社区教育、老年教育、职业教育、在线教育等领域的新型高端智库。支持国家开放大学加快推进国家学分银行(国家资历框架)和学分认定体系及标准建设,并承担相关管理和运营工作。健全开放大学、普通高校、职业院校之间的资源共享、交流协作的机制。

(十七)健全开放大学经费投入机制。明确开放教育的国民教育和社会公益性质。加强对终身教育平台、国家学分银行、社区教育、老年教育等专项建设的投入。完善开放大学多元经费投入和成本合理分担制度。不断完善开放大学学历及非学历教育的收费制度,积极推进建立开放大学开展职业教育、社会培训、社区教育、老年教育等财政补助制度,理顺拨款渠道。推动省级人民政府建立开放大学学历教育生均拨款制度。

四、改革的组织实施

(十八)健全组织领导。教育部成立由部领导任组长的国家开放大学改革领导小组,教育部有关司局、国家开放大学等作为成员单位,统筹推进各项改革工作,定期召集会议协调解决相关问题,督促检查有关任务进展。各级教育行政部门建立相应配套领导体制和工作机制,完善政策保障措施,将开放大学建设纳入发展规划,加强组织、政策、师资、资金等方面的支持。

(十九)落实任务分工。教育部有关司局和国家开放大学在其职责范围内,分别负责有关改革工作。各单位要按照职能分工,加强沟通,进一步协调落实,突出改革举措,逐一推进各项改革任务,做好政策配套衔接,加快推出具体措施、开展专项试点,及时修订、废止相关制度,根据需要出台新的制度,形成改革的政策合力。

(二十)加强宣传引导。要深入宣传改革的重要意义,主动做好政策解读,加强舆论引导,及时关注师生动态,积极回应社会关切。要调动各方积极性,凝聚社会共识,宣传推广典型经验,提升开放教育品牌形象,努力营造改革的良好氛围,确保改革平稳顺利进行。

9月24日 对《关于加快老年教育发展,积极应对人口老龄化的提案》提案答复的函[①]

您提出的《关于加快老年教育发展,积极应对人口老龄化的提案》收悉,经商民政部、财政部,现答复如下:

发展老年教育,是积极应对人口老龄化、实现教育现代化、建设学习型社会的重要举措,是满足老年人多样化学习需求、提升老年人生活品质、促进社会和谐的必然要求。近年来,我部积极推动养老服务人才培养,广泛开展城乡老年教育,取得了一定的阶段性成效。

一、整合开放大学办学优势,推动老年教育内涵发展

一是以"康养学游"的创新理念引领新型老年大学建设发展。指导国家开放大学融合健康、养老、文化、旅游等产业资源,围绕体系构建、教育培训、公共服务和特色示范四大功能需求,规划建设老年

[①] 中华人民共和国教育部:2020,《关于政协十三届全国委员会第三次会议第4600号(教育类437号)提案答复的函》,http://www.moe.gov.cn/jyb_xxgk/xxgk_jyta/jyta_zcs/202010/t20201022_496131.html。

教育示范基地，努力打造示范性、标准化的教育养老综合体。依托全国开放大学（广播电视大学）建设分中心、分基地，在全国探索"康养学游"一体化融合发展的新模式、新标准、新路径。支持国家开放大学与地方政府合作，通过成立直管学院或者合作开展项目的方式，积极探索多样化的学养融合发展模式。

二是探索"学院式养老型机构"新模式，推动养老机构企业一体化学习服务。协调指导国家开放大学探索学养结合新模式，提供基于数字化学习资源输送、课程项目组织实施、信息化建设、文教服务增值设计的一体化学习服务解决方案，并试点运营以老年教育为特色的学习中心，与养老企业和机构建立战略合作关系，努力打造"学院式养老"的养教结合新模式。

三是以"慢游、乐学、静居"为主体理念，提高文化教育养老服务水平。推动国家开放大学与旅游服务机构合作，设计旅游专属路线与服务模式，结合地域文化、人文历史、艺术体验交流、健康养生常识等文化教育资源，在文教旅行中培养老年人乐观积极的生活态度。目前，已形成"看江山"国内游学、"看世界"国际游学、旅居游学、短期研学等服务体系，打造了15条成品线路，满足老年人多元化的文化养生服务需求。

二、持续开展养教结合新模式，拓展老年教育发展路径

近年来，按照党中央、国务院决策部署，教育部会同民政部等共同推进居家社区机构相协调、医养康养相结合的养老服务体系建设，认真落实《老年教育发展规划（2016—2020年）》，不断提高养教结合水平，取得了重要进展。民政部发布的《养老机构等级划分与评定》国家标准，将老年教育服务相关要求纳入养老机构等级评定内容。推动开展适合老年人特点和满足老年人需求的教育服务，鼓励养老服务机构配置老年教育活动场所。

三、合理发挥职业院校的作用，加强养老服务人才培养

一是以高职百万扩招加大养老服务专业人才培养。教育部制定了《2020年高职扩招专项工作方案》，完善了工作调度机制，将养老服务专业技能人才培养纳入国家高职扩招百万计划，扩大养老服务人才的培养。二是以"双高计划"打造养老人才培养典型示范。启动实施"双高计划"建设工作，通过打造一批高水平专业群，将高职院校老年服务与管理专业建设上升到质量发展、特色发展和品牌发展的战略高度。目前，长沙民政职业技术学院等4所高职院校的老年服务与管理专业被立项为高水平建设专业。三是以优质资源推动老年服务与管理人员能力提升。通过启动职业教育专业教学资源库建设，以优质教学资源库扩大老年服务人员能力培训和提升。目前，北京社会管理职业学院建设老年服务与管理专业国家教学资源库，实现了老年服务与管理专业跨地区共享优质资源，推动老年服务与管理人员的能力提升。

四、优化相关专业设置，提高养老服务专业水平

一是优化养老专业设置。印发了《教育部关于公布2019年度普通高等学校本科专业备案和审批结果的通知》（教高函〔2020〕2号），批准23所高校增设健康服务与管理专业，4所高校增设中医康复学专业，7所高校增设护理学专业。支持有关高校自主设置养老相关二级学科，全国共有11所高校自设了老年学、老年护理学等二级学科。推动职业院校进一步完善养老专业设置，2019年，全国共设置高职老年保健与管理、护理等相关专业点1200个左右，中职老年人服务与管理等相关专业点700个左右，增补中职智能养老服务专业。二是健全养老专业教学标准体系。发布高职老年保健与管理、中医养生保健等专业教学标准，以及高职康复治疗技术专业和中职康复技术专业实训教学条件建设标准。印发政策文件，推动职业院校贯彻落实国家专业教学标准，优化人才培养方案。

五、加大财政投入，形成多元化办学格局

国务院办公厅印发的《老年教育发展规划(2016—2020年)》要求，各地区要采取多种方式努力增加对老年教育的投入，切实拓宽老年教育经费投入渠道，形成政府、市场、社会组织和学习者等多主体分担和筹措老年教育经费的机制。近年来，国家出台了一系列税收优惠等政策，有力支持了包括老年教育在内的教育事业发展。如：符合条件的非营利组织从事非营利性活动取得的收入为免征企业所得税；对国家拨付事业经费和企业办的各类学校自用的房产、土地，免征房产税、城镇土地使用税；对财产所有人将财产赠给学校所立的书据，免征印花税；国家机关、事业单位、社会团体、军事单位承受土地房屋权属用于教学，免征契税；由企业事业组织、社会团体及其他社会组织和公民个人利用非国家财政性教育经费面向社会举办的教育机构，符合条件的，其承受的土地、房屋权属用于教学的，免征契税；对学校经批准征用的耕地，免征耕地占用税等。

六、下一步工作打算

一是研制积极推进老年大学建设和发展意见有关政策文件，依托国家开放大学，打造老年教育精品课程，研制老年游学标准，推广老年游学项目，探索新时期学养结合模式。

二是会同民政部、财政部等部门，共同贯彻落实《国家积极应对人口老龄化中长期规划》要求，持续发展养教结合新模式，支持在社区老年人日间照料中心、托老所等各类社区居家养老服务设施，老年养护院、城市社会福利院、农村敬老院等养老机构中推动设立固定或流动的学习场所，配备必要的教学设施设备，开展形式多样的老年教育，推进养教一体化，推动老年教育融入养老服务体系。将会同有关部门协调争取中央财政继续通过现有政策和资金渠道，配合教育部等部门督促地方落实有关要求，支持老年教育发展。

三是以《国家职业教育改革实施方案》为行动纲领，以筹备全国职业教育大会为契机，持续深化职业教育体制机制改革，加大养老服务专业人才培养力度，推动养老产业全面发展。

四是持续优化养老服务相关专业设置，引导有条件的高校开设老年医学、老年心理学、老年社会学相关专业，有条件高职院校开设老年保健与管理等相关专业，有条件中职院校开设老年人服务与管理、智能养老服务等相关专业。

五是加强对社区工作者的培训。整合普通高等学校、国家开放大学、职业院校等多方面办学力量，开设社会工作专业（本、专科）、社区管理与服务专业，提升社区工作者的专业化水平。

9月24日　对《关于在社区设立老年大学的提案》提案答复的函[①]

您提出的《关于在社区设立老年大学的提案》收悉，经商国家发展改革委、财政部，现答复如下：

老年人是社区的第一大人群，社区是老年人生活、学习的主要场所，推进社区发展老年教育，是满足老年人学习需求的重要途径。2016年，《教育部等九部门关于进一步推进社区教育发展的意见》明确提出，要结合多层次养老服务体系建设，改善基层社区老年人的学习环境，完善老年人社区学习网络；建设一批在本区域发挥示范作用的乡镇（街道）老年人学习场所和老年大学，努力提高老年教育的参与率和满意度。

一、合理配置职业院校布局，加强养老服务人才培养

一是以高职百万扩招加大养老服务专业人才培养。教育部制定了《2020年高职扩招专项工作方案》，完善了工作调度机制，将养老服

---

① 中华人民共和国教育部：2020，《关于政协十三届全国委员会第三次会议第1254号（社会管理类90号）提案答复的函》，http://www.moe.gov.cn/jyb_xxgk/xxgk_jyta/jyta_zcs/202010/t20201022_496129.html。

务专业技能人才培养纳入国家高职扩招百万计划，扩大养老服务人才的培养。二是以"双高计划"打造养老人才培养典型示范。启动实施"双高计划"建设工作，通过打造一批高水平专业群，将高职院校老年服务与管理专业建设上升到质量发展、特色发展和品牌发展的战略高度。目前，长沙民政职业技术学院等4所高职院校的老年服务与管理专业被立项为高水平建设专业。三是以优质资源推动老年服务与管理人员能力提升。通过启动职业教育专业教学资源库建设，以优质教学资源库扩大老年服务人员能力培训和提升。目前，北京社会管理职业学院建设老年服务与管理专业国家教学资源库，实现了老年服务与管理专业跨地区共享优质资源，推动老年服务与管理人员的能力提升。

二、优化专业设置和教学标准，提高养老服务专业水平

一是优化养老专业设置。《教育部关于公布2019年度普通高等学校本科专业备案和审批结果的通知》（教高函〔2020〕2号），批准23所高校增设健康服务与管理专业，4所高校增设中医康复学专业，7所高校增设护理学专业。支持有关高校自主设置养老相关二级学科，全国共有11所高校自设了老年学、老年护理学等二级学科。推动职业院校进一步完善养老专业设置，2019年，全国共设置高职老年保健与管理、护理等相关专业点1200个左右，中职老年人服务与管理等相关专业点700个左右，增补中职智能养老服务专业。二是健全养老专业教学标准体系。发布高职老年保健与管理、中医养生保健等专业教学标准，以及高职康复治疗技术专业和中职康复技术专业实训教学条件建设标准。印发政策文件，推动职业院校贯彻落实国家专业教学标准，优化人才培养方案。

三、整合开放大学办学优势，提升养老服务供给能力

一是以"康养学游"的创新理念引领新型老年大学建设发展。指导国家开放大学规划建设老年教育示范基地，在全国探索"康养学游"

一体化融合发展的新模式、新标准、新路径。二是探索"学院式养老型机构"新模式，推动养老机构企业一体化学习服务。协调指导国家开放大学探索学养结合新模式，试点运营以老年教育为特色的学习中心，与养老企业和机构建立战略合作关系，努力打造"学院式养老"的养教结合新模式。三是以"慢游、乐学、静居"为主体理念，提高文化教育养老服务水平。推动国家开放大学与旅游服务机构合作，设计旅游专属路线与服务模式，已打造15条成品线路。

四、运用信息技术，面向城乡老年群体开展在线教育

《老年教育发展规划（2016—2020年）》指出，加强数字化学习资源跨区域、跨部门共建共享，开展对现有老年教育课程的数字化改造，开发适合老年人远程学习的数字化资源。新冠肺炎疫情防控期间，依托国家开放大学老年大学"互联网+老年教育"办学优势，响应"停课不停学"的号召，启动"乐学防疫"联合行动，提供在线直播课程，丰富老年群体的精神文化生活，累计服务全国老年学习者近10万人次。全国31个省市级老年教育或终身学习相关平台汇聚4.1万门"乐学防疫"公益课程，内容涵盖心理、摄影、花艺、文化、舞蹈、健身等，总访问量达到900万人次。

五、开展老年教育，满足老年群体的学习需求

整合各级各类办学力量，开展老年教育。推动高校第三年龄大学联盟组织机构和职能章程的完善，进一步明确普通高校、开放大学、职业院校、社区学院等进一步开展老年教育、加强养老服务人才培养的要求。依托国家开放大学办学体系，推动成立28所省级老年开放大学或专门机构，在127个地（市），389个县（市、区），2675个乡镇（街道），8741个村（社区）设立老年教育办学点。

六、加大财政投入，形成多元化办学格局

国务院办公厅印发的《老年教育发展规划（2016—2020年）》要求，

各地区要采取多种方式努力增加对老年教育的投入，切实拓宽老年教育经费投入渠道，形成政府、市场、社会组织和学习者等多主体分担和筹措老年教育经费的机制。近年来，国家出台了一系列税收优惠等政策，有力支持了包括老年教育在内的教育事业发展。如：符合条件的非营利组织从事非营利性活动取得的收入为免征企业所得税；对国家拨付事业经费和企业办的各类学校自用的房产、土地，免征房产税、城镇土地使用税；对财产所有人将财产赠给学校所立的书据，免征印花税；国家机关、事业单位、社会团体、军事单位承受土地房屋权属用于教学，免征契税；由企业事业组织、社会团体及其他社会组织和公民个人利用非国家财政性教育经费面向社会举办的教育机构，符合条件的，其承受的土地、房屋权属用于教学的，免征契税；对学校经批准征用的耕地，免征耕地占用税等。

七、下一步工作计划

一是研制积极推进老年大学建设和发展意见有关政策文件，推动开展老年教育制度化和规范化课题研究与实践。二是推动各地创新开展城乡社区老年教育，逐步健全社区老年教育办学网络。三是依托国家开放大学，持续推进全国老年教育资源共享和公共服务平台建设工作。四是将会同有关部门协调争取中央财政继续通过现有政策和资金渠道，督促地方落实有关要求，支持老年教育发展。

10月13日 宁波市构建终身教育网络助力社区综合治理[①]

浙江省宁波市依托全市125家社区学院和成人学校，向社区教育中心、乡村振兴学院、区域基层党校、老年教育学校、远程教育中心等拓展，着力构建精准化、精细化、专业化、标准化的城乡社区终身教育网络，积极探索社区教育深度融入基层社区治理的有效路径，助

---

① 中华人民共和国教育部：2020，《宁波市构建终身教育网络助力社区综合治理》，http://www.moe.gov.cn/jyb_xwfb/s6192/s222/moe_1770/202010/t20201013_494283.html。

力实现治理体系和治理能力的现代化。

夯实三项保障，探索社区教育一体化机制。加强组织保障，成立学习型城市建设与终身教育促进委员会，由教育局、财政局、人社局、农业农村局等相关部门作为成员单位，协调解决教育管理中的重大事项，出台扶持政策和鼓励措施。加强制度保障，出台《宁波终身教育促进条例》，通过立法形式破解政府统筹力度不足和部门职责不清等问题，满足城乡群众终身学习的需求。相继出台《关于在"十三五"期间实施终身教育提升工程的意见》《宁波市终身教育提升工程实施方案》等文件，为城乡社区教育发展保驾护航。加强经费保障，采取政府投入、多方筹措的方式，近三年投入5000余万资金发展终身教育，实现全市社区教育人均经费达到4元以上。

建设四级网络，发挥社区治理的教育力量。截至2020年8月，全市建成社区大学、市级成人学校各1所，县级社区学院10所，独立建制的乡镇（街道）成人学校115所，村（社区）级成人学校教学点2699个。依托市—县—镇—村四级终身教育网络，通过完善政策制度、重点项目引领、创新服务形式等多项举措，推动政府职能转变和社会组织培育。如，通过文化知识教育、就业创业培训、学习共同体培育、农村文化礼堂建设等方式，主动参与到基层民主、公共安全、健康环保、预防和化解社会矛盾等社会治理工作中，在服务基层社区建设、提升城乡文明程度等方面发挥不可替代的重要作用。探索实施社区矫正教育项目，慈溪市掌起成校、镇海区澥浦成校等主动承担社会责任，积极参与社区矫正，为矫正人员开设专项培训，引导其重新回归社会，积极为社会综合治理贡献智慧和力量。

搭建三类平台，提升优质教育资源供给力。整合多个相关服务平台、交流平台、资源平台，着力打造覆盖全民的终身学习网络，丰富优质教育资源供给。搭建现代服务业培训平台和校企合作平台，创建集资源整合、市场培育、人才培训和产业服务为一体的服务型教育体系，推动将项目和培训服务落实到社区和乡镇。搭建农村社区终身学习研究所和"城市社区学习中心能力建设项目"平台，在中国联合国教科文组织全委会秘书处等指导下，积极服务"一带一路"倡议，深入推进对外合作交流。搭建终身学习公务服务平台，累积提供优质课程资源近8000讲。特别是在疫情期间，新增视频学习资源368讲，征集优秀毕业生作品14讲，摄制健康中国系列课程24讲，持续为城乡学习者提供优质教育资源。

10月15日　对《关于鼓励社会力量举办老年大学的提案》提案答复的函[①]

你们提出的《关于鼓励社会力量举办老年大学的提案》收悉，现答复如下：

老年人是国家和社会的宝贵财富，老年教育是我国教育事业和老龄事业的重要组成部分。党和国家高度重视老龄工作，积极推动老年教育事业发展。近年来，教育部积极推动养老服务人才培养，广泛开展城乡老年教育，取得了一定的成效。

一、出台政策文件，优化发展老年教育的制度环境

一是印发有关政策文件，推动养老服务发展。2019年，教育部等七部门印发《关于教育支持社会服务产业发展　提高紧缺人才培养培训质量的意见》（教职成厅〔2019〕3号），针对养老服务等领域提出了健全人才培养培训体系、扩大人才培养规模、推动校企合作等政策措施。教育部等十四部门印发《职业院校全面开展职业培训　促进就业创业行动计划》，推动职业院校大力开展家政、养老、护工等领

[①] 中华人民共和国教育部：2020，《关于政协十三届全国委员会第三次会议第2843号（教育类267号）提案答复的函》，http://www.moe.gov.cn/jyb_xxgk/xxgk_jyta/jyta_zcs/202011/t20201125_501570.html。

域初级技能培训。2020年8月,教育部印发的《国家开放大学综合改革方案》明确提出,国家开放大学教育要加强与老年教育的对接、融合,办好老年教育,使老年教育成为教育领域新亮点。

二是多举措推进各地落实老年教育政策文件。近年来,教育部通过举办老年教育研修班、召开工作推进会等多项举措,明确创新发展老年教育,特别是社区老年教育、老年大学的任务、发展模式和要求等。目前,已有29个省(区、市)出台了老年教育的规划或政策性文件,17个省(区、市)出台了社区教育的规划或政策性文件。

二、整合各类办学力量,支持发展老年教育

(一)发挥职业院校办学优势,加强养老服务人才培养。一是制定了《2020年高职扩招专项工作方案》,将养老服务专业技能人才培养纳入国家高职扩招百万计划,扩大养老服务人才的培养。二是启动实施"双高计划"建设工作,通过打造一批高水平专业群,将高职院校老年服务与管理专业建设上升到质量发展、特色发展和品牌发展的战略高度。长沙民政职业技术学院等4所高职院校的老年服务与管理专业被立项为高水平建设专业。三是启动职业教育专业教学资源库建设,以优质教学资源库扩大老年服务人员能力培训和提升。北京社会管理职业学院建设老年服务与管理专业国家教学资源库,实现了老年服务与管理专业跨地区共享优质资源,推动养老服务与管理人员的能力提升。

(二)整合开放大学办学优势,提升养老服务供给能力。

一是建立服务全民终身学习的在线教育平台,为各类老年教育机构等提供接入通道,依托平台实现师资、课程、设施、数据等全方位共享,积极聚集、整合和推广国内外各类优质精品课程及学习资源。二是依托国家开放大学设立终身教育创新基地,建设老年教育领域的新型高端智库。健全开放大学、普通高校、职业院校之间的资源共享、交流协作的机制。三是健全开放大学经费投入机制，加强对老年教育等专项建设的投入，积极推进建立开放大学开展老年教育财政补助制度。

三、优化财税政策，促进多元办学

国务院办公厅《老年教育发展规划（2016—2020年）》要求，各地区要采取多种方式努力增加对老年教育的投入，切实拓宽老年教育经费投入渠道，形成政府、市场、社会组织和学习者等多主体分担和筹措老年教育经费的机制。近年来，国家出台了一系列税收优惠等政策，有力支持了包括老年教育在内的教育事业发展。如：符合条件的非营利组织从事非营利性活动取得的收入免征企业所得税；对国家拨付事业经费和企业办的各类学校自用的房产、土地，免征房产税、城镇土地使用税；对财产所有人将财产赠给学校所立的书据，免征印花税；国家机关、事业单位、社会团体、军事单位承受土地房屋权属用于教学，免征契税；由企业事业组织、社会团体及其他社会组织和公民个人利用非国家财政性教育经费面向社会举办的教育机构，符合条件的，其承受的土地、房屋权属用于教学的，免征契税；对学校经批准征用的耕地，免征耕地占用税等。

四、下一步工作打算

一是会同有关部门共同研制推进老年大学建设与发展有关意见，吸收你们的合理建议，鼓励各部门、行业、企业，有条件的普通高校、职业院校和独立设置的成人高校等各级各类社会力量举办老年大学；发挥开放大学体系办学优势，积极发展老年开放大学和网上老年大学。

二是以《国家职业教育改革实施方案》为行动纲领，以筹备全国职业教育大会为契机，持续深化职业教育体制机制改革，加大养老服务专业人才培养力度，推动养老产业全面发展。持续扩大职业教育资源供给，鼓励职业学校积极参与社区教育和老年教育，共享优质职业教育资源和学习场所。建设一批社区教育示范区和老年教育示范校。

11月15日　国务院办公厅印发《关于切实解决老年人运用智能技术困难实施方案的通知》中有关老年教育的部分[①]

19．加强应用培训。针对老年人在日常生活中的应用困难，组织行业培训机构和专家开展专题培训，提高老年人对智能化应用的操作能力。鼓励亲友、村（居）委会、老年协会、志愿者等为老年人运用智能化产品提供相应帮助。引导厂商针对老年人常用的产品功能，设计制作专门的简易使用手册和视频教程。（教育部、民政部、人力资源社会保障部、国家卫生健康委、市场监管总局、银保监会、证监会等相关部门按职责分工负责）

20．开展老年人智能技术教育。将加强老年人运用智能技术能力列为老年教育的重点内容，通过体验学习、尝试应用、经验交流、互助帮扶等，引导老年人了解新事物、体验新科技，积极融入智慧社会。推动各类教育机构针对老年人研发全媒体课程体系，通过老年大学（学校）、养老服务机构、社区教育机构等，采取线上线下相结合的方式，帮助老年人提高运用智能技术的能力和水平。（教育部、民政部、国家卫生健康委等相关部门按职责分工负责）

11月21日　中共中央国务院印发《国家积极应对人口老龄化中长期规划》[②]

为积极应对人口老龄化，按照党的十九大决策部署，近日，中共中央、国务院印发了《国家积极应对人口老龄化中长期规划》（以下简称《规划》）。《规划》近期至2022年，中期至2035年，远期展望

---

① 中国政府网：2020，《国务院办公厅印发关于切实解决老年人运用智能技术困难实施方案的通知》，http://www.gov.cn/zhengce/content/2020-11/24/content_5563804.htm。
② 中华人民共和国教育部：2020，《中共中央国务院印发国家积极应对人口老龄化中长期规划》，http://www.moe.gov.cn/s78/A01/s4561/jgfwzx_xxtd/201911/t20191128_409947.html。

至 2050 年，是到本世纪中叶我国积极应对人口老龄化的战略性、综合性、指导性文件。

《规划》指出，二是改善人口老龄化背景下的劳动力有效供给。通过提高出生人口素质、提升新增劳动力质量、构建老有所学的终身学习体系，提高我国人力资源整体素质。推进人力资源开发利用，实现更高质量和更加充分就业，确保积极应对人口老龄化的人力资源总量足、素质高。

12月8日　老年教育发展如何？教育部：已建成28所省级老年开放大学[①]

教育部举行新闻发布会，介绍"十三五"期间职业教育改革发展情况。教育部职业教育与成人教育司司长陈子季在会上表示，推进社区教育、老年教育建设，确定国家级社区教育实验区129个、示范区120个，建成28所省级老年开放大学。

2021 年

2月4日　陈宝生在2021年全国教育工作会议上的讲话[②]

加快建设终身学习体系。聚焦方式更加灵活、资源更加丰富、学习更加便捷，更好满足人民群众多样化教育需求。研究实施第四期学前教育行动计划，补齐农村地区、边远贫困地区和城市新增人口集中地区学前教育资源。加大学前教育财政投入，完善学前教育保障机制。启动实施第三期特殊教育提升计划，以适宜融合为目标，巩固提高特殊教育普及水平。改造融合各种学历继续教育形式，形成统一的"互

---

① 中华人民共和国教育部:2020,《老年教育发展如何？教育部:已建成28所省级老年开放大学》, http://www.moe.gov.cn/fbh/live/2020/52735/mtbd/202012/t20201209_504284.html。

② 中华人民共和国教育部:2021,《教育部党组书记、部长陈宝生在2021年全国教育工作会议上的讲话》, http://www.moe.gov.cn/jyb_xwfb/moe_176/202102/t20210203_512420.html。

联网+"继续教育模式。推进开放大学改革发展。推进"学分银行"建设，开展不同类型学习成果认定与转换。加强社区教育、老年教育基础能力建设，各级各类学校要积极参与社区教育和老年教育。

2月4日　教育部2021年工作要点[①]

29. 提升继续教育优质资源服务全民终身学习水平

目标任务：加快发展继续教育、社区教育、老年教育，引导相关院校开展面向重点人群的继续教育和培训。

工作措施：深入实施高等学历继续教育专业设置管理办法，把好学历继续教育专业设置关口。推动开放大学和高等教育自学考试创优提质，指导开放大学深化改革发展，推进职业教育国家学分银行建设。加快发展社区教育、老年教育。加强学习型城市建设监测工作，持续开展"全民终身学习活动周"。继续落实《职业院校全面开展职业培训　促进就业创业行动计划》。

---

① 中华人民共和国教育部：2020，《教育部2021年工作要点》，http://www.moe.gov.cn/jyb_sjzl/moe_164/202102/t20210203_512419.html。

附录 2

适应老龄社会教育体系完善研究调查问卷

尊敬的先生／女士：

  您好！我们是华东师范大学教育学部的研究人员。当前，随着人口老龄化的加剧，"老有所教、老有所学、老有所乐、老有所为"成为社会关注的一个重要议题。为了了解居民朋友们关于当前教育体系适应老龄社会状况的看法，我们特别邀请您参与本次问卷调查。

  为了保证调查的可靠性，本问卷采用匿名的形式。您提供的所有回答仅用于本项研究，不做其他用途，我们会为您严格保密，请放心真实地填写。完成本问卷大约需要15分钟。在无特别说明之处，请您在相应□内打√即可。

  预先感谢您的参与和支持！

华东师范大学

"适应老龄社会的教育体系完善研究"课题组

2018 年 11 月

第一部分　个人基本信息

1. 性别：□男　　　□女

2. 年龄（周岁）：□25岁及以下　□26—49　□50—54　□55—59
　　　　　　　　□60—64　　　□65—74　□75或以上

3. 民族：□汉族　　□少数民族

4. 居住地：□城区　　□城乡接合部　　□乡镇　　□农村

5. 户籍：□本地城镇　□本地农村　□外地城镇　□外地农村　□境外人士

6. 文化程度：□初中及以下　　□高中/中专　　□大专/高职　　□本科
　　　　　　□研究生及以上

7. 您在目前的社区居住了：□1年以下　　□1—3年　　□4—5年
　　　　　　　　　　　　□6—10年　　□10年以上

8. 居住方式：□与配偶居住　　□与配偶及子女同住　　□与父母长辈同住
　　　　　　□单独居住　　□入住养老院　　□其他（请填写）_____

9. 您现在的或退休前的职业是：□机关事业单位　□企业　□个体工商户
　　　　　　　　　　　　　　□城镇务工人员　□务农
　　　　　　　　　　　　　　□其他（请填写）_____

10. 您目前的收入主要来自（可多选）：□儿女提供　　□退休金
　　　□自己工作/劳动　　□政府救助　　□其他（请填写）_____

11. 您平均每个月的收入是（如果是退休金按税后计算，单位：元）：
　　　□3000或以下　□3001—4000　□4001—5000　□5001—6000
　　　□6001—7000　□7001—8000　□8001—9000　□9001及以上

第二部分　学习现状

1. 您平均每月用于个人教育或学习的支出约是（单位：元）：
　　　□0　□1—100　□101—500　□501—1000　□1001—1500

☐1501—2000　☐2001—2500　☐2501—3000　☐3001或以上

2. 您用于教育或学习的费用来自（可多选）：

　　☐政府/社区补贴　☐单位补贴　☐个人支付　☐子女支付　☐没有费用

3. 您有的电子设备和网络：（可多选）

　　☐电脑　　☐智能手机　　☐平板电脑（iPad）　　☐电子阅读机

　　☐收音机/MP3　　☐互联网（网络）　　☐家用Wi-Fi　　☐其他_____

4. 您平均每天用电脑进行学习（如阅读时事信息、看书、看视频学习）的时长大约是：

　　☐0小时　☐1小时以内　☐1—3小时　☐3—5小时　☐5小时以上

5. 您平均每天用手机进行学习（如阅读时事信息、看书、看视频学习）的时长大约是：

　　☐0小时　☐1小时以内　☐1—3小时　☐3—5小时　☐5小时以上

6. 您平均每天在微信上进行学习（如阅读时事信息、看公众号）的时长大约是：

　　☐0小时　☐1小时以内　☐1—3小时　☐3—5小时　☐5小时以上

7. 您平均每月参与以下场所活动的时长约是：

参与学习活动的时长	没有参加	5小时以内	5—10小时	10—15小时	15小时以上
中小学、幼儿园中组织的教育活动	☐	☐	☐	☐	☐
大学中面向学生的教育活动	☐	☐	☐	☐	☐
老年大学的正规课程	☐	☐	☐	☐	☐
传统老年远程教育（教育台播放的节目，网络大学的课程）	☐	☐	☐	☐	☐
老干部活动中心的学习讨论活动	☐	☐	☐	☐	☐
街道社区学校、文化中心或乡镇成人学校的活动	☐	☐	☐	☐	☐
参加图书馆、科技馆、博物馆、美术馆、文体活动中心的活动	☐	☐	☐	☐	☐
其他（请填写）：_____					

若您参与过第 7 题表中的某些活动，请接着完成 8—10 题。若没有参加过以上任何活动，请直接做第三部分。

8. 您是从什么渠道获得参与各种教育活动的信息的（可多选，请在□内打√）：

□自己打听的　□已经参加的亲朋、邻居介绍的　□社区居委会或村委会工作人员通知自己的　□通过电视报刊宣传知道的　□在网上看到的　□其他（请填写）_____　除以上渠道外，您还希望从什么渠道获得信息？_____

9. 目前，您参加学习活动的阻碍有（可多选，请在□内打√）：

□没有学习的机会　□现有的课程不能满足需要　□承担不了学习的开销　□没时间　□没有信心学　□不愿意学习　□身体状况不允许（如体力不足）　□缺少家人支持　□家庭生活中的困难（如有病人、小孩要照顾）　□没有阻碍　□其他（请填写）_____

10. 对于过往参加的教育或学习活动，您是否同意以下评价：

老年教育活动	同意	不同意
学习氛围好	□	□
硬件设施良好	□	□
信息技术与互联网的全面应用	□	□
课程收费合理	□	□
便利的学习场所	□	□
教师知识储备丰富	□	□
适当的学习内容	□	□
适当的课时安排（如每周课时量足）	□	□
多样化的学习形式（如讲座、讨论、参观等）	□	□
多样的学习人员（如包括年轻人、中年人、老年人）	□	□
同学关系和睦	□	□
充分的师生交流	□	□
达成预期的学习目标（自己参与学习的目的达成了）	□	□
有实际的学习收获（学习的知识或技能等对个人生活有积极影响）	□	□

第三部分　适应老龄社会的教育体系建构

1.以下是关于老年生活的观点，请选出您最赞同的观点（单选，列出序号即可）：_____

①老年生活应以休息和娱乐为主　②老年人没什么需要学的了，不学习一样过得好好的　③老年人仍要坚持学习，要"活到老学到老"　④老年人如果不缺钱,就不要工作了　⑤老年人即使不缺钱,也要尽可能工作,体现个人价值

2.假设目前社区提供了以下课程，请您选出最想学的三项（写序号即可）：

第一种_____　第二种_____　第三种_____

①工作或生产技能（如学习一门可用于找工作的技能）　②现代养护与教育（如照顾婴儿、幼教）　③家政（如烹饪、编织、养花等）　④现代科技（如手机、iPad使用、摄影）　⑤人文艺术（如画画、钢琴、京剧等）　⑥健康养生　⑦游学（如国际旅游文化、古镇等）　⑧其他（请填写）：

_____

在以上课程中，您实际参加过的有（请写序号，若均未参加过写无）：

_____

3. 如果有以下机会，请选择出您愿意参与的（可多选，列出序号）：___

①在社区或村里从事志愿服务活动(如照顾高龄者、维护秩序、教授技能等)
②在中小学从事影响下一代的活动（如给学生义务辅导、开设讲座等）
③在现有的老年教育活动中，发挥自己的专长，开设课程或分享个人知识
④继续用自己过往的工作或劳动经验，做与老本行相关的有收入的事情
⑤继续在原单位发挥余热，传授经验给新人
⑥以上都不愿意

在以上5种活动中，您实际参加过的有（请写序号，没有写无）：_____

4. 要回应老龄社会的需要,您觉得以下各策略是否需要?

适应老龄社会的教育体系完善	非常需要	一般需要	不太需要	不需要
从国家到地方,应像重视青少年一样,重视老年人的学习与教育	□	□	□	□
从国家到地方,建立负责统筹规划老年人学习的专门管理机构(如老年教育司、局)	□	□	□	□
从国家到地方,形成各层面保障老年人学习权利的法律法规	□	□	□	□
从国家到地方,在各层面上建立老年人学习的经费资助制度	□	□	□	□
建设市、区(县)、街道(村)各个层面上适合老年人学习的设施	□	□	□	□
在市、区(县)、街道(村)各层面上,形成具体的保障老年人学习的制度与规定	□	□	□	□
在市、区(县)、街道(村)各层面上,建立各种信息渠道,促进老年人畅通地接受相关教育信息	□	□	□	□
重视中小学、大学教育与社区老年教育的融合	□	□	□	□
开办高水平的老年大学	□	□	□	□
开设老年教育相关专业,培养面向老年人的专职教师队伍	□	□	□	□
充分利用网络、手机终端,推进线下教育与线上教育的融合	□	□	□	□

5. 为了适应老龄社会的需要,您认为我国还需要对教育体系(包括学前教育、学校教育、社区教育、成人教育、老年教育)进行哪些方面的改善?

_____

_____

_____

再次感谢您的合作与支持!

后记

2018年度申报成功的国家社科基金（教育学）重大项目在历经三年的艰苦努力之后，终于画上了句点。在接此课题之际即感责任重大，因为随着世界进入21世纪，人类社会开始深切感受到老龄化问题带来的沉重负担与压力。

此课题全名为"适应老龄化社会的教育体系完善研究"，从字面上看就知道该课题实际上涉及三个重要主题：一是老龄化问题，二是老年教育问题，三是教育体系的完善问题。而上述三大主题又具体涉及医疗保健、社会福利、制度建设、政策立法等众多领域及方方面面。而且在"各个突破"的基础上最终还需回归到教育层面，即就未来究竟应该构建一个怎样的教育体系才能更好地适应并服务于当前这个老龄社会的发展需要。无疑，课题涉及的范围十分宽广，聚焦的问题十分紧迫，覆盖的对象十分繁杂，需要解决的问题又非常棘手。

经过课题组全体同仁的齐心合力与精诚合作，本课题终于在2021年5月顺利完成了全部研究任务，并在成功结题的同时又完成了这本学术专著的撰写。在此，首先感谢江西教育出版社的盛意，该社总编辑桂梅女士诚挚地表达了希望出版此书的愿望。中国教育发展战略学会副会长、教育界前辈谈松华先生亦在接到撰写序言的邀约之后，第一时间表示了支持。华东师范大学教育学部、华东师范大学人文社会科学学院则早在课题申报之初，就给予极大的鼓励与支持。如学部多次召开专家论证会，为课题申报书的撰写与完善提供重要而宝贵的意见。课题立项以后，华东师范大学人文社会科学学院吴瑞君院长作为人口学的专家欣然接受了课题组的邀请，并直接参与了子课题的研究；哲学系的姜宇辉教授、国际关系学院的贝文力教授、法学院的黄欣教授等亦分别为各子课题研究内容的如期完成做出了重要贡献。

在此书即将出版之际，本人还想以特别诚挚的心情，深切感谢前国家教育咨询委员会委员、国家总督学顾问陶西平教授。陶老先生与本人并无特别交集，但在本人申请的2015年国家重点课题及2018年的本次国家重大课题的现场答辩中，陶老先生都是主审专家，在前后两次共四十分钟的汇报及评审组专家的提问交流中，他不仅十分仔细地听取了汇报，而且还对汇报内容与观点表示了浓厚的兴趣与赞赏。2020年，陶西平教授在北京因病不幸逝世，而本人希望本课题的研究成果及出版物能最后寄送陶先生留作纪念的愿望也最终成为憾事。

需要特别指出的是，课题组还特别有幸邀请到了我的恩师日本神户大学名誉教授平原春好先生、东京大学的牧野笃教授、九州大学的野々村淑子教授，他们在终身教育和老年教育领域均有深入研究和独到见解，他们的参与亦为拓展国际视野、深化课题内容起到了重要的国际比较与理论奠基的作用。

本书的第一章由姜宇辉、吴遵民撰写；第二章由吴瑞君领衔执笔；第三章第一节由牧野笃撰写，第二节由平原春好撰写，第三节由黄家乐（上海市长宁区社区学院）、周丹（浙江科学技术出版社）撰写，第四节由王丽佳、朱晓雯（苏州科技大学教育学院）撰写，第五节由野々村淑子撰写，第六节由贝文力撰写；第四章由黄欣领衔执笔；第五章由王丽佳、杨珂珂、李琳琳撰写，其中邓璐、邵晓枫、李明旭（四川师范大学）提供了四川地区的调研数据及调研报告，兰志娟（广西壮族自治区文化和旅游厅幼儿园）提供了广西地区的调研数据及调研报告，王仁彧（上海市普陀区社区学院）提供了上海地区的调研数据及调研报告，温书宇（国家开放大学）提供了北京市的调研数据；第六章由王永锋、温书宇、姜海燕（国家开放大学）撰写；第七章由吴遵民、赵华（上海市徐汇区社区学院）、邓璐撰写。本人作为课题组的总负责人及首席专家，负责对课题的内容进行整体设计，子课题内容的确立与分工，全部初稿的编纂、修改与完善。邓璐博士对全书的内容进行了汇总与整理，博士生陈晓雨、硕士生孟凡星对书稿的最终文字进行了校对。

本书对老年及老年教育的问题予以了新的审视，尤其是通过哲学层面的反思及现实状况的分析，使我们对老年及老年教育的本质有了新的深刻认识，那就是作为人生的一个必经阶段，老年教育与人生的其他阶段一样，其展开的依然是提升生命品质、促进生命成长及完善老年人性与人格的教育。而在积极老龄化的过程中尤其应该重视老年人的实践智慧，并去除工具化的功利思维，从而使老人活得更有尊严，并以其丰富的人生经验服务社会、教导后辈。本书将老年教育的发展自始至终置于终身教育体系构建的宏大思维与框架之下，以致力于实现为每一位老年人提供精准教育服务、保障终身学习权利为终极目标，并以此积极促进与推动我国现代化教育体系的进一步构建与完善。

本书因人力与物力的各种限制，出现错误或不妥之处在所难免，在此衷心希望读者提出宝贵意见与建议。

吴遵民
2021 年 5 月 31 日于上海